NZZ **Libro**

Peter Fanconi
Patrick Scheurle

Small Money –
Big Impact

Mikrofinanz:
Leben ohne Armut

Verlag Neue Zürcher Zeitung

Bibliografische Information der Deutschen Nationalbibliothek
Die Deutsche Nationalbibliothek verzeichnet diese Publikation in der Deutschen Nationalbibliografie; detaillierte bibliografische Daten sind im Internet über http://dnb.d-nb.de abrufbar.

© 2015 Verlag Neue Zürcher Zeitung, Zürich

Umschlag, Gestaltung, Satz: icona basel
Lithos: FdB, Für das Bild – Fred Braune, Bern
Druck, Einband: Kösel GmbH, Althusried-Krugzell

Dieses Werk ist urheberrechtlich geschützt. Die dadurch begründeten Rechte, insbesondere die der Übersetzung, des Nachdrucks, des Vortrags, der Entnahme von Abbildungen und Tabellen, der Funksendung, der Mikroverfilmung oder der Vervielfältigung auf anderen Wegen und der Speicherung in Datenverarbeitungsanlagen, bleiben, auch bei nur auszugsweiser Verwertung, vorbehalten. Eine Vervielfältigung dieses Werks oder von Teilen dieses Werks ist auch im Einzelfall nur in den Grenzen der gesetzlichen Bestimmungen des Urheberrechtsgesetzes in der jeweils geltenden Fassung zulässig. Sie ist grundsätzlich vergütungspflichtig. Zuwiderhandlungen unterliegen den Strafbestimmungen des Urheberrechts.

ISBN 978-3-03810-131-4

www.nzz-libro.ch
NZZ Libro ist ein Imprint der Neuen Zürcher Zeitung

Vorwort

Eines der Hauptziele des World Economic Forum ist, die Welt – und somit auch die wirtschaftlichen und sozialen Lebensbedingungen für benachteiligte und arme Bevölkerungsgruppen – durch öffentlich-private Zusammenarbeit und Projekte zu verbessern. Die Mikrofinanz ist hierbei ein einzigartiges Konzept.

Ich beschäftige mich schon sehr lange mit Mikrofinanz und Impact Investing, wo sowohl finanzielle als auch soziale Renditen erwirtschaftet werden und die im weiteren Sinn unter das Thema Corporate Social Responsibility fallen. Die Triple Bottom Line misst die Rendite von Mikrofinanz auf wirtschaftlicher, ökologischer und gesellschaftlicher Ebene. Investoren und Unternehmen, die der Triple Bottom Line verpflichtet sind, tragen zu einer umweltverträglichen und nachhaltigen Wirtschaftsentwicklung in armen Regionen bei.

Mit dem vorliegenden Buch *Small Money – Big Impact* ist es Peter Fanconi und Patrick Scheurle gelungen, die Welt der Mikrofinanz und des Impact Investing umfassend und vor allem auch informativ und illustrativ darzustellen. Ich finde es immer wieder spannend, wie soziale und finanzielle Interessen Hand in Hand gehen können und somit einen entscheidenden Beitrag zur Umsetzung der von den Vereinten Nationen ausgerufenen Millenniums-Entwicklungsziele leisten. Die im Buch im Detail beschriebene Vorgehensweise der Kreditvergabe von Mikrofinanzinstituten zeigt deutlich, wie private und öffentliche Investoren seit nunmehr 15 Jahren gemeinsam einen entscheidenden Beitrag zur Armutsbekämpfung leisten. Mithilfe von Kleinkrediten werden die finanzielle Eingliederung und das wirtschaftliche Fortkommen von Millionen von Menschen ermöglicht. Die Statistiken und Resultate sind sehr ermutigend, es bleibt aber weiterhin viel zu tun.

Interessierte Leser erhalten in diesem Standardwerk alle relevanten Informationen zum Thema Mikrofinanz. Es trägt dazu bei, die Konzepte zur Bekämpfung der globalen Armut weiterzuentwickeln und Investoren davon zu überzeugen, dass sowohl die gesellschaftliche wie auch die wirtschaftliche Rendite der Mikrofinanz attraktiv sind.

Prof. Klaus Schwab
Gründer und Präsident des World Economic Forum, Genf

SMALL MONEY – BIG IMPACT

Einleitung und Dank

WASHINGTON, APRIL 7, 2015
World Bank Group President Jim Yong Kim

«In 1990, when the world population was 5.2 billion, 36 percent of the world lived in extreme poverty. Today – with 7.3 billion people – an estimated 12 percent live in poverty. Over the past 25 years, the world has gone from nearly 2 billion people living in extreme poverty to fewer than 1 billion.»

Im Jahr 1990, als die Weltbevölkerung bei 5,2 Milliarden Menschen lag, lebten 36 Prozent der Menschen in extremer Armut. Heute – bei einer Bevölkerungszahl von 7,3 Milliarden – leben schätzungsweise noch 12 Prozent in Armut. In den letzten 25 Jahren hat sich die Zahl der in extremer Armut lebenden Menschen von fast 2 auf weniger als 1 Milliarde halbiert.

Liebe Leserin, lieber Leser

Bei unserer täglichen Arbeit erleben wir, wie kleine Geldbeträge Grosses bewirken. Mit einem Mikrokredit von wenigen Dollar können Menschen in Entwicklungsländern ihre eigene Existenz aufbauen und somit für sich selbst und ihre Familien sorgen.

Mikrofinanz hat sich bei führenden Entwicklungsbanken als wichtiges Instrument zur Armutsbekämpfung etabliert. Die geopolitische Rolle von Mikrofinanz ist unübersehbar. Auch institutionelle und private Anleger anerkennen heute den Wert von Mikrofinanzanlagen für ihre Portfolios und schätzen den doppelten Nutzen von sozialer und finanzieller Rendite. Ausgehend von den positiven Erfahrungen mit der Anlageklasse befindet sich die Mikrofinanzindustrie in einer Aufbruchphase hin zum Impact Investing, das einen positiven Entwicklungsbeitrag in Bereichen wie z. B. der Schulbildung oder der Bekämpfung des Klimawandels anstrebt.

Mikrofinanz und Impact Investing bieten einzigartige Investitionsmöglichkeiten, welche die Interessen der Anleger und der Empfänger gleichstellen und das Leben von Millionen von Menschen positiv beeinflussen. Auf vielen Reisen in Entwicklungsländern durften wir diese Auswirkungen immer wieder zur Kenntnis nehmen.

Mit dem vorliegenden Buch möchten wir diese Entwicklungen einem breiten Publikum in sachlicher und illustrativer Form zugänglich machen. Einerseits soll Klarheit über das Vorgehen und die Anlageformen der Mikrofinanz geschaffen werden, andererseits ist es unser Wunsch, die Anerkennung und das Bewusstsein für die Anlageklasse im Hinblick auf die Bekämpfung der Armut zu steigern.

Das Buch entstand mit tatkräftiger Unterstützung des erfahrenen BlueOrchard-Investmentteams. Ernst A. Brugger hat uns motiviert und unterstützt und an seiner grossen Erfahrung in den Bereichen Mikrofinanz und Impact Investing teilhaben lassen. Unser besonderer Dank gilt Andrea Staudacher, die uns über den gesamten Entstehungsprozess hinweg intensiv unterstützte und jederzeit die Fäden in der Hand hielt. Ebenso bedanken wir uns bei Hans-Peter Thür, Verlag NZZ Libro, und bei Frau Elisabeth Tester für die sehr konstruktive und effiziente Zusammenarbeit. Spezieller Dank gebührt unseren Familien für ihr grosses Verständnis und die Unterstützung während der intensiven Entstehungszeit des Buches, insbesondere Daniela, Chiara und Sera.

Liebe Leserin, lieber Leser, wir wünschen Ihnen eine spannende Lektüre.

Peter Fanconi   Patrick Scheurle

Inhalt

1 Einführung
- 1.1 Was tun gegen Armut? — 14
- 1.2 Investitionen in Finanzinfrastruktur — 21
- 1.3 Inhaltsübersicht — 22

2 Konzept der Mikrofinanz
- 2.1 Geschichte — 26
- 2.2 Definition und Ziele — 30
- 2.3 Double Bottom Line — 34
- 2.4 Finanzielle Eingliederung — 37
- 2.5 Marktteilnehmer — 41
- 2.6 Abgrenzung des Impact Investing — 43
- 2.7 Zwischenfazit — 49

3 Wertschöpfungskette
- 3.1 Akteure und Rollen — 52
- 3.2 Regulatorisches Umfeld — 55
- 3.3 Entwicklungsinstitutionen — 57
- 3.4 Marktüberblick — 59
- 3.5 Genf: Geburtsort der modernen Mikrofinanz — 61
- 3.6 Zwischenfazit — 66

4 Mikrounternehmer
- 4.1 Definition — 70
- 4.2 Bedürfnisse — 72
- 4.3 Struktur der Mikrounternehmer — 80
- 4.4 Zwischenfazit — 89

5 Mikrofinanzinstitute

5.1	Definition und Ziele	95
5.2	Arten von MFI	96
5.3	Finanzierung von MFI	100
5.4	Dienstleistungen	110
5.5	Regulierung	115
5.6	Zwischenfazit	122

6 Methoden der Kreditvergabe

6.1	Finanzsystem und Mikrofinanz	126
6.2	Kreditvergabe	128
6.3	Sozioökonomische Faktoren	131
6.4	Zahlungsverzug und Überschuldung der Endkunden	135
6.5	Prävention von Überschuldung und Massnahmen bei Zahlungsverzug	138
6.6	Arbeit eines Kreditsachbearbeiters	141
6.7	Zwischenfazit	143

7 Preisgestaltung des Kredits

7.1	Zinskomponenten	148
7.2	Festlegung der Zinsen	155
7.3	Regionale Unterschiede	156
7.4	Zahlungsbereitschaft der Kreditnehmer	157
7.5	Zwischenfazit	158

8 Social Performance Management

8.1	Social Performance	162
8.2	Messung von Social Performance	164
8.3	Messung des Ergebnisses der Mikrofinanz	179
8.4	Ratingagenturen	181
8.5	Technische Assistenz	183
8.6	Verknüpfung von Social Performance und Profitabilität	187
8.7	Zwischenfazit	189

9 Ist die Wirkung von Mikrofinanz begrenzt?
- 9.1 Vorurteile und Vorbehalte — 192
- 9.2 Zwischenfazit — 204

10 Investieren in Mikrofinanz
- 10.1 Marktentwicklung — 208
- 10.2 Mikrofinanz-Anlagefonds — 210
- 10.3 Investitionsprozess — 215
- 10.4 Kreditverträge und Preispolitik — 222
- 10.5 Mikrofinanz im Gesamtportfolio — 226
- 10.6 Motivation für Investitionen in Mikrofinanz — 232
- 10.7 Zwischenfazit — 233

11 Real- und Finanzwirtschaft
- 11.1 Mikrofinanz ist krisenresistent — 238
- 11.2 Realwirtschaft und lokale Einflussfaktoren — 240
- 11.3 Finanzwirtschaft — 242
- 11.4 Stabilitätsmechanismen — 245
- 11.5 Zwischenfazit — 246

12 Fazit und Ausblick
- 12.1 Win-win-win — 250
- 12.2 Auf zu neuen Horizonten — 251

Anmerkungen — 255

Anhang

ANHANG 1	Beispiel eines Kreditantrags	263
ANHANG 2	Überprüfung sozioökonomischer Faktoren mithilfe des Kreditantrags	266
Abbildungsverzeichnis		272
Boxenverzeichnis		275
Abkürzungsverzeichnis		276
Begriffsverzeichnis		278
Literaturverzeichnis		281
Bildnachweise		290

1 Einführung

Mehr als die Hälfte der weltweiten Bevölkerung meistert ihr Leben mit einem Einkommen von weniger als 1500 Dollar pro Jahr, was rund 4 Dollar pro Tag entspricht. Der Anteil der Bevölkerung, der unter der jeweiligen nationalen Armutsgrenze lebt, ist in Afrika und Lateinamerika am grössten.

Historisch war vor allem das beschränkte Angebot von Finanzdienstleistungen ein grosses Hindernis. Es fehlten sowohl die finanzielle Infrastruktur als auch bedürfnisgerechte Produkte für Personen und Haushalte mit geringem Einkommen.

1.1	Was tun gegen Armut?
1.2	Investitionen in Finanzinfrastruktur
1.3	Inhaltsübersicht

> «Weltweit müssen
> mehr als 1 Milliarde Menschen
> mit weniger als
> 1,25 Dollar pro Tag auskommen.» [1]
>
> Weltbank

1.1 Was tun gegen Armut?

Während weniger als 1,5 Prozent der Weltbevölkerung über ein Einkommen von über 20 000 Dollar verfügen, muss mehr als die Hälfte der Menschen mit einem Einkommen von weniger als 1500 Dollar pro Jahr auskommen (siehe Abbildung 1). Auf den Tag umgerechnet sind das nur rund 4 Dollar. Zwei Milliarden Menschen haben sogar nur 2 Dollar oder weniger pro Tag zur Verfügung.[2] In diesem Fall wird offiziell von Armut gesprochen. Bei einem Einkommen von unter 1,25 Dollar pro Tag, mit dem mehr als 1 Milliarde Menschen weltweit leben müssen, wird gemäss Weltbank von extremer Armut gesprochen.[3]

ABBILDUNG 1 Gesellschaftspyramide

Tier 1		
Pro-Kopf-Einkommen:[1]	über 20 000 Dollar	
Bevölkerung:[1]	75 bis 100 Mio.	
Tier 2 und Tier 3		
Pro-Kopf-Einkommen:[1]	1500 bis 20 000 Dollar	
Bevölkerung:[1]	1,5 bis 1,75 Mrd.	
Tier 4		
Pro-Kopf-Einkommen:[1]	unter 1500 Dollar	
Bevölkerung:[1]	4 Mrd.	

[1] Basierend auf der Kaufkraftparität in Dollar

Die Gesellschaftspyramide zeigt die Bevölkerungsverteilung nach jährlichem Pro-Kopf-Einkommen gemäss Kaufkraftparität. Der Grossteil der Bevölkerung (4 Mrd. Menschen) muss demnach mit weniger als 1500 Dollar pro Jahr auskommen, während nur 75 bis 100 Mio. Menschen weltweit über mehr als 20 000 Dollar pro Jahr verfügen.
Quelle: Eigene Darstellung. Daten: Prahalad und Hart (2002); Weltbank (2001).

Die Betrachtung der Armut einzelner Regionen zeigt, dass in vielen Ländern Afrikas mehr als 20 Prozent der Bevölkerung (gelb) unter der nationalen Armutsgrenze leben. In den meisten Ländern Afrikas leben sogar mehr als 40 Prozent der Bevölkerung (rot) unter der nationalen Armutsgrenze (siehe Abbildung 2). In Lateinamerika ist die Situation ähnlich, und es leben nur in Chile weniger als 20 Prozent der Menschen in Armut. Grosse Armut ist auch in den zentralasiatischen Staaten Afghanistan, Tadschikistan und Kirgistan zu finden. In Südasien und Osteuropa leben 20 bis 40 Prozent der Bevölkerung unter der nationalen Armutsgrenze.

ABBILDUNG 2 **Armut nach Ländern**

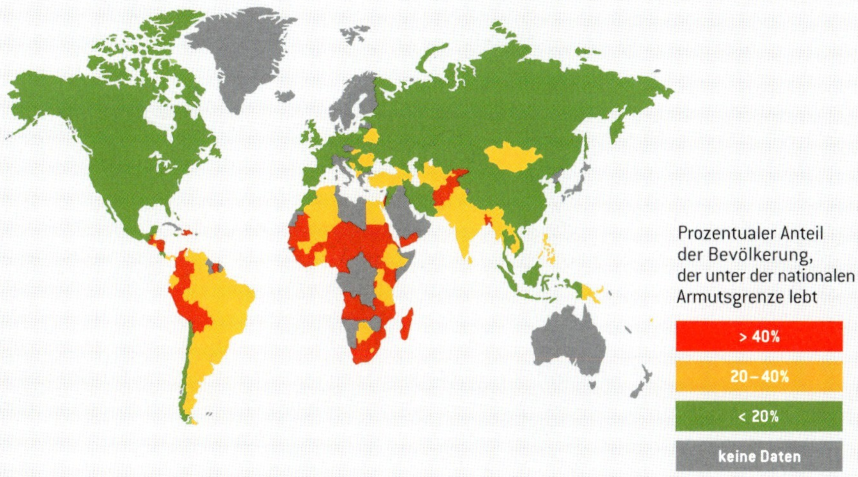

Prozentualer Anteil der Bevölkerung, der unter der nationalen Armutsgrenze lebt

- > 40%
- 20–40%
- < 20%
- keine Daten

Der Anteil der Bevölkerung, der unter der nationalen Armutsgrenze lebt, ist in Afrika und Lateinamerika am grössten, gefolgt von Südasien und Osteuropa.
Quelle: Eigene Darstellung. Daten: CIA World Factbook (2008).

Armut verhindert eine ausreichende Nahrungsaufnahme, ruft Hungersnöte hervor und gefährdet somit die Gesundheit der Menschen. Wer in Armut lebt, ist anfällig für Krankheiten, hat kaum Bildungsmöglichkeiten, und besonders Frauen sind oft Opfer von physischer und psychischer Gewalt.

Die Auslöser und die Probleme der Armut sind hinreichend bekannt, und basierend auf diesen Erkenntnissen hat die internationale Gemeinschaft Entwicklungsziele gestaltet. Massgebend sind in diesem Zusammenhang die Millenniums-Entwicklungsziele, welche die Vereinten Nationen (UN, UNO) in Kooperation mit der Weltbank, dem Internationalen Währungsfonds (IMF), dem Entwicklungsausschuss der Organisation für wirtschaftliche Zusammenarbeit und Entwicklung (OECD)[4] und mehreren Nichtregierungsorganisationen (NGO) im Jahr 2001 verabschiedeten. Die Millenniums-Entwicklungsziele umfassen acht Ziele zur Umsetzung der Vorgaben der UN-Millenniums-Erklärung und sollten im Jahr 2015 erreicht werden (siehe Abbildung 3).[5]

ABBILDUNG 3 **Millenniums-Entwicklungsziele**

1 Eindämmung von Armut und Hunger weltweit
2 Grundschulbildung für alle
3 Gleichstellung der Geschlechter und Stärkung der Rolle der Frau
4 Eindämmung der Kindersterblichkeit
5 Verbesserung der Müttergenesung
6 Bekämpfung von Aids, Malaria und anderen Erkrankungen
7 Gewährleistung ökologischer Nachhaltigkeit
8 Mitwirkung in einer globalen Partnerschaft im Dienste der Entwicklung

Die Vereinten Nationen definierten in ihrer Millenniums-Erklärung im Jahr 2000 acht Entwicklungsziele, die Ende 2015 umgesetzt sein sollten.
Quelle: Eigene Darstellung. Daten: UNDP (2014).

Die ersten sieben Ziele nehmen die Entwicklungsländer in die Pflicht, finanzielle Mittel zur Bekämpfung der Armut und der Korruption einzusetzen und gleichzeitig die Demokratisierung und Gleichberechtigung der Geschlechter zu fördern. Das achte Ziel verpflichtet Industrieländer dazu, ihre globale wirtschaftliche Machtstellung einzusetzen, um Entwicklungsländern zu helfen und eine weltweite Gleichstellung aller Länder anzustreben. Um die Situation der von Armut betroffenen Menschen zu verbessern, müssen aber nicht nur Ziele formuliert, sondern vor allem auch effektive Massnahmen ergriffen werden. Dies erfordert, dass die Ursachen von Armut verstanden werden.

Das Problem ist vielschichtig, und die ökonomische und soziale Lage der Menschen wird durch verschiedene Faktoren beeinflusst. Es setzt sich jedoch immer mehr die Erkenntnis durch, dass der Zugang zu Kapital und Finanzdienstleistungen von zentraler Bedeutung für das wirtschaftliche Wachstum ist.[6] Die Verfügbarkeit von Kapital ist jedoch gerade für Personen und Haushalte mit geringem Einkommen häufig nicht gegeben. Die Förderung der finanziellen Eingliederung ist daher für die Bekämpfung von Armut entscheidend.

Ende 2015 laufen die acht Millenniums-Entwicklungsziele aus. Rückblickend sind sie mehr oder weniger erfolgreich umgesetzt worden. Das wichtigste Ziel, die extreme Armut weltweit zu halbieren, wurde erreicht. Ebenso wurde die Trinkwasserversorgung verbessert. Auch bei anderen Vorgaben wie z. B. der Eindämmung von Hunger oder der Gleichstellung von Mann und Frau wurden wichtige Fortschritte erzielt. Wichtige Entwicklungsschritte wurden also erreicht.

Trotz dieses Erfolgs wurde auch Kritik an den Millenniums-Entwicklungszielen laut. Manche Stimmen behaupteten, die Ziele seien zu sehr auf einzelne Themen bezogen und würden hauptsächlich die Probleme von Entwicklungsländern berücksichtigen – aber auch die Industrieländer seien in Bezug auf Nachhaltigkeit stärker in die Pflicht zu nehmen. Andere Kritiker argumentierten, für die konsequente Umsetzung der Millenniums-Entwicklungsziele fehle noch immer der politische Wille, die notwendigen Rahmenbedingungen zu schaffen und die Entwicklungsfinanzierung bereitzustellen.[7]

Aufgrund der Kritik an den Millenniums-Entwicklungszielen waren sich die Staaten am UNO-Gipfel in Rio de Janeiro im Jahr 2012 einig, dass eine einheitliche und allgemeingültige Lösung für die Armutsbekämpfung gefunden werden muss. Zudem dürfe die nachhaltige Entwicklung nicht mehr getrennt von der Bekämpfung der Armut verfolgt werden, sondern beide Ziele müssten gleichzeitig vorangetrieben werden. Die Industriestaaten sollten daher nicht nur die Entwicklungsländer unterstützen, sondern sich auch im eigenen Land für eine nachhaltige Entwicklung einsetzen.

Mit dem Ablauf der Millenniums-Entwicklungsziele im Jahr 2015 wurden die nachhaltigen Entwicklungsziele (Sustainable Development Goals, SDG) für den Zeitraum bis 2030 beschlossen, zu denen auch die Förderung von Investitionen des Privatsektors gehören. Beim gegenwärtigen Investitionsniveau in SDG-relevante Bereiche stehen die Entwicklungsländer allein schon einer jährlichen Finanzierungslücke von 2,5 Billionen Dollar gegenüber (siehe Abbildung 4). Die Investitionen des Privatsektors sind folglich unverzichtbar, und deshalb sollten vor allem Banken, Pensionskassen, Versicherungen, Stiftungen und transnationale Unternehmen vermehrt in SDG-relevante Bereiche investieren.[8]

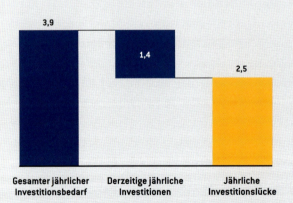

ABBILDUNG 4   **Jährlicher Investitionsbedarf (in Bio. USD)**

Die Welthandels- und Entwicklungskonferenz (UNCTAD) veröffentlichte in ihrem World Investment Report aus dem Jahr 2014, dass der jährliche Investitionsbedarf für SDG-relevante Bereiche in Entwicklungsländern 3,9 Bio. Dollar beträgt. Da die derzeitigen Investitionen in diese Bereiche 1,4 Bio. Dollar betragen, ergibt sich eine Finanzierungslücke von 2,5 Bio. Dollar, die sowohl vom öffentlichen als auch vom privaten Sektor gedeckt werden muss.
Quelle: Eigene Darstellung. Daten: UNCTAD (2014).

Abbildung 5 zeigt die 17 definierten nachhaltigen Entwicklungsziele, die sich nicht mehr ausschliesslich auf Entwicklungsländer, sondern auch auf Industriestaaten beziehen. Die ersten acht Ziele weisen grosse Ähnlichkeit mit den Millenniums-Entwicklungszielen auf und versuchen Probleme wie Armut, Hunger, Ausbildung und Wasserversorgung anzugehen. Zu diesen alten Zielen kommen neu ökologische Vorhaben, Gerechtigkeit, Wohlstand und Nahrungsmittelsicherheit hinzu. Dies zeigt, dass der Klimawandel im Fokus der nachhaltigen Entwicklungsziele liegt. Zwölf Ziele beziehen sich auf eine nachhaltige Entwicklung und den Klimawandel. Bedenklich ist, dass 14 der bisher 15 wärmsten Jahre im 21. Jahrhundert auftraten.[9]

ABBILDUNG 5 **Nachhaltige Entwicklungsziele**

Armut in jeder Form und überall beenden

Ungleichheit innerhalb von und zwischen Staaten verringern

Den Hunger beenden und Ernährungssicherheit schaffen

Städte und Siedlungen sicher, widerstandsfähig und nachhaltig machen

Ein gesundes Leben für alle Menschen gewährleisten

Für nachhaltige Konsum- und Produktionsmuster sorgen

Gerechte und hochwertige Bildung für alle Menschen fördern

Umgehend Massnahmen zur Bekämpfung des Klimawandels und seiner Auswirkung ergreifen

Geschlechtergerechtigkeit und Selbstbestimmung für alle Frauen schaffen

Meere und Meeresressourcen im Sinne einer nachhaltigen Entwicklung erhalten und nutzen

Verfügbarkeit und nachhaltige Bewirtschaftung von Wasser fördern

 Landökosysteme schützen, Wüstenbildung bekämpfen und Bodenverschlechterung stoppen

 Zugang zu bezahlbarer und nachhaltiger Energie sichern

 Friedliche Gesellschaften im Sinne einer nachhaltigen Entwicklung fördern und allen Menschen Zugang zur Justiz ermöglichen

 Dauerhaftes Wirtschaftswachstum und menschenwürdige Arbeit fördern

 Umsetzungsmittel stärken und die globale Partnerschaft für nachhaltige Entwicklung wiederbeleben

 Infrastruktur aufbauen, nachhaltige Industrialisierung und Innovation fördern

Mit dem Ablauf der Millenniums-Entwicklungsziele im Jahr 2015 haben die Vereinten Nationen nachhaltige Entwicklungsziele definiert, die in den darauffolgenden 15 Jahren umgesetzt werden sollen. Dabei werden neben den Entwicklungsländern auch alle Industrieländer miteinbezogen. Sie sollen einen nachhaltigen Ansatz verfolgen.
Quelle: Eigene Darstellung. Daten: Vereinte Nationen (2014).

1.2 Investitionen in Finanzinfrastruktur

Ein Blick zurück zeigt, dass das beschränkte Angebot ein grosses Hindernis für den Zugang zu Finanzdienstleistungen darstellte. Es fehlten sowohl die finanzielle Infrastruktur als auch bedürfnisgerechte Produkte für Personen und Haushalte mit geringem Einkommen.

Unter der Leitung der weltweit führenden Entwicklungsbanken wurde die finanzielle Infrastruktur in Entwicklungsländern in den letzten Jahren stark ausgebaut. Zusammen mit privaten Investoren wurden Finanzinstitute gegründet, die Menschen in Entwicklungsländern effizient bedienen und Produkte anbieten, die ihre spezifischen Bedürfnisse abdecken.

Zu diesen Produkten zählen insbesondere Mikrokredite. Die moderne Mikrofinanz wurde durch Muhammad Yunus bekannt, der im Jahr 2006 den Friedensnobelpreis erhielt. Obwohl – oder gerade weil – es sich dabei um eine einfache Idee handelt, ist ihr Erfolg sehr beeindruckend. Arme Menschen sollen einfach, schnell und ohne das Vorlegen von Sicherheiten ein Darlehen erhalten. Dadurch soll ihnen ermöglicht werden, eine selbstständige Erwerbsbasis aufzubauen.

Derzeit profitieren weltweit 200 Millionen Menschen von diesen Kleinstkrediten.[10] Die Entwicklungsbanken sind dabei noch immer bedeutende Geldgeber und begleiten den Mikrofinanzsektor in seiner Entwicklung. Die Branche hat heute jedoch einen Reifegrad erreicht, der immer mehr Raum für private Investoren bietet. Sowohl Privatpersonen als auch institutionelle Investoren haben dadurch die Möglichkeit, die finanzielle Eingliederung armer Bevölkerungsgruppen durch ihre Anlageentscheide aktiv zu unterstützen und gleichzeitig eine attraktive Rendite zu erzielen.

1.3 Inhaltsübersicht

Das vorliegende Buch ermöglicht einen Überblick über das Konzept und die Auswirkungen von Impact Investing am Beispiel Mikrofinanz. Durch Impact Investing kann sowohl eine finanzielle wie auch eine soziale Rendite erwirtschaftet werden.

Kapitel 1 bis 3 führen in das Thema ein und geben einen Überblick über die Industrie, die Akteure und ihre Rollen. In den Kapiteln 4 bis 7 werden die Mikrounternehmer und die Mikrofinanzinstitute (MFI) vorgestellt, gefolgt von den Eigenheiten der Kreditvergabe, die Mikrofinanz möglich machen.

Investitionen in Mikrofinanz unterscheiden sich erheblich von konventionellen Investitionen. Diese Unterschiede werden in den Kapiteln 8 bis 10 verdeutlicht, ergänzt durch eine nähere Betrachtung der Anlage- und Diversifikationsmöglichkeiten für Investoren. Es wird auch erläutert, weshalb sich mit Investitionen in Mikrofinanz alleine, aber vor allem auch im Portfoliokontext, eine attraktive Rendite erzielen lässt. Kapitel 11 erklärt den Einfluss der Realwirtschaft und der globalen Finanzwirtschaft auf die Mikrofinanz und ihre Akteure. Mit einer Zusammenfassung der wichtigsten Punkte und einem Ausblick wird das Buch durch Kapitel 12 abgerundet.

BOX 1 **Schuhfabrik – Provinz Bulacan, Philippinen**

Anfang 2001 begann Jennifer Dalida mit der Herstellung von Kinderschuhen. Mit einem ersten Kredit der Cooperative Rural Bank of Bulacan (CRBB) kaufte sie verschiedene Materialien für die Produktion. Kurz darauf schulte sie ihre Familie im Produktionsprozess und das Unternehmen wuchs Schritt für Schritt. Mit ihrem inzwischen 15. Kredit kaufte sie neue Maschinen, stellte zusätzliche Mitarbeiter ein und kann deshalb mehr als 240 Paar Schuhe pro Tag produzieren. Das Geschäft ermöglicht es ihr, die Familie zu versorgen, alle Kinder zur Schule zu schicken und Arbeitsplätze für ihre Verwandtschaft zu schaffen.

Quelle: BlueOrchard.

2 Konzept der Mikrofinanz

Die Finanzmärkte vieler Industrieländer sind eine Folge mikrofinanzähnlicher Kapitalstrukturen.

Mikrofinanz ist eine Form des Impact Investing, das nicht nur finanzielle, sondern auch soziale Renditen erwirtschaftet. Wirtschaftliche Performance und sozialer Nutzen werden nachhaltig miteinander verbunden.

Eine finanzielle Eingliederung durch den erleichterten Zugang zu geeigneten Finanzprodukten führt zu höheren Einkommen, besserer Gesundheit und Bildung und reduziert die wirtschaftliche Ungleichheit.

2.1	Geschichte
2.2	Definition und Ziele
2.3	Double Bottom Line
2.4	Finanzielle Eingliederung
2.5	Marktteilnehmer
2.6	Abgrenzung des Impact Investing
2.7	Zwischenfazit

*« Ich glaube an Mikrofinanz,
weil sie nicht nur ein Weg aus der Armut ist,
sondern auch in die Eigenständigkeit führt.
Indem sich Menschen zusammenschliessen,
können sie zu ihrer eigenen Bank werden,
Menschen und Ressourcen können aktiviert und dadurch
die weltweite Armut verringert werden.»* [11]

Königin Rania al-Abdullah von Jordanien

2.1 Geschichte

Mikrofinanz hat sich in den letzten Jahrzehnten zu einem Erfolgskonzept entwickelt. Ihr Ursprung geht jedoch viel weiter zurück. Die modernen Finanzmärkte vieler Industrieländer sind eine Folge mikrofinanzähnlicher Kapitalstrukturen. Die Annahme, das Konzept der Mikrofinanz sei eine neuartige Erscheinung und deren Ursprung auf die jüngste Vergangenheit zu beschränken, würde nicht nur den historischen Stellenwert und das Ausmass der Mikrofinanz schmälern, sondern auch die Erkenntnisse der letzten Jahrhunderte vernachlässigen. Diese wertvollen Erfahrungen dienen als Grundlage für künftige Entwicklungen.

Bereits im 14. und 15. Jahrhundert gründeten franziskanische Mönche gemeinschaftliche Pfandleihhäuser. Sie halfen armen Bevölkerungsschichten mit dem Ziel, deren wirtschaftliche Existenz in Krisenzeiten zu sichern. Als Pfand dienten in den meisten Fällen Wertgegenstände, für die eine geringe Gebühr als Gegenleistung zur sicheren Verwahrung berechnet wurde. Mit den Einnahmen konnten die Mönche ihre operativen Kosten decken. Das Konzept dehnte sich allein in Italien auf über 214 soziale Einrichtungen aus, die über sogenannte Monte di Pietà (Fonds der Barmherzigkeit) als Kapitalbasis verfügten. Neben den Kreditnehmern gab es Gönner, die das Wachstum des Kapitalstocks finanziell unterstützten.[12]

Auf Initiative des irischen Autors Jonathan Swift entstanden Anfang des 18. Jahrhunderts Kreditfonds, die kleinere Beträge an Bedürftige in Dublin vergaben. Zu Beginn wurden zinsfreie Gruppendarlehen aus Spendengeldern gewährt, deren wöchentliche Rückzahlungen durch gegenseitige Kontrolle sichergestellt wurden. Die Einführung eines rechtlichen Rahmens erlaubte die Berechnung von Zinsen sowie die Aufnahme von Ersparnissen. Dadurch entstanden, basierend auf dem Swiftschen Modell, bis Mitte des 19. Jahrhunderts mehr als 300 wirtschaftlich selbstständige Kreditfonds. Diese unterschieden sich in Bezug auf Grösse, Kundenstruktur sowie geografischen Fokus und deckten ein breites Spektrum an Kleinstkrediten ab.[13] Gewinne und Spareinlagen ermöglichten den Kreditgesellschaften ein starkes Wachstum, von dem mehr als 20 Prozent der irischen Haushalte profitierten.

Parallel dazu entwickelte sich in Deutschland das Kreditgenossenschaftssystem mit der Gründung der ersten Spargemeinschaft in Hamburg im Jahr 1778 und der Gründung der ersten Sparkasse im Jahr 1801. Neben der Annahme von Spareinlagen wurden auch Kredite für kleinere Unternehmen und Landwirte vergeben. Friedrich Wilhelm Raiffeisen und Hermann Schulze-Delitzsch gründeten im Jahr 1846 Kreditgenossenschaften, die sowohl auf dem Land als auch in der Stadt Spareinlagen entgegennahmen und Kleinstkredite vergaben. Beide Genossenschaften operierten schon kurz nach ihrer Gründung wirtschaftlich selbstständig, also unabhängig von Spendengeldern oder der Unterstützung von Regierungsorganisationen.[14] Der Grundgedanke dieses Geschäfts- und Finanzmodells ist auch heute noch in der Ausrichtung dieser Organisationen zu finden, die alle zu grossen Geschäftsbanken herangewachsen sind.[15]

ABBILDUNG 6 Die Geschichte der Mikrofinanz

Mikrofinanz hat ihren Ursprung im 14. und 15. Jahrhundert, als franziskanische Mönche begannen, Pfandleihhäuser zum Gemeinwohl zu betreiben. In Industriestaaten hat sich bis heute ein stabiles Finanzsystem entwickelt. In Entwicklungsländern gibt es zurzeit knapp 4000 Mikrofinanzinstitute (MFI), die mehr als 200 Mio. Kunden bedienen und ihnen dadurch die finanzielle Eingliederung ermöglichen.
Quelle: Eigene Darstellung. Daten: Becker (2010); Hollis und Sweetman (2004); Menning (1992); Reed, Marsden, Ortega, Rivera und Rogers (2015); Seibel (2003); Sparkassen, Raiffeisen Gruppe und Volksbanken.

Der Anfang der modernen Mikrofinanz in Entwicklungsländern ist zurückzuführen auf Muhammad Yunus und die Positionierung seiner Grameen Bank Mitte der 1980er-Jahre. Yunus hat die Grameen Bank gegründet, um armen Bevölkerungsgruppen in Form von Kleinstkrediten Zugang zu Kapital zu ermöglichen. Im Jahr 2006 erhielt der in den USA ausgebildete Wirtschaftswissenschaftler dafür den Friedensnobelpreis. Yunus arbeitete als Universitätsprofessor im Südosten von Bangladesch, und er war erschüttert von der Hungersnot im Land, der Zehntausende zum Opfer fielen. Im Jahr 1976 begann Yunus, kleine Kredite an Haushalte in Nachbardörfern zu verleihen. Bereits das privat gewährte Kapital ermöglichte es den Dorfbewohnern, eine kleine und einfache Geschäftsaktivität aufzubauen, die ihnen zu einem nachhaltigen Einkommen verhalf. Obwohl zur Sicherung des Kredits kein Pfand hinterlegt werden musste, erfolgten die Kreditrückzahlungen pünktlich. In Zusammenarbeit mit der Zentralbank von Bangladesch baute Yunus das Konzept aus und gründete die Grameen Bank, die noch heute landesweit Kredite an einkommensschwache Bevölkerungsgruppen vergibt. Das Erfolgsrezept der Bank sind Gruppenkredite, bei denen die Kreditnehmer untereinander Bürgschaften übernehmen. Bereits Anfang der 1990er-Jahre hatte die Grameen Bank mehr als 1 Million Kunden. Heute ist es ein Vielfaches davon, und mehr als 8,6 Millionen Menschen nehmen die Leistungen der Bank in Anspruch.[16] Zeitgleich entwickelten sich in Brasilien mit der Mikrofinanzinstitution ACCION und in Indonesien mit der Bank Rakyat weitere Mikrofinanzmärkte. Bis heute hat sich eine Reihe von Mikrofinanzinstituten (MFI) etabliert, die das Geschäftsmodell der Grameen Bank übernommen haben und erfolgreich weiterentwickeln.[17]

ABBILDUNG 7 Wachstum Kunden und Institutionen

Das Konzept der Mikrofinanz erlebte in den letzten 15 Jahren ein rasantes Wachstum. Insgesamt knapp 4000 Mikrofinanzinstitute vergaben im Jahr 2012 mehr als 200 Mio. Kunden einen Kredit.
Quelle: Eigene Darstellung. Daten: Reed, Marsden, Ortega, Rivera und Rogers (2015).

Seit 1997 ist Mikrofinanz rasant gewachsen. Gemäss dem jüngsten Microcredit Summit Campaign Report erreichten mehr als 4000 Mikrofinanzinstitute über 200 Millionen Kunden mit einem laufenden Kredit (siehe Abbildung 7). Pro MFI werden im Durchschnitt 55 000 Kunden bedient. Mehr als 115,5 Millionen Kunden stammten beim Eintritt in ein Mikrofinanzprogramm aus den ärmsten Bevölkerungsschichten der Welt.[18]

2.2 Definition und Ziele

Schätzungen gehen davon aus, dass weltweit etwa ein Viertel oder rund 500 Millionen in Armut lebende Menschen Kleinstunternehmen und Geschäftsaktivitäten betreiben, die Mehrheit dieser Personen jedoch keinen Zugang zu adäquaten und nachhaltigen Finanzprodukten hat.[19] Mikrofinanz entstand als wirtschaftlicher Entwicklungsansatz, der sich für die Unterstützung einkommensschwacher Bevölkerungsgruppen einsetzt. Im engeren Sinn bezieht sich der Begriff Mikrofinanz auf die Bereitstellung von Finanzdienstleistungen für

Kunden mit geringem Einkommen und unzureichender Kapitalausstattung für eine unternehmerische Tätigkeit. Diese Finanzdienstleistungen umfassen generell die Kreditvergabe und Spareinlagen, wobei zunehmend auch Versicherungs- und Zahlungsdienstleistungen angeboten werden. Im weiteren Sinn umfasst der Begriff zusätzlich auch die von vielen Mikrofinanzinstituten angebotenen nichtfinanziellen, sozialen Dienstleistungen. Dazu zählen z. B. die Vermittlung von Finanzwissen, die Entwicklung gruppenübergreifender Führungskompetenzen sowie Bildungs- und Gesundheitsdienstleistungen.[20] Die Definition von Mikrofinanz umfasst oft sowohl Finanz- als auch Sozialdienstleistungen und beschränkt sich nicht nur auf den Bereich des klassischen Bankwesens. Das Impact Investing – eine Investitionsform, bei der sowohl finanzielle wie auch soziale Renditen erwirtschaftet werden – als Überkategorie der Mikrofinanz ist daher als ganzheitliches Entwicklungsinstrument zu verstehen.[21]

Aus Sicht der MFI umfassen Mikrofinanzaktivitäten hauptsächlich die Vergabe von Kleinstkrediten zur Bereitstellung oder Stärkung des Geschäftskapitals, die Bewertung von Kreditnehmern und deren geplanten Investitionen, die Entgegennahme von Spareinlagen und die Kreditüberwachung. Obwohl viele Mikrofinanzinstitute zusätzliche Dienstleistungen nichtfinanzieller Natur anbieten, gehen diese Aktivitäten über die Definition des traditionellen Mikrofinanzkonzepts hinaus. Sie können jedoch als Weiterentwicklung betrachtet werden, mit dem Ziel, durch eine kontinuierliche Verbesserung der Produkte und der Erweiterung der Dienstleistungen die steigenden Bedürfnisse der Kunden zu decken.

Die Ausgrenzung der Armen aus weiten Teilen des Wirtschafts- und Finanzsystems ist einer der Hauptgründe für ihre schlechte wirtschaftliche und soziale Lage. Die Einbindung einkommensschwacher Bevölkerungsgruppen in das Finanzsystem ist daher ein zentrales Ziel der Mikrofinanz. Dies zeigt sich vor allem darin, dass die Produkte und Dienstleistungen der Mikrofinanz mittlerweile über den klassischen Kleinstkredit hinausgehen. Arme Menschen nutzen Finanzdienstleistungen nicht nur für geschäftsbezogene Aktivitäten, sondern zusätzlich auch für Investitionen in Gesundheit und Ausbildung sowie für finanzielle Engpässe oder andere liquiditätsbezogene Bedürfnisse. Nutzen Arme eine Vielfalt finanzieller Dienstleistungen, können sie ihr Haushaltseinkommen erhöhen, Vermögen und Besitz aufbauen und ihre Anfälligkeit gegenüber Krisen und unvorhersehbaren Ereignissen reduzieren. Der Zugang zu Finanzdienstleistungen ermöglicht darüber hinaus eine ausgewogenere Ernährung und eine bessere Gesundheitsversorgung, was auch die Übertragung von Krankheiten mindert. Dies ermöglicht in Armut lebenden Menschen eine stabile Planung ihrer Zukunft und die Ausbildung ihrer Kinder. Frauen sind durch die Teilnahme an Mikrofinanzprogrammen selbstsicherer geworden und können sich somit besser für ihre Gleichstellung einsetzen.

Mikrofinanz ist daher nicht nur eine Form der Entwicklungshilfe, sondern liefert auch die Möglichkeit der Selbstbestimmung: Arme Bevölkerungsschichten erhalten durch den Zugang zu flexiblen und bezahlbaren Finanzdienstleistungen die Möglichkeit, eigene Entscheidungen zu treffen und sich ihren eigenen Weg aus der Armut zu erarbeiten.[22] Die Auswirkungen der Mikrofinanz in Bezug auf die Umsetzung der Millenniums-Entwicklungsziele waren in den letzten Jahren vor allem in der Armutsbekämpfung, der Verbesserung der Schulbildung und des Gesundheitswesens sowie in der sozioökonomischen Stärkung der Rolle der Frau sichtbar.

Durch die Teilnahme an Mikrofinanzprogrammen können Arme ihr Einkommen nicht nur erhöhen, sondern auch diversifizieren. Dies legt den Grundstein für die Armutsbekämpfung. Mit der Aufnahme eines Kleinstkredits können Geschäftsideen finanziert werden, die das nationale Wirtschaftswachstum vorantreiben. Die Kombination verschiedener Finanzdienstleistungen – darunter Kredite, Spareinlagen und Versicherungen – erlaubt die Bündelung von Geldern für geschäftliche und private Anschaffungen. Zudem mindert sie Einkommensschwankungen über längere Zeitabschnitte, wodurch das Konsumniveau auch in wirtschaftlich schwierigen Zeiten stabil gehalten werden kann. Mikrofinanz agiert somit auch als Puffer, der die geschäftliche und die private Existenz bei Eintreten nachteiliger Ereignisse sicherstellt.

Diverse Studien qualitativer und quantitativer Natur zeigen, dass Mikrofinanz einen positiven Einfluss auf Einkommen und Vermögen hat. Aus der Untersuchung zweier Mikrofinanzinstitute, Share Microfina in Indien und Crecer in Bolivien, folgte, dass drei Viertel der Kunden von Share Microfina in Indien eine Verbesserung ihres Lebensstandards verzeichneten und zwei Drittel der Crecer-Kunden in Bolivien ihr Einkommen steigern konnten.[23]

Dabei wurden Einkommen, Besitz, Vermögen, Wohnkonditionen und Haushaltsausgaben berücksichtigt. Mehr als die Hälfte dieser Kunden konnte sich aus der Armut befreien. Die Hälfte aller Share-Kunden gab ausserdem an, das zusätzliche Einkommen, das nicht zur Tilgung ihrer Schulden gebraucht wird, für die Finanzierung weiterer Auslagen zu verwenden.[24] Studien der Weltbank und der Grameen Bank liefern vergleichbare Resultate, die den überproportionalen Einkommenszuwachs von Programmteilnehmern dokumentieren. Darüber hinaus wurde beobachtet, dass der individuelle Erfolg von Mikrofinanzkunden in vielen Fällen einen positiven Einfluss auf die Wirtschaft eines Dorfes ausüben kann, da auch nichtteilnehmende Haushalte ein steigendes Einkommen verzeichnen.[25]

Oft wird das zusätzliche Einkommen der Haushalte in die Ausbildung der Kinder investiert. Verschiedene Untersuchungen zeigen, dass Kinder von Mikrofinanzkunden mit höherer Wahrscheinlichkeit zur Schule gehen und geringere Abbruchraten aufweisen als Kinder von Familien, die keine Mikrokredite aufnehmen. Um den Fortschritt im Bildungsbereich voranzutreiben, entwickelten verschiedene Mikrofinanzanbieter Kredit- und Spardienstleistungen, die spezifisch auf das Thema Ausbildung zugeschnitten sind. Dadurch ist die Rate der Schulanfänger signifikant angestiegen und die Lese-, Schreib- und Rechenkompetenz von Kindern aus teilnehmenden Haushalten deutlich angestiegen. Zudem führt die sukzessive Aufnahme von Krediten zu einer längeren Dauer der Schulbildung.[26]

Ein weiteres Ziel der Mikrofinanz ist die Verbesserung der Gesundheitsversorgung. Gesundheitsprobleme und Krankheiten haben in armen Familien meist schlimmere Folgen und führen zu höheren Übertragungsraten als in wohlhabenderen Haushalten. Im schlimmsten Fall endet eine Krankheit mit dem Tod oder mit Arbeitsunfähigkeit. Die damit verbundenen finanziellen Ausgaben wirken sich direkt auf das Einkommen und das ersparte Vermögen aus. Oft sind Vermögensverzehr und Überschuldung die Folge. Um Krankheiten vorzubeugen, bietet Mikrofinanz geeignete Produkte und Dienstleistungen an, meist in Form von Gesundheitskrediten, die zusätzlich zu einem Mikrokredit gewährt werden. Mikrofinanz trägt dadurch massgeblich zu einer besseren Ernährung, Gesundheitsversorgung und der Errichtung sanitärer Infrastruktur bei. In Partnerschaft mit lokalen Versicherungen bieten MFI ihren Kunden auch Lebensversicherungen an, die im Todesfall die Rückzahlung des Mikrokredits und die Beerdigungskosten abdecken.

Die moderne Mikrofinanz konzentrierte sich von Anfang an auf die Stärkung der Rolle der Frau. Frauen handeln im Umgang mit finanziellen Mitteln häufig nicht nur verantwortungsvoller als Männer, sondern weisen auch eine höhere Rückzahlungsquote auf. Studien zeigen ausserdem, dass Frauen das höhere Einkommen eher in die Verbesserung des Lebensstandards der Familie und des Haushalts investieren als männliche Kunden.[27] Durch den Zugang zu finanziellen Dienstleistungen werden Frauen in ihrer Durchsetzungsfähigkeit gestärkt und aktiver in familiäre und gemeinschaftliche Entscheidungsprozesse eingebunden. Untersuchungen zur sozioökonomischen Stellung der Frau zeigen, dass die Teilnahme an Mikrofinanzprogrammen zu höherer Mobilität und mehr Vermögen führt.[28]

2.3 Double Bottom Line

Die sozialen Ziele der Mikrofinanz sind für die Armutsbekämpfung entscheidend. Trotzdem sind auch die finanzielle Profitabilität und die Unabhängigkeit zentrale Aspekte der Mikrofinanz. Eine nachhaltige und langfristige Ausrichtung des Konzepts ermöglicht eine umfassende Eingliederung der Armen in das Wirtschafts- und Finanzsystem, die über die begrenzten Möglichkeiten von Spendengeldern und Subventionen hinausgeht. Mithilfe der Mikrofinanz ist es für öffentliche und für private Investoren möglich, ohne Infrastruktur vor Ort finanzielle Mittel zur Verfügung zu stellen und damit die Armut zu bekämpfen.

Finanzielle Nachhaltigkeit ist ein zentraler Aspekt des langfristigen Erfolgs einer Mikrofinanzinstitution. Die Deckung der anfallenden Kosten ermöglicht es, mehr Kunden mit finanziellen Dienstleistungen zu versorgen. Neben den finanziellen Aspekten haben auch die sozialen Auswirkungen auf die Kunden gleichgestellte Priorität. Das bedeutet, dass Mikrofinanz finanzielle und soziale Leistungen, die auch den Effekt auf die Umwelt berücksichtigen, gleichermassen beachtet. Das ist das Konzept der Double Bottom Line.

ABBILDUNG 8 **Double Bottom Line**

Durch Mikrofinanz können einkommensschwache Bevölkerungsgruppen ihre Geschäftsaktivitäten finanzieren.

Mikrofinanz verbreitet wirtschaftliche Nachhaltigkeit.

Sie bekämpft die Armut langfristig und schafft wirtschaftliche Stabilität in der Region sowie eine Verbesserung des Lebensstandards.

Zusätzlich zu den positiven sozialen Aspekten erzeugt Mikrofinanz gleichzeitig auch eine attraktive und stabile Rendite für die Investoren.

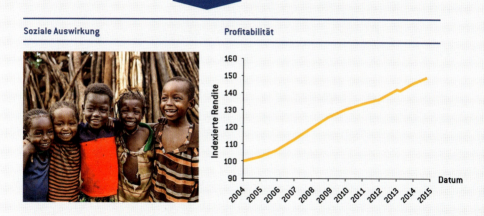

Mikrofinanz ist eine attraktive Anlageklasse. Ihre Double Bottom Line führt dazu, dass attraktive ökonomische Performance und soziales Engagement Hand in Hand gehen.
Quelle: Eigene Darstellung. Daten: BlueOrchard Research.

Mikrofinanz ist eine attraktive Anlageklasse mit einer Double Bottom Line. Die Kombination von finanzieller Profitabilität für den Investor und sozialem Engagement zugunsten des Endkunden machen eine Investition in Mikrofinanz einzigartig. Zum einen können Investoren mit Anlagen in Mikrofinanz eine attraktive und nachhaltige Rendite erwirtschaften. Zum anderen verhilft sie den Armen zu mehr Selbstständigkeit und Unabhängigkeit, da durch die Finanzierung ihrer Geschäftsaktivitäten die Armut bekämpft werden kann. Dies führt auch zu langfristiger wirtschaftlicher Stabilität in der jeweiligen Region (siehe Abbildung 8). In diesem Zusammenhang wird oft auch der Begriff

Triple Bottom Line verwendet, wobei die sozialen Auswirkungen und der Effekt auf die Umwelt getrennt betrachtet werden.

Während die finanzielle Rendite der Investoren einfach messbar ist, können die soziale Performance und ihre Wirkung unterschiedlich interpretiert werden. Die Social Performance Task Force (Arbeitsgruppe für soziale Performance)[29] definiert soziale Leistung als die effektive Übertragung der sozialen Ziele von Mikrofinanzinstitutionen in die Praxis. Diese beinhalten Nachhaltigkeit, die bessere Versorgung einkommensschwacher Bevölkerungsgruppen und vom Finanzsystem ausgeschlossener Individuen, die Zunahme der Qualität und Effizienz von Finanzdienstleistungen, die Verbesserung der wirtschaftlichen und sozialen Lebensbedingungen der Kreditnehmer sowie die soziale Verantwortung gegenüber Kunden, Angestellten und den direkt betroffenen Gemeinschaften.

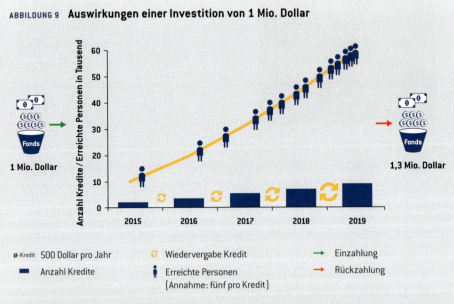

ABBILDUNG 9 **Auswirkungen einer Investition von 1 Mio. Dollar**

Eine Investition von 1 Mio. Dollar erwirtschaftet bei einer Rendite von 5 % über eine Laufzeit von fünf Jahren 1,3 Mio. Dollar. Nach fünf Jahren werden mit der ursprünglichen Investition von 1 Mio. Dollar rund 11 500 Mikrokredite finanziert und das Leben von über 50 000 Menschen beeinflusst.

Quelle: Eigene Darstellung.

Abbildung 9 beschreibt die finanziellen und sozialen Auswirkungen einer Investition von 1 Million Dollar. Sie erwirtschaftet bei einer Rendite von 5 Prozent über eine Laufzeit von fünf Jahren 1,3 Millionen Dollar. Unter Annahme einer durchschnittlichen Kredithöhe von 500 Dollar und einer Laufzeit von einem Jahr können 2000 Mikrokredite vergeben werden. Geht man davon aus, dass ein Haushalt fünf Mitglieder hat, wird mit 2000 Mikrokrediten 10 000 Menschen geholfen. Im zweiten Jahr wird – unter der Annahme einer normalen Ausfallquote von 3 Prozent oder weniger – mit 4205 Mikrokrediten bereits 21 025 Menschen geholfen usw. Das Kapital des Investors vergibt nicht nur einmal Kredite: Über die Periode von fünf Jahren können mit der Investitionssumme von 1 Million Dollar 11 504 Kleinstkredite vergeben werden. Der Investor erwirtschaftet also nicht nur eine finanzielle Rendite von 300 000 Dollar, sondern hilft dabei über 50 000 bedürftigen Menschen in Entwicklungsländern.

2.4   Finanzielle Eingliederung

Finanzielle Eingliederung bedeutet, dass Institutionen wie z. B. Banken, Nichtbanken-Finanzinstitute (NBFI) oder Nichtregierungsorganisationen (NGO) ihr finanzielles Angebot auf die Bevölkerungsschichten ausdehnen und anpassen, die traditionell keinen Zugang zu Finanzdienstleitungen haben. Um diese unterversorgte und meist ländliche Bevölkerungsgruppe zu erreichen, sind sowohl innovative Produkte als auch neue Vertriebskanäle gefragt. Durch finanzielle Eingliederung wird nicht nur dem Einzelnen geholfen, sondern es wird auch das wirtschaftliche Wachstum gefördert und die dynamische Entwicklung potenziell aufstrebender Volkswirtschaften unterstützt. Gemäss Schätzungen der Weltbank sind gegenwärtig 2 Milliarden Menschen vom Finanzsystem ausgeschlossen. Das heisst, weltweit besitzt jeder Vierte kein Bankkonto. In Entwicklungsländern ist gar knapp die Hälfte aller Erwachsenen (46 %) ohne Zugang zum Finanzsystem.[30]

Betrachtet man die finanzielle Eingliederung auf Basis der Einkommensniveaus, sieht das Bild noch düsterer aus. Mehr als drei Viertel aller Erwachsenen mit geringem Einkommen haben wegen zu teurer Anfahrtswege oder beschwerlicher Auflagen einer Kontoeröffnung weder Zugang zu Finanzdienstleistungen noch zu einem einfachen Zahlungs- oder Sparkonto. Finanzielle

Ausgrenzung geht einher mit Einkommensungleichheit: Erwachsene in den finanzstarken OECD-Ländern haben dreimal so häufig ein formales Bankkonto als Personen mit geringem Einkommen.[31] Abbildung 10 verdeutlicht die ungleiche finanzielle Eingliederung nach Ländern: Vor allem die Regionen Lateinamerika inklusive der Karibik sowie Ost- und Südasien haben eine vergleichsweise höhere Eingliederungsrate ins Finanzsystem. Das Mittelfeld bilden Osteuropa und Zentralasien, gefolgt von Subsahara-Afrika. Am meisten Eingliederungspotenzial gibt es im Nahen Osten und in Nordafrika.[32]

Der Zugang zum Finanzsystem und zu nachhaltigen Finanzdienstleistungen ist von grosser Bedeutung und hat eine positive Wirkung auf verschiedenen gesellschaftlichen Ebenen. Dazu gehören die Haushalte, die Unternehmen und auch das gesamtwirtschaftliche Wachstum.

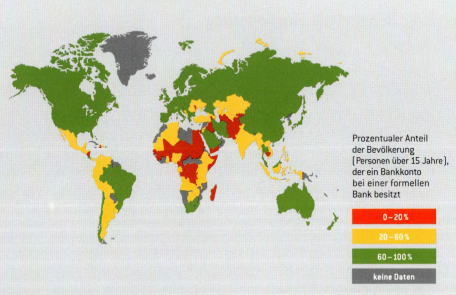

ABBILDUNG 10   **Finanzielle Eingliederung nach Ländern**

Prozentualer Anteil der Bevölkerung (Personen über 15 Jahre), der ein Bankkonto bei einer formellen Bank besitzt

- 0–20%
- 20–60%
- 60–100%
- keine Daten

Die Hälfte der über 15-Jährigen verfügt weder über ein Konto noch über einen Zugang zu finanziellen Dienstleistungen eines formalen Finanzinstituts. Weltweit sind gegenwärtig 2 Mrd. Menschen vom Finanzsystem ausgeschlossen.

Quelle: Eigene Darstellung. Daten: Demirguc-Kunt, Klapper, Singer und van Oudheusden (2015).

Auf der Haushaltsebene ermöglicht der Zugang zum Finanzsystem Individuen und Familien den Aufbau und die sichere Verwahrung von Vermögen, einen nachhaltigen und langfristigen Umgang mit wiederkehrenden Risiken sowie eine Konsumglättung. Durch ihre wirtschaftliche Aktivität gewinnen die Mikrounternehmer eine höhere gesellschaftliche Anerkennung. Dies gibt ihnen Selbstvertrauen und Sicherheit.

Kleinst- sowie kleine und mittelgrosse Unternehmen (KMU), die in vielen Niedriglohnländern die grössten Arbeitgeber darstellen, profitieren ebenfalls von einer finanziellen Eingliederung. Häufig ist das Wachstum dieser Firmen durch den fehlenden Zugang zu Kapital und Spareinlagen stark eingeschränkt, da sie nicht über genügend Mittel für Investitionen in Anlagevermögen oder in zusätzliche Arbeitskräfte verfügen. Spareinlagen, ein geeigneter Zahlungsverkehr und Versicherungsprodukte helfen Unternehmen, ihre Risiken besser zu verwalten.

Finanzielle Eingliederung und die Entwicklung zu einem integrierten, universellen Finanzsystem haben auch einen positiven Effekt auf das Wirtschaftswachstum und tragen zur Reduktion der Einkommensungleichheit bei. Auf Initiative der G-20, welche die finanzielle Eingliederung zu einer dauerhaften wirtschaftspolitischen Priorität erklärte, wurde die Global Partnership for Financial Inclusion (GPFI) gegründet. Die GPFI ist eine Kooperation der Weltbank, der International Finance Corporation (IFC) und der Consultative Group to Assist the Poor (CGAP), die das Ziel hat, den weltweiten Zugang zum Finanzsystem speziell für einkommensschwache Bevölkerungsgruppen deutlich zu erhöhen.

Bevölkerungsgruppen mit geringem Einkommen werden von formellen Finanzinstituten aufgrund der hohen Transaktionskosten meist nicht als potenzielle Kunden betrachtet. Daher bleibt vielen Armen nur die Möglichkeit, Kredite von informellen Finanzdienstleistern – wie z. B. Geldleihern oder Verwandten – zu beziehen, die oft überdurchschnittlich hohe Zinsen verlangen. Zahlreiche Mikrounternehmer sind wegen Finanzierungsengpässen nicht in der Lage, ihr Geschäft nachhaltig weiterzuentwickeln und ihren Lebensstandard zu verbessern. Mikrofinanzinstitutionen schliessen diese Marktlücke und gelangen somit an bisher vom Finanzsystem ausgeschlossene Kundengruppen. Investitionen in Mikrofinanz tragen deshalb zu einer systematischen Entwicklung des Finanzsektors in Entwicklungsländern bei. Im Vergleich zu Industrieländern verfügen Entwicklungsländer jedoch immer noch über sehr kleine Finanzmärkte. Wegen des kontinuierlichen Wachstums neuer Kundengruppen und der Konkurrenz zwischen MFI dürften diese kleinen Märkte jedoch schon in naher Zukunft eine höhere Wachstumsrate verzeichnen als das Bruttoinlandsprodukt der entsprechenden Länder.[33]

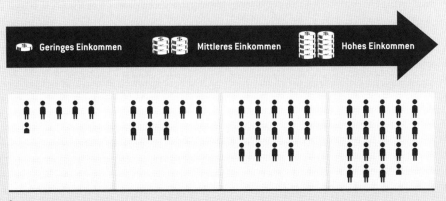

ABBILDUNG 11   **Zugang zu einem Bankkonto in Abhängigkeit der Einkommensklasse**

= 5 % der Bevölkerung mit Zugang zu einem Bankkonto

Weltweit sind 91 % der Bevölkerung mit hohem Einkommen im Besitz eines Bankkontos, aber nur etwa 28 % der Bevölkerung mit geringem Einkommen haben Zugang zu einem Bankkonto.
Quelle: Eigene Darstellung. Daten: Weltbank (2015a).

2.5 Marktteilnehmer

Weiter stellt sich die Frage, wer vom Konzept der Mikrofinanz profitiert und ob es grosse Unterschiede zwischen den verschiedenen Interessengruppen gibt. Die Antwort ist erstaunlich einfach: Unter der Voraussetzung eines professionellen und transparenten Vorgehens profitieren alle involvierten Parteien von Mikrofinanz, das heisst individuelle Kreditnehmer, Frauen, Haushalte, Unternehmen, Mikrofinanzinstitute, Mikrofinanzvehikel, Regierungen, Gönner und die Wirtschaft als Ganzes. Im Folgenden werden die verschiedenen Interessengruppen und der Nutzen, den sie aus der Mikrofinanz ziehen, detailliert beschrieben.

Individuen und Mikrounternehmen

Wie bereits beschrieben, können Arme durch Mikrofinanz Kredite aufnehmen und erhalten Zugang zu finanziellen Dienstleistungen. Dadurch können sie Investitionen finanzieren. Auch Spardienstleistungen werden immer wichtiger, ermöglichen sie doch den Aufbau von Vermögen, das nicht nur eine Konsumglättung erlaubt, sondern zusätzlich auch als Pfand für Kredite von formellen Finanzinstituten dient. Frauen erfahren durch Mikrofinanz eine Stärkung ihrer Rolle im sozioökonomischen Gefüge und sind besser in der Lage, ein selbstständiges und unabhängiges Leben zu führen. Des Weiteren ermöglicht Mikrofinanz einen besseren Zugang zu Bildung und Gesundheitsversorgung und verbessert die Lebensbedingungen. Unternehmen sind aufgrund der Mikrofinanz in der Lage, ihr organisches Wachstum zu finanzieren und neue Arbeitsplätze zu schaffen.

MFI, MIV und Investoren

Mikrofinanz hat sich in den letzten Jahren sprunghaft entwickelt, und das ursprüngliche Konzept des Mikrokredits ist längst zur allumfassenden Mikrofinanz mit einem grossen Angebot an Finanzdienstleistungen herangewachsen. Der Nutzen für Mikrofinanzinstitute (MFI) ergibt sich aus der Bereitstellung solcher Finanzdienstleistungen für ärmere Bevölkerungsgruppen. Das Einsammeln von Kundenspargut haben ermöglicht darüber hinaus langfristig das

Wachstum nachhaltiger MFI und verringert ihre Abhängigkeit gegenüber Regierungen, Gönnern und Kreditgebern.

Mikrofinanzvehikel (MIV) profitieren von fixen Zinseinnahmen, die durch die Kreditvergabe an MFI generiert werden und in regelmässigen Zeitabständen anfallen. Zudem profitieren auch Investoren von den Eigenschaften der Mikrofinanz, da sie im Rahmen von Investitionen in MIV nicht nur Zugang zu einer attraktiven Anlageklasse mit stabilen und nachhaltigen Renditen erhalten, sondern darüber hinaus auch einen wichtigen Beitrag zur weltweiten Armutsbekämpfung leisten.

Regierungen und Gönner

Lokale Regierungen und Gönner profitieren von der Mikrofinanz, weil dadurch frei gewordene finanzielle Mittel für andere Entwicklungsprojekte eingesetzt werden können. Den Regierungen entsteht zudem ein Nutzen durch geringere Transferzahlungen und zusätzliche Steuereinnahmen, die aufgrund höherer Einkommen und Unternehmensgewinne generiert werden. Mikrofinanz steigert auch die Effizienz des Wirtschaftssystems, was einen positiven Einfluss auf die breite Gesellschaft hat.

Volkswirtschaft

Das Wachstum lokaler Mikrofinanzsektoren wirkt sich positiv auf die Entwicklung des nationalen Finanzsystems aus. Der Wettbewerbsdruck zwingt MFI zu hoher Markteffizienz und stellt sicher, dass die Bedürfnisse der Kunden nachhaltig gedeckt werden. Die Mobilisierung von Kapital und die damit einhergehende Investitionstätigkeit erzeugen innerhalb der nationalen Volkswirtschaft Wachstum. Da immer mehr Menschen mithilfe der Mikrofinanz den Weg aus der Armut finden, steigt wegen ihrer Geschäftstüchtigkeit auch das nationale Vermögen kontinuierlich an.

2.6 Abgrenzung des Impact Investing

Für ein besseres Verständnis der definierten Ziele der Mikrofinanz und ihre angemessene Einordung im Anlageuniversum ist eine Gegenüberstellung von Mikrofinanz und philanthropischen und konventionellen Investitionen sinnvoll (siehe Abbildung 12). Nicht zuletzt ist die Abgrenzung vor allem für Investoren von Bedeutung, da die verschiedenen Konzepte häufig vermischt und in Bezug auf Motivation, Wirkung und wirtschaftliche Ziele nicht konsequent unterschieden werden – was zu Missverständnissen führen kann.

ABBILDUNG 12 **Abgrenzung des Impact Investing**

Konventionelle Anlagen	Impact Investing	Philanthropie
Schwerpunkt: finanzielle Rendite. Keine Berücksichtigung positiver sozialer oder ökologischer Effekte	Schwerpunkt: soziale und finanzielle Rendite. Berücksichtigung ökologischer Effekte	Schwerpunkt: soziale Rendite. Keine Absicht, finanzielle Rendite zu erzeugen

Herkömmliches Investieren	SRI[1]	Nachhaltiges Investieren	Mikrofinanz	Bildung, Gesundheit	Venture-Philanthropie	Wohltätige Spenden
Finanzielle Rendite entscheidend			Messbare soziale Wirkung bei gleichzeitig positiven risikobereinigten Renditen		Gemeinnützige Organisationen	
Ausschlussprinzip	Positiver Filter				Finanziell nachhaltig	Abhängig von Spendengeldern

[1] Socially Responsible Investing (sozial verträgliches Investieren)

Impact Investing ist eine Investitionsform, die konventionelle Anlagen und Philanthropie kombiniert und sowohl soziale als auch finanzielle Renditen anstrebt.
Quelle: Eigene Darstellung in Anlehnung an Impactspace (2014).

Konventionelle Investitionen
Beim traditionellen Investieren wird Kapital eingesetzt, um finanzielle Renditen zu erzielen. Soziale oder ökologische Aspekte stehen nicht im Fokus einer konventionellen Anlagestrategie. Hierbei können drei verschiedene Investitionsformen unterschieden werden. Das Mainstream Investing (herkömmliches Investieren) umfasst alle Investitionen in Unternehmen ohne Berücksichtigung eines sozialen oder ökologischen Effekts. Im Kontrast dazu steht das Socially Neutral Investing (sozial neutrales Investieren), das sich in zwei Kategorien aufteilen lässt: in das Socially Responsible Investing (sozial verträgliches Investieren) und das Sustainable Investing (nachhaltiges Investieren). Beim Socially Responsible Investing (SRI) kommen negative Investitionsfilter zum Einsatz, die Investitionen in ethisch problematische Unternehmen ausschliessen. Investitionen in Tabak-, Alkohol- und Waffenproduzenten oder in die Glücksspielindustrie werden beim SRI folglich nicht vorgenommen. Beim Sustainable Investing werden Investitionsentscheide mithilfe eines positiven Filters getroffen. Es werden Unternehmen mit einer nachhaltigen Unternehmensführung identifiziert, die soziale und ökologische Aspekte in ihre Geschäftstätigkeiten miteinbeziehen. Es werden z. B. Firmen berücksichtigt, die im Bereich der nachhaltigen Energieerzeugung tätig sind oder ihre Produktion umweltfreundlich und sozial verträglich gestalten.

ABBILDUNG 13 **Filter für konventionelle, nachhaltige Anlageentscheide**

	Variablen	Typ	Kriterien
Nachhaltiges Investieren	Arbeitsverhältnisse / Arbeitsbedingungen	positiv	sozial
	Menschenrechte und Tierschutz	positiv	sozial
	Erneuerbare Energie	positiv	ökologisch
	Umwelt	positiv	ökologisch
	Unternehmensführung	positiv	ethisch
Sozial verträgliches Investieren (SRI)	Tabak	negativ	ethisch
	Alkohol	negativ	ethisch
	Glücksspiele	negativ	ethisch
	Waffen / Kernenergie	negativ	ethisch
	Pornografie	negativ	ethisch
	Tierversuche	negativ	ethisch

Es werden positive und negative Filter angewandt, um nachhaltige bzw. sozial verträgliche Investitionen zu eruieren. Dabei werden die verschiedenen Variablen auf soziale Verträglichkeit, auf Ökologie und Ethik geprüft.
Quelle: Eigene Darstellung in Anlehnung an Geczy, Stambaugh und Levin (2005); Meyer (2013); Renneboog, Jenke und Zhang (2008); Staub-Bisang (2011).

Impact Investing

Während konventionelle und philanthropische Investitionsformen nur die finanziellen bzw. nur die sozialen Auswirkungen berücksichtigen, ist das Impact Investing eine Kombination beider Ansätze. Beim Impact Investing wird Kapital eingesetzt, um neben finanziellen Renditen auch soziale und ökologische Resultate zu erzielen. Die Gewichtung zwischen finanzieller und sozialer Rendite kann dabei variieren.[34] Gemessen an der zunehmenden Popularität und dem Wachstum des Impact Investing ist die Double Bottom Line heute ein weitverbreitetes Konzept (siehe Abbildung 14). Neben der Mikrofinanz umfasst das Impact Investing auch Themen wie Bildung, Gesundheit, Nahrungsmittelsicherheit, Versorgung und Infrastruktur.

ABBILDUNG 14 Themen Impact Investing

Anteil in % des gesamten in Impact Investing investierten Kreditvolumens (gerundet)

Mikrofinanz macht mit 72 % den grössten Teil des Impact Investing aus, gefolgt von der Finanzierung von KMU[35] (15 %) und der Landwirtschaft (7 %).
Quelle: Eigene Darstellung. Daten: Forum Nachhaltige Geldanlagen (2015).

Philanthropie

Unter philanthropischen Investitionen wird die sozial motivierte Bereitstellung finanzieller Mittel verstanden, mit dem Ziel, eine möglichst hohe soziale und ökologische Rendite zu erreichen. Der finanzielle Aspekt dieser Investitionen rückt dabei in den Hintergrund. Es kann zwischen Venture-Philanthropie und wohltätigen Spenden unterschieden werden. Die Venture-Philanthropie legt den Schwerpunkt auf die Finanzierung sozial verträglicher Unternehmen, die ihr Einkommen teilweise oder ganz aus Geschäftstätigkeiten generieren.[36] Mit wohltätigen Spenden werden gemeinnützige Organisationen finanziert, die auf diese Beiträge angewiesen sind.

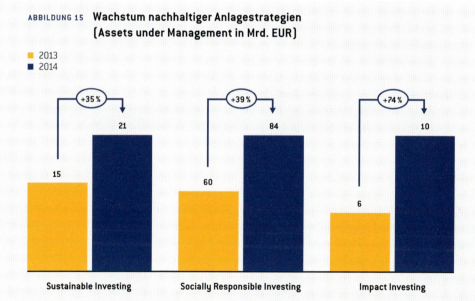

ABBILDUNG 15 **Wachstum nachhaltiger Anlagestrategien (Assets under Management in Mrd. EUR)**

In Deutschland, Österreich und der Schweiz sind nachhaltige Anlagestrategien sehr erfolgreich. Im Jahr 2014 haben Anlagen in Sustainable Investing, in SRI und in Impact Investing um 35 resp. 39 und 74 % zugenommen.
Quelle: Eigene Darstellung. Daten: Forum Nachhaltige Geldanlagen (2015).

BOX 2   **Bäckerei – Rudaki, Tadschikistan**

Der 51-jährige Zohir Abdulov backt und verkauft zusammen mit seiner Frau und seinen Kindern Brot. Um sein Einkommen zu steigern und der Familie ein besseres Leben zu ermöglichen, startete er sein Geschäft 2007 dank eines Kredits von 2000 Dollar von The First MicroFinanceBank (FMFB). Diesen nutzte er, um Zutaten, Ausstattung und eine Fabrik zu kaufen. Im Jahr 2008 nahm er einen weiteren Kredit über 4000 Dollar auf, um einen Ofen zu bauen und Mitarbeiter einzustellen. Durch die zusätzliche Produktion kann er heute sein Brot in mehreren Quartieren verkaufen und erzielt ein stattliches Einkommen.

Quelle: BlueOrchard.

2.7 Zwischenfazit

Mikrofinanz ist ein Instrument zur Armutsbekämpfung und zur finanziellen Eingliederung armer Bevölkerungsgruppen. Im engeren Sinn bezieht sich das Konzept der Mikrofinanz auf die Bereitstellung von Finanzdienstleistungen für Kunden mit geringem Einkommen und mangelndem Kapital für unternehmerische Tätigkeiten. Diese Finanzdienstleistungen umfassen die Kreditvergabe, das Einsammeln von Spareinlagen sowie Versicherungs- und Zahlungsdienstleistungen. Darüber hinaus bieten viele MFI nichtfinanzielle Dienstleistungen an, um Mikrofinanzkunden beim Aufbau von Geschäftsaktivitäten und bei der Bewältigung des Alltags zu unterstützen. Mikrofinanz liefert einen essenziellen Beitrag zur Erreichung der Millenniums-Entwicklungsziele. Dank Mikrofinanz wurden in den letzten Jahren in Bezug auf die Armutsbekämpfung, die Verbesserung der Schuldbildung und des Gesundheitswesens sowie die sozioökonomische Rolle der Frauen erhebliche Fortschritte gemacht.

Des Weiteren ist Mikrofinanz eine attraktive Anlageklasse für Investoren mit einer Double Bottom Line: Sie verbindet Profitabilität mit sozialem Engagement. Einerseits können Investoren, Mikrofinanzvehikel und Mikrofinanzinstitute durch Mikrofinanz eine nachhaltige und attraktive Rendite erwirtschaften. Andererseits fördert sie die Selbstständigkeit und Unabhängigkeit der Armen durch die Finanzierung ihrer Geschäftsaktivitäten und bekämpft Armut langfristig.

Mikrofinanz ist eine Kombination von konventionellen und philanthropischen Investitionsformen. Sie ist eine Verschmelzung zweier bisher als separat betrachteter Investitionsdisziplinen und vereint die Ziele beider Ansätze – finanzielle Renditen und soziales Wohl – in einem einzigartigen Konzept.

3 Wertschöpfungskette

Hoch spezialisierte Akteure entlang der Wertschöpfungskette der Mikrofinanz stellen eine effiziente Verteilung der finanziellen Mittel für Mikrounternehmer sicher.

Vom Investor bis zum Mikrounternehmer unterliegen alle Akteure einer Aufsicht oder sind zumindest direkt oder indirekt von dieser Aufsicht betroffen.

3.1	Akteure und Rollen
3.2	Regulatorisches Umfeld
3.3	Entwicklungsinstitutionen
3.4	Marktüberblick
3.5	Genf: Geburtsort der modernen Mikrofinanz
3.6	Zwischenfazit

> *«Gib einem Mann einen Fisch,*
> *und er wird einen Tag lang zu essen haben.*
> *Gib einer Frau einen Mikrokredit,*
> *und sie selbst, ihr Mann, ihre Kinder und*
> *ihre Verwandten haben ein Leben lang zu essen.»* [37]
> **Bono**

3.1 Akteure und Rollen

Der Mikrofinanzsektor hat sich im Laufe der Jahre professionalisiert. Dies beweist die Aufteilung der Wertschöpfungskette in hoch spezialisierte Akteure. Die Spezialisierung der verschiedenen Anbieter entlang des Wertschöpfungsprozesses stellt eine effiziente Bereitstellung der Mittel sicher und erhöht gleichzeitig die Qualität der Dienstleistungen auf jeder Stufe der Wertschöpfung.

Die Wertschöpfungskette in der Mikrofinanz besteht typischerweise aus vier Stufen. Die von den Investoren zur Verfügung gestellten Gelder werden in Fondsstrukturen gebündelt und von einem Mikrofinanzverwalter betreut. Der Verwalter identifiziert, analysiert, wählt und überwacht folglich die MFI, an die Mittel in Form von Eigen- oder Fremdkapital vergeben werden. Die MFI sind für die Vergabe der Kleinstkredite an die Endkunden zuständig und führen die damit verbundenen Tätigkeiten aus.

ABBILDUNG 16 Wertschöpfungskette

Investoren	Mikrofinanzfonds	MFI[1]	Mikrounternehmer
Öffentliche Investoren: z. B. Staatsfonds, Entwicklungsbanken	Fonds als effektive Vehikel zur Bündelung finanzieller Mittel	**Mikrofinanzinstitutionen**	Individuen
Private Investoren: z. B. PK,[2] Stiftungen, Banken, Versicherungen	Länderallokation und MFI-Auswahl	Aufsicht durch lokale Regulierung / Zentralbank	Solidaritätsgruppen
			Mikro- und Kleinunternehmer
	Fonds-Regulierung	Kreditbüros zum Schutz der Kunden	Kreditbüros gegen Überschuldung

[1] Mikrofinanzinstitution
[2] Pensionskasse

Diese Abbildung zeigt die Spezialisierung der einzelnen Akteure entlang der Wertschöpfungskette und die Geldflüsse. Während Investoren Ressourcen für Mikrounternehmer bereitstellen – von links nach rechts –, fliessen Zinsen und die Rückzahlung der Kredite von rechts nach links. Dadurch erhalten Investoren eine finanzielle und eine soziale Rendite.
Quelle: BlueOrchard Research.

Investoren

Mikrofinanzinvestoren können grob in zwei Gruppen eingeteilt werden. Einerseits gibt es die öffentlichen Investoren, zu denen hauptsächlich Entwicklungsbanken wie z. B. die Weltbank oder die Kreditanstalt für Wiederaufbau (KfW) zählen, die finanzielle Mittel von einzelnen oder mehreren Staaten erhalten. Andererseits gewinnen private Investoren immer mehr an Bedeutung. Zu den privaten Investoren zählen grosse institutionelle Anleger wie Pensionskassen, Stiftungen, Banken, Versicherungen, aber auch Privatpersonen.

Mikrofinanzfonds und Fondsverwalter

Anlagefonds bündeln finanzielle Mittel effektiv und erlauben auch Anlegern mit geringerem Investitionsvolumen eine breite Diversifikation. Dank der Konzentration von Vermögen in einer Fondsstruktur können z. B. günstigere Konditionen für die Währungsabsicherung oder andere Transaktionen verhandelt werden, als wenn jeder einzelne Anleger dies selbst machen würde. Der Fondsverwalter stellt zudem die professionelle Verwaltung der Mittel sicher und hat die Erfahrung, MFI auszuwählen, in diese zu investieren und sie zu überwachen. Zudem ist es auch für die MFI weitaus effizienter, statt vieler verschiedener Einzelanleger einen einzelnen Fonds als Partner zu haben.

Mikrofinanzinstitutionen

Die MFI sind die direkten Ansprechpartner der Mikrounternehmer und bilden somit die Verbindung zwischen den Endkunden und den Fonds. MFI sind lokale Finanzintermediäre in unterschiedlicher rechtlicher Ausgestaltung. Die MFI sind verantwortlich für die Betreuung der Mikrounternehmer. Zu ihren wichtigsten Aufgaben gehören die Beurteilung der Kreditwürdigkeit der Kunden, die Vergabe und Überwachung der Kredite, die Festigung von Kundenbeziehungen und das Training der Mikrounternehmer.

Mikrounternehmer

Die Mikrounternehmer sind die Empfänger der Kleinstkredite und stammen in der Regel aus den ärmsten Bevölkerungsschichten. Im Allgemeinen erhalten Mikrounternehmer Kredite für den Auf- oder Ausbau ihres Geschäfts. Diese Mittel werden somit in produktive Aktivitäten investiert, die eine Rückzahlung gewährleisten. Das ist wichtig, weil die Mikrounternehmer in den meisten Fällen keine Sicherheiten stellen können und die Rückzahlungsfähigkeit daher einzig vom wirtschaftlichen Erfolg der Kreditnehmer abhängt.

3.2 Regulatorisches Umfeld

Die Finanzindustrie ist nicht zuletzt wegen der internationalen Finanzkrise, die nach den Ereignissen im Herbst 2008 einsetzte, stark reguliert. Investitionen in Mikrofinanz bilden dabei keine Ausnahme. Entlang der gesamten Wertschöpfungskette wird jeder Akteur direkt oder indirekt beaufsichtigt. Diese Tatsache wird oft unterschätzt und bedarf weiterer Aufklärung.

Auf Investorenseite unterscheidet die Regulierung zwischen institutionellen Investoren und individuellen privaten Anlegern. Institutionelle Investoren wie Pensionskassen unterstehen dabei häufig direkt einer Aufsichtsbehörde, welche die sorgfältige Verwaltung der einer Vorsorgeeinrichtung anvertrauten Gelder sicherstellen soll. Bei Privatanlegern greift der Regulator hingegen indirekt ein, indem er die Vertriebskanäle der Fonds – wie z. B. Banken oder unabhängige Vermögensverwalter – beaufsichtigt. Auch dort ist das Ziel der Kundenschutz, das heisst, Anlegerinnen und Anleger sollen nur in Anlagen investieren, die ihrem persönlichen Risikoprofil entsprechen. Mikrofinanzanlagen sind dabei in den meisten Ländern sowohl für institutionelle Investoren als auch für Privatanleger grundsätzlich gut zugänglich.[38]

Die nächste Stufe der Wertschöpfungskette, die Fonds und die Fondsverwalter, unterliegen ebenfalls einer strikten Aufsicht. Die Regulierung dieser Einheiten erfolgt üblicherweise durch die Finanzmarktbehörde.[39] Der regulatorische Ansatz beginnt bereits damit, dass die Auflage eines Anlagefonds bewilligungspflichtig ist. Der Regulator hat die Fondsgründung zu unterstützen und stellt in aller Regel weitreichende Anforderungen an den Fondsverwalter. Auch das Fondsmanagement selbst ist in den meisten Ländern eine genehmigungspflichtige Tätigkeit und unterliegt einer strengen und kontinuierlichen Überwachung. Besondere Anforderungen stellen die Regulierungsbehörden hierbei an die Substanz eines Fondsverwalters. Er muss sowohl in Bezug auf Quantität als auch Qualität des Personals bestimmte Vorgaben erfüllen. Weiter müssen die internen Prozesse hinreichend dokumentiert und oftmals spezifische Vorgaben hinsichtlich des Vergütungssystems erfüllt werden.

In der Wertschöpfungskette der Mikrofinanz von grosser Bedeutung sind die MFI. Sie bilden die Schnittstelle zu den Endkunden und tragen somit eine grosse Verantwortung, was zu einer besonders strikten und umfassenden

Regulierung der MFI führt. Gleichzeitig ist jedoch zu beachten, dass Regulierung hohe Kosten verursachen kann. Eine übertriebene Regulierung kann deshalb zwei signifikante Nachteile für Mikrounternehmer haben: Erstens verteuert die Regulierung der MFI die Produkte für die Endkunden. Zweitens kann Regulierung auch eine unüberbrückbare Markteintrittsbarriere darstellen, die neue Anbieter abschreckt oder neue Angebote für Mikrounternehmer verhindert. Dadurch würde der Konkurrenzdruck unter etablierten MFI deutlich nachlassen und möglicherweise zu steigenden Kosten der Produkte führen. Zudem unterscheiden sich MFI in Bezug auf Rechtsform und Leistungsangebot deutlich. Ein Universalansatz ist daher nicht zielführend. Die Aufsichtsbehörden sollten die Marktrisiken und die von der Regulation verursachten Kosten sowie das Ziel der Mikrofinanz sehr gut gegeneinander abwägen.[40] Heute haben sich internationale Standards etabliert, welche die oben aufgeführten Herausforderungen bewältigen. Dabei wird vor allem auf Einlagen, Mindestkapitalvorschriften, Kapitalangemessenheit, Liquiditätsvorschriften und Kundenschutz eingegangen (siehe Kap. 5.5).

Ein weiteres wichtiges Instrument für die Kreditnehmer und den Kundenschutz sind Kreditbüros. Diese sammeln Informationen über die ausgezahlten Kredite. Kreditbüros sind heute in den meisten bedeutenden Mikrofinanzmärkten präsent. Häufig erstellt der Regulator in einem ersten Schritt selbst Kreditregister. Mit zunehmender Reife des Marktes entstehen jedoch auch private Anbieter. Die Informationen, die erhoben werden, umfassen in der Regel Angaben zu Art, Laufzeit und Betrag der Kredite und ob Zahlungsverzüge oder sogar Zahlungsausfälle aufgetreten sind. Private Kreditbüros holen auch zusätzliche Informationen über das Zahlungsverhalten von Kunden ein – z. B. über den lokalen Einzelhandel oder ob die Strom- und Wasserrechnung bezahlt wurde. Dadurch kann die Kreditwürdigkeit der einzelnen Kreditnehmer noch besser eingeschätzt werden (siehe ebenfalls Kap. 5.5).

3.3 Entwicklungsinstitutionen

Entwicklungsinstitutionen (DFI)[41] sind Finanzinstitutionen, die einen Platz zwischen öffentlicher Entwicklungshilfe und privaten Investitionen einnehmen. DFI sind staatliche oder halbstaatliche Organisationen und können bilateral, regional oder multilateral aufgesetzt sein. Bilaterale DFI werden von einem einzigen Land geführt. Beispiele dafür sind die deutsche Kreditanstalt für Wiederaufbau (KfW), die niederländische FMO[42], die schweizerische SIFEM[43] und die Oesterreichische Entwicklungsbank (OeEB). Regionale DFI sind Gemeinschaftsinstitutionen mehrerer Länder einer Region. Dies sind beispielsweise die europäische Bank für Wiederaufbau und Entwicklung (EBRD) oder die Asian Development Bank (ADB). Des Weiteren gibt es noch die multilateralen DFI, die als internationale Organisationen aufgestellt sind. Das bekannteste Beispiel dafür ist die International Finance Corporation (IFC), die einen Teil der Weltbank darstellt.[44]

DFI spielen eine wichtige und gewichtige Rolle in der Bekämpfung globaler Probleme wie Armut oder Klimawandel und sind ein fester Bestandteil des Mikrofinanzsektors. DFI stellen häufig Finanzierungen für Investitionen in Entwicklungsländern zur Verfügung. Typischerweise sind das Investitionen, für die es noch nicht genügend private Investoren gibt, oder Projekte, zu denen Private nur beschränkt Zugang haben. Ihre Mission liegt unter anderem darin, ein Investitionsumfeld für kommerzielle Investoren zu schaffen. Aus diesem Grund arbeiten DFI eng mit privaten Organisationen zusammen.[45]

DFI investieren auf drei Arten in Entwicklungsländern:[46]
1) Sie finanzieren lokale Finanzinstitute, damit diese wiederum lokale Mikrounternehmer und KMU finanzieren.
2) Sie stellen spezialisierten Anlagefonds privater Anbieter Mittel zur Verfügung, damit diese in lokale Projekte, Unternehmen oder Institutionen investieren.
3) Sie investieren direkt in lokale Unternehmen oder Projekte.

DFI unternehmen grosse Anstrengungen, nicht direkt in Konkurrenz zu privaten Investitionen zu treten. Ihre Finanzierung ist daher in der Regel auch nicht kostenfrei, sondern soll eine finanzielle Rendite abwerfen. In manchen Fällen profitieren DFI von einem Erstanbietervorteil (First Mover Advantage) und können attraktive Gewinne erzielen. Diese Gewinne werden jedoch kaum ausgeschüttet, sondern in der Regel in neue Projekte investiert.

Wie oben beschrieben, sind DFI bedeutende Investoren in spezialisierte Mikrofinanzfonds. Darüber hinaus investieren DFI jedoch auch direkt in einzelne MFI. Für private Investoren gibt es darüber hinaus die Möglichkeit, zusammen mit den DFI zu investieren und von einem Risikoteilungsmechanismus zu profitieren.[47]

ABBILDUNG 17   Ausgewählte Entwicklungsinstitutionen

Multilaterale DFI	Regionale DFI
IFC International Finance Corporation	ADB Asian Development Bank
MIGA Multilateral Investment Guarantee Agency	European Investment Bank
Bilaterale DFI	European Bank for Reconstruction and Development
KFW Kreditanstalt für Wiederaufbau	OPEC Fund for International Development
FMO Niederländische Entwicklungsfinanzierungsgesellschaft	IDB Inter-American Development Bank
SIFEM Swiss Investment Fund for Emerging Markets	CAF Development Bank of Latin America
OeEB Oesterreichische Entwicklungsbank	Caribbean Development Bank
OPIC Overseas Private Investment Corp.	African Development Bank

Es gibt multilaterale, bilaterale und regionale öffentliche Entwicklungsinstitutionen (DFI). Während hinter den multilateralen Entwicklungsinstitutionen meist die Weltbank steckt, werden bilaterale Institutionen von einzelnen Ländern geführt und regionale von ganzen Regionen.
Quelle: Eigene Darstellung.

Neben der reinen Finanzierung stellen DFI häufig auch Einrichtungen für technische Assistenz (TA) bereit. Diese dienen dazu, lokale Institutionen gesamtheitlich zu fördern. TA kann z. B. bedeuten, dass ein MFI für die Produktentwicklung und die Ausgestaltung seiner unternehmerischen Prozesse

Beratungsdienstleistungen in Anspruch nehmen kann. Das MFI beteiligt sich in der Regel bis zu einem gewissen Grad an den entsprechenden Kosten.[48]

Es kann vermehrt festgestellt werden, dass sich neben den Entwicklungsinstitutionen auch lokale Regierungsinstitutionen auf dem Markt positionieren, um die geopolitische Stabilität in ihrer Region zu fördern. Durch solche Modelle kann Mikrofinanz von der Nähe der Kreditgeber profitieren, die weitere Entwicklungsmöglichkeiten in diesen Ländern hervorrufen.

3.4 Marktüberblick

Seit Anfang der 2000er-Jahre wurden immer mehr Impact-Investing-Fonds aufgesetzt. Dabei stieg auch die Zahl der Fondsverwalter und Berater (siehe Abbildung 18).

ABBILDUNG 18 Ausgewählte Verwalter von Mikrofinanzfonds

Verwalter / Berater	Gründung	Hauptsitz	
BlueOrchard Finance	2001	Genf	CH
Cyrano	2000	Lima	PE
Developing World Markets	2003	Stamford, Connecticut	US
Finance in Motion	2009	Frankfurt am Main	DE
Incofin	2003	Antwerpen	BE
Oikocredit	1975	Amersfoort	NL
ResponsAbility	2003	Zürich	CH
Symbiotics	2004	Genf	CH
Triodos	2000	Zeist	NL
Triple Jump	2006	Amsterdam	NL

Die meisten MIV-Verwalter wurden in den 2000er-Jahren gegründet.
Quelle: Eigene Darstellung.

Gemessen an den verwalteten Vermögen (AuM) ist der Markt sehr konzentriert. Abbildung 19 zeigt die Anteile der Mikrofinanz-Fondsverwalter am gesamten Mikrofinanzportfolio weltweit. Die grössten drei Fondsanbieter verwalten 42 Prozent der gesamten AuM in Mikrofinanz. Betrachtet man die grössten fünf, ist es bereits über die Hälfte, und die grössten zehn MIV-Verwalter kommen auf einen Marktanteil von fast 80 Prozent.

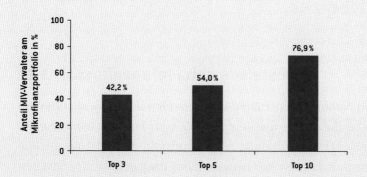

ABBILDUNG 19 **Konzentration der MIV-Verwalter**

Die grössten drei Fondsverwalter bzw. Berater verwalten 42 % der gesamten AuM in Mikrofinanz. Betrachtet man die grössten fünf, ist es bereits über die Hälfte, und die grössten zehn MIV-Verwalter kommen auf einen Marktanteil von fast 80 %.
Quelle: Eigene Darstellung. Daten: Symbiotics (2014).

Die Schweiz hat mit BlueOrchard Finance, ResponsAbility und Symbiotics gleich mehrere Anbieter im Bereich des Impact Investing. Von der Schweiz aus werden mehr als 30 Prozent der weltweit in Impact Investing allozierten Vermögen verwaltet bzw. in beratender Funktion gesteuert.[49] Neben der Schweiz hat sich auch im Dreiländereck Deutschland (Finance in Motion), in den Niederlanden (Oikocredit, Triodos, Triple Jump) und Belgien (Incofin) ein weiterer Markt für Mikrofinanz gebildet.

ABBILDUNG 20 **Verwaltete AuM in Mikrofinanz nach Standort der MIV-Verwalter**

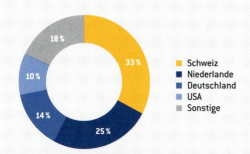

- Schweiz 33 %
- Niederlande 25 %
- Deutschland 14 %
- USA 10 %
- Sonstige 18 %

Die Schweiz ist mit BlueOrchard, ResponsAbility und Symbiotics im Bereich des Impact Investing prominent vertreten. Auch in den Niederlanden, in Deutschland und den USA sind weitere Fondsverwalter und Berater ansässig. Mehr als 30 % der weltweiten in Impact Investing allozierten Vermögen (AuM) werden von der Schweiz aus verwaltet oder in beratender Funktion gesteuert.
Quelle: Eigene Darstellung. Daten: Symbiotics (2014).

3.5 Genf: Geburtsort der modernen Mikrofinanz

In Genf kam Ende der 1990er-Jahre die Idee auf, einen Mikrofinanzfonds ins Leben zu rufen. Dies war möglich aufgrund einer innovativen Partnerschaft zwischen den Vereinten Nationen (UN), der Welthandels- und Entwicklungskonferenz (UNCTAD) und dem Privatbanksektor.

Rahmenbedingungen
Die einzigartigen Rahmenbedingungen in Genf machen die Stadt zu einem Labor der nachhaltigen Finanzwirtschaft. Welches sind die Gründe dafür?[50]
1. Genf ist eines der wettbewerbsfähigsten Finanzzentren der Welt und eines der führenden Zentren für grenzüberschreitende Vermögensverwaltung. Der Finanzsektor Genf mit seiner über 200-jährigen Tradition und Geschichte ist bekannt für die Vermögensverwaltung und das Angebot an personalisierten Dienstleistungen (siehe Abbildung 21).

ABBILDUNG 21 Finanzplatz Genf

Der Finanzplatz Genf umfasst 132 Banken und 870 Finanzintermediäre mit insgesamt 37 000 Mitarbeitern.
Quelle: Eigene Darstellung. Daten: Sustainable Finance Geneva (2014).

2. Genf ist der zweite Sitz der Vereinten Nationen und lockt somit seit über 100 Jahren internationale Organisationen und Nichtregierungsorganisationen an.[51] Heute haben mehr als 30 wichtige internationale Organisationen ihren Hauptsitz in Genf, dazu kommen die Büros von über 400 Nichtregierungsorganisationen, welche die UN beraten (siehe Abbildung 22).

ABBILDUNG 22 Internationalität von Genf

In Genf sind 174 Nationen vertreten. Die Stadt ist der zweite Sitz der Vereinten Nationen, und 32 weitere internationale Organisationen haben dort ihren Hauptsitz. Des Weiteren zählt Genf 400 Nichtregierungsorganisationen und 30 000 Mitarbeiter, die in diesen internationalen Organisationen tätig sind.
Quelle: Eigene Darstellung. Daten: Sustainable Finance Geneva (2014).

3. Die Schweiz gilt als sehr innovativ und ist in globalen Innovations-Rankings seit Jahren führend. Dieser Erfindergeist ermöglichte es der Schweiz, ein einzigartiges Know-how in Industrie, Biotechnologie und im Finanzdienstleistungssektor zu entwickeln, das sich in der ganzen Welt verbreitet.

Das Zusammentreffen dieser beiden Welten – Finanzwirtschaft und internationale Entwicklung – sowie der Erfindergeist der Schweiz machen Genf zu einer einzigartigen Entwicklungsstätte der Finanzwirtschaft. Daher entstanden in Genf viele nachhaltige Finanzprodukte, -konzepte und -instrumente von globaler Bedeutung.

Die Schweiz zählt 200 Organisationen, die aktiv in der nachhaltigen Finanzwirtschaft involviert sind (Vermögensinhaber, Vermögensverwalter, Anlagespezialisten usw.). Zudem haben die ersten globalen Indizes für Aktien nachhaltiger Unternehmen (DJSI) und für Mikrofinanz (SMX), die heute weltweit als Referenzindizes herangezogen werden, ihren Ursprung in der Schweiz.

Die Entstehung von Mikrofinanz als Anlageklasse

Dank der Zusammenarbeit von mehreren UN-Sonderorganisationen in Genf – wie z. B. der Internationalen Arbeitsorganisation (ILO) und der UNCTAD – und visionären Privatbankern konnte sich Genf vom Rest der Welt abheben.

Im Jahr 1997 entschied die Hauptversammlung der Vereinten Nationen, 2005 zum Jahr des Mikrokredits zu machen. In der Folge begann die UNCTAD-Sonderorganisation zum Thema Mikrofinanz in Genf an mehreren Projekten zur Steigerung der Transparenz und Förderung von privater Finanzierung für Mikrofinanz zu arbeiten. Der erste Meilenstein wurde 1998 mit der Einführung des Dexia Microcredit Fund gelegt. Im Jahr 2000 folgte die Errichtung eines virtuellen Mikrofinanzmarkts und einer Informationsplattform des Informatikunternehmens Infobahn in Genf. Ein Jahr darauf wurde der Fondsmanager BlueOrchard gegründet, ebenfalls in Genf. Als das Jahr des Mikrokredits näherrückte, konnte BlueOrchard immer mehr finanzielle Mittel für den ersten Fonds gewinnen. Dies gelang vor allem dank der Hilfe verschiedener Genfer Vermögensverwalter und der Strukturierung eines Produkts von J. P. Morgan in New York, für das die amerikanische Regierung bürgte.

Diese Erfolge zeigten der Welt, dass es möglich war, kommerzielle Finanzwirtschaft und Hilfe für arme Bevölkerungsschichten zu kombinieren. In den darauffolgenden Jahren sind neben BlueOrchard weitere Schweizer Fondsverwalter entstanden, die den globalen Mikrofinanzmarkt durch ihr einzigartiges Know-how dominieren. Im Jahr 2003 wurde das Unternehmen ResponsAbility in Zürich gegründet, und ein Jahr später die Symbiotics in Genf.

Durch das Engagement für Menschenrechte und Frieden erarbeitete sich Genf einen sehr guten internationalen Ruf. In Organisationen wie der Welthandelsorganisation (WTO), der UNCTAD und dem United Nations Environment Programme (UNEP) wird das Wissen von Wirtschafts- und Finanzexperten gebündelt.

Die UNEP-Finanzinitiative (UNEP FI) wurde nach der UNO-Konferenz für Umwelt und Entwicklung in Rio de Janeiro (UNCED) im Jahr 1992 gegründet. Die Gründung dieser spezifischen Initiative innerhalb des UNEP basiert auf der bedeutenden Rolle der Finanzwirtschaft für die Förderung nachhaltiger Entwicklung. Banken und Kapitalmärkte, welche die Wirtschaft finanzieren, haben sowohl die Macht als auch die Verantwortung, wirtschaftlich nachhaltige Modelle zu fördern. Die UNEP FI ist eine öffentlich-private Partnerschaft, die darauf abzielt, den finanziellen Aspekt nachhaltiger und sozialer Themen in Finanzinstitutionen zu integrieren. Zu ihren wichtigsten Errungenschaften gehört die Einführung der United Nations Principles for Responsible Investment (UN PRI oder PRI). Der damalige Generalsekretär der Vereinten Nationen, Kofi Annan, lancierte die Initiative im Jahr 2005. Die UNEP FI und der UN Global Compact, der für nachhaltige und ethische Unternehmensführung eintritt, koordinierten ihre Entwicklung. Finanzinstitute, welche die sechs PRI unterzeichneten, setzen sich für das Gemeinwohl der Gesellschaft ein. Dies war einzigartig für die Vereinten Nationen und für Genf.

Die PRI sind eine Erfolgsgeschichte. Heute haben mehr als 1300 Vermögensverwalter und professionelle Dienstleistungspartner die PRI unterzeichnet.[52] Sie verpflichten sich damit, ihre Entwicklung zu mehr Nachhaltigkeit zu dokumentieren und die Prinzipien nachhaltigen Investierens in ihr tägliches Geschäft zu integrieren. Die PRI sollen die gesamte Branche durchdringen.

Die UNEP FI kooperiert auch mit anderen Institutionen, mit denen sich Synergien ergeben. Beispiele dafür sind die Zusammenarbeit mit dem World

Business Council for Sustainable Development (WBCSD), einem Zusammenschluss von Unternehmen, die gemeinsam an Themen der nachhaltigen Entwicklung arbeiten, oder die Kooperation mit dem Weltwirtschaftsforum (WEF), das sich für Nachhaltigkeit in der Wirtschafts-, Umwelt- und Gesundheitspolitik weltweit einsetzt.

Die UN PRI ist eine der bedeutendsten Initiativen zur Nachhaltigkeit des Finanzsektors und steigert mit ihrem Top-down-Ansatz das Bewusstsein für Nachhaltigkeit im Finanzsektor auf breiter Ebene (siehe Abbildung 23). Gleichzeitig ergänzen nationale und lokale Initiativen die grossen institutionellen Projekte der PRI (Bottom-up-Ansatz). Ihre Vorteile liegen in einer grösseren Meinungsfreiheit, einer schnelleren Reaktionsfähigkeit sowie stärkeren Auswirkungen durch ihre Nähe zu den einkommensschwachen Bevölkerungsschichten.

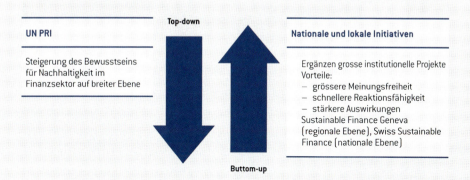

ABBILDUNG 23 **Nachhaltigkeitsinitiativen im Finanzsektor**

Die Abbildung zeigt den Top-down- und den Bottom-up-Ansatz verschiedener Nachhaltigkeitsinitiativen.
Quelle: Eigene Darstellung.

Im Jahr 2008 bündelten 15 Fachleute ihre Kräfte und gründeten die Plattform Sustainable Finance Geneva (SFG), auf der sich Interessengruppen treffen und austauschen können. Die nicht gewinnorientierte SFG fördert die Innovation und die Entwicklung von nachhaltiger Finanzwirtschaft. Ihr Ziel ist es, eine Vielzahl von Persönlichkeiten und Erfahrungen aus Vermögensverwaltung, Fondsmanagement, Mikrofinanz, internationalen Organisationen, ESG-Analysen[53] und

Philanthropie zusammenzubringen. SFG ist im Dialog mit lokalen Organisationen wie z. B. den Genfer Behörden oder dem Genève Place Financière entstanden, um den Standort Genf und die Schweiz als nachhaltiges Zentrum für Finanzwirtschaft zu fördern und bekannter zu machen. Neben dem regelmässigen Informationsaustausch und dem Erstellen von Studien organisiert SFG auch zahlreiche Konferenzen und Diskussionen mit nationalen und internationalen Experten.

Mit der Gründung der Plattform Swiss Sustainable Finance (SSF) in Zürich im Jahr 2014 gibt es nun auch ein Projekt auf nationaler Ebene. SSF hat die Aufgabe, das Thema national zu positionieren und zu vertreten, z. B. gegenüber verschiedenen Bundesämtern. SFG ist ein Netzwerkpartner von SSF. Beide Organisationen pflegen einen engen Austausch untereinander und sprechen sich bezüglich ihrer Aktivitäten ab.

3.6 Zwischenfazit

Die Akteure und vor allem ihre Rollen entlang der Wertschöpfungskette sind wichtig für das Verständnis der Mikrofinanz. Ihre hoch spezialisierten Tätigkeiten führen zu einer effizienten Bündelung von finanziellen Mitteln, die Mikrounternehmern den Zugang zu wertvollem Kapital ermöglichen.

Investoren stellen Mikrofinanzfonds finanzielle Ressourcen zur Verfügung, die dann von den Fondsverwaltern in ausgewählte Mikrofinanzinstitute investiert werden. Die MFI können durch diese Mittel Mikrokredite an ihre Endkunden vergeben.

Mehr als ein Drittel sämtlicher im Mikrofinanzsektor angelegter Gelder wird von der Schweiz aus verwaltet. Die grössten drei Fondsanbieter verwalten mehr als 40 Prozent der gesamten AuM in Mikrofinanz. Die Idee, einen Mikrofinanzfonds ins Leben zu rufen, entstand Ende 1990er-Jahre in Genf. Genf ist eines der wettbewerbsfähigsten Finanzzentren der Welt und weist eine hohe Präsenz internationaler Organisationen und NGO auf. Die enge Zusammenarbeit dieser Organisationen mit dem Finanzsektor sowie die Innovationskraft der Schweiz machen Genf zu einem Labor der internationalen Finanzwirtschaft. Das Zentrum der Vereinten Nationen für nachhaltige Finanzwirtschaft in Genf führte zudem zu der Gründung der UN PRI, einer sehr erfolgreichen Initiative, die sich für Nachhaltigkeit und Verantwortung im Finanzsektor einsetzt.

BOX 3 **Betrieb eines Kiosks – Malolos, Philippinen**

Myrna Borota ist 33 Jahre alt und lebt in Malolos. 2002 eröffnete sie einen kleinen Kiosk, um neben dem Einkommen ihres Mannes zusätzliche Einnahmen zu generieren. Ihren 13. Kredit von 1800 Dollar nutzte sie dazu, das Geschäft auszubauen und Produkte einzukaufen. Einige ihrer Kredite sind Konsumkredite, die zum Kauf ihres Hauses und zur Anschaffung eines Computers dienten. Der Kauf eines Kopiergeräts gehört zum laufenden Ausbau ihres Geschäfts. Das nachhaltig erzeugte Einkommen investiert Frau Borota nun vor allem in die Ausbildung ihrer Kinder und in den Haushalt.

Quelle: BlueOrchard.

4 Mikrounternehmer

Der typische Mikrounternehmer verfügt über ein geringes Einkommen, das er aus selbstständiger Tätigkeit im Handwerk oder in der Landwirtschaft generiert.

Mit der Überwindung der Armut werden weitere Bedürfnisse wie Bildung, Gesundheit und Konsum geweckt, die durch ein erweitertes Kreditportfolio der MFI befriedigt werden können.

Die meisten Mikrounternehmer leben in den Regionen Asien und Pazifik sowie in Lateinamerika. Sie betreiben oft kleine Gewerbe oder sind in der Landwirtschaft tätig.

4.1	Definition
4.2	Bedürfnisse
4.3	Struktur der Mikrounternehmer
4.4	Zwischenfazit

*«Kleine Kredite können Leben verändern,
vor allem die Leben von Frauen und Kindern.
Die Ärmsten können anstatt entmündigt gestärkt werden.
Häuser können gebaut und Geschäfte gegründet werden –
und Individuen erhalten
ein stärkeres Gefühl persönlicher Wertschätzung.»* [54]

Natalie Portman

4.1 Definition

Die wichtigsten Akteure der Mikrofinanz sind die Mikrounternehmer, die letztlich die finanziellen Mittel der Investoren erhalten. Die Auswirkungen dieser Gelder auf den Mikrounternehmer bilden den Kern der Mikrofinanz. Was genau sind die Bedürfnisse dieser Mikrounternehmer, und wie kann Mikrofinanz helfen, diese zu decken? In welchen geografischen Regionen leben sie und in welchen Industrien sind sie tätig?

Mikrounternehmer sind die Endkunden der Mikrofinanz. Sie hätten ohne Mikrofinanz keinen Zugang zu Kapital. Vor allem die ländliche Bevölkerung in Entwicklungsländern ist meistens vom Finanzsystem ausgeschlossen. Der typische Mikrounternehmer verfügt über ein geringes Einkommen, das er aus selbstständiger Tätigkeit im Handwerk oder in der Landwirtschaft generiert. Um seine handwerklichen oder landwirtschaftlichen Erzeugnisse zu verkaufen, betreibt er meist kleine Geschäfte oder Marktstände.[55]

ABBILDUNG 24 **Beispiel Kreditnehmerin: Noemi Marizano, Philippinen**

Land Philippinen

Sektor Landwirtschaft, Reisanbau

Anzahl Kredite zwei

Noemi Marizano ist 42 Jahre alt und hat sieben Kinder. Während eines ihrer Kinder bereits ins Berufsleben eingestiegen ist, befinden sich die anderen sechs noch in der Ausbildung. Frau Marizano baut auf einem Stück Land, das sie von ihren Eltern geerbt hat, Reis an. Sie erntet zwei Mal pro Jahr. Während der Erntezeit erhält sie von anderen Reisbauern Unterstützung.

Anzahl Kredite	**Effekt der Mikrofinanz**
1. Die erste Kreditaufnahme von Frau Marizano im Jahr 2005 belief sich auf ungefähr 4500 philippinische Pesos (100 Dollar) und diente ihr als Geschäftskapital zum Erwerb von Dünger und anderen landwirtschaftlichen Produkten.	Die Nutzung der angebotenen Mikrofinanzdienstleistungen der LifeBank-Stiftungen ermöglichte es Frau Marizano und ihrer Familie, die Geschäftsaktivitäten auf- und fortlaufend auszubauen und sowohl Umsatz als auch Gewinn nachhaltig zu steigern. Die Familie ist heute in der Lage, die Ausbildung ihrer Kinder zu finanzieren und Grund- als auch Individualbedürfnisse abzudecken.
2. Später nahm sie einen zweiten Kredit über 18 000 Pesos (400 Dollar) auf, um für ihren Ehemann ein Motorrad für Taxifahrten zu finanzieren. Damit hat sie die Basis für ein zusätzliches Einkommen für die Familie geschaffen.	

Quelle: Eigene Darstellung. Daten: BlueOrchard Research.

Über die letzten Jahre hat sich der Mikrofinanzsektor professionalisiert. Dies widerspiegeln die Breite und die Qualität der Produkte und Dienstleistungen, die von MFI angeboten und ausgeübt werden. Frühere Modelle waren darauf bedacht, das Angebot an Mikrofinanzkrediten stets zu erhöhen. Obwohl das Kreditangebot immer noch zentral ist, wurde erkannt, dass effiziente Finanzdienstleistungen für ärmere Bevölkerungsschichten auch marktgerecht gestaltet sein müssen und den Erfordernissen der Kunden gerecht werden sollen.[56] Ein besseres Verständnis der Bedürfnisse der Zielgruppe ermöglicht das Angebot einer entsprechend angepassten Produktpalette. Mikrounternehmer wollen nicht nur Kredite aufnehmen, sondern auch einen Teil ihrer Einkünfte sparen, oder sie brauchen eine spezielle finanzielle Unterstützung für die Ausbildung ihrer Kinder oder die Gesundheit der Familie.

4.2 Bedürfnisse

Um die Bedürfnisse von Mikrounternehmern am besten abzudecken, werden die Kunden nach ihren wirtschaftlichen Verhältnissen segmentiert. Die Anforderungen innerhalb der verschiedenen Armutsstufen unterscheiden sich und verlangen deshalb nach verschiedenen Produkten und Dienstleistungen. Im Folgenden werden die verschiedenen Stufen der Armut beschrieben und es wird auf die Bedürfnisse der Mikrounternehmer auf dem Weg aus der Armut eingegangen. Mit einem zweiten, dritten oder weiteren Kredit für Bildung, Gesundheit und Konsum können erfolgreiche Mikrounternehmer ihre Kinder zur Schule schicken, gegen Krankheit vorsorgen und ihren Konsum glätten.

Armutsstufen

Armut hat verschiedene Erscheinungsformen und weitreichende Konsequenzen. Bevölkerungsschichten mit niedrigem Einkommen leiden z. B. an Nahrungsmangel, fehlendem Zugang zu sauberem Wasser und Obdachlosigkeit. Wirtschaftlich können sie von Arbeitslosigkeit, Unterbeschäftigung oder der Ausbeutung ihrer Arbeitskraft betroffen sein. Darüber hinaus fühlen sich Menschen, die ihre elementaren Bedürfnisse nicht erfüllen können, sozial unterlegen und erniedrigt – ein Zustand, in dem sie sich selbst sozial und politisch entmündigen. Deshalb leiden Betroffene häufig an physischen, mentalen und emotionalen Störungen, verfügen nur über eingeschränkte Fähigkeiten, haben ein niedriges Bildungsniveau und besitzen oft ein tiefes Selbstwertgefühl und Selbstvertrauen. Der Begriff «arm» ist sehr breit gefasst und umschliesst alle oben genannten Bevölkerungsgruppen. Dennoch gibt es weitreichende Unterschiede zwischen diesen Bevölkerungsgruppen, die es zu berücksichtigen gilt. Es gibt Arme, deren Grundbedürfnisse nicht oder nur teilweise abgedeckt sind – sei es aufgrund von Ernährungsdefiziten oder ungenügendem Zugang zu Wasser – und deren Einkommen nur knapp zur Deckung der aufgenommenen Kredite ausreicht. Sie sind grundsätzlich zu unterscheiden von denjenigen Armen, die über einen minimalen Besitz verfügen – z. B. in Form von Land oder Immobilien – und einer regelmässigen Beschäftigung nachgehen oder ein Mikrounternehmen führen. Häufig ist der zweiten Gruppe der wirtschaftliche Aufstieg aus der ersten Gruppe gelungen. Unter Armut ist daher nicht ausschliesslich ein geringes Einkommen zu verstehen, sondern vielmehr der Mangel an grundlegender Bedürfnisbefriedigung.[57]

Im Wesentlichen sind drei Stufen der Armut zu unterscheiden – extreme Armut, moderate Armut und wirtschaftlich aktive Armut.[58]

Unter extremer Armut werden von der Weltbank Bevölkerungsschichten bezeichnet, die mit weniger als 1,25 Dollar pro Tag auskommen müssen und damit unter dem Existenzminimum leben.[59] Extreme Armut beschreibt diejenigen Bevölkerungsgruppen, die

- entweder arbeitslos oder unterbeschäftigt sind und deren Entlohnung so tief ist, dass ihre Kaufkraft nicht ausreicht, um ihren täglichen Kalorienbedarf zu decken,
- in ressourcenarmen Regionen leben,
- zu jung oder zu alt sind, um einer Beschäftigung nachzugehen,
- gesundheitlich nicht in der Lage sind zu arbeiten,
- aufgrund von ethischer Zugehörigkeit, Geschlecht oder politischer Einstellung keine Aussicht auf eine zukünftige Beschäftigung haben,
- auf der Flucht vor Natur- oder menschlich verursachten Katastrophen sind, und
- gleichzeitig weder über Vermögensgegenstände noch über Familienmitglieder oder Verwandte verfügen, die sie unterstützen.

Abbildung 25 Stufen der Armut

Man unterscheidet drei verschiedene Stufen von Armut:
extreme Armut, moderate Armut sowie wirtschaftlich aktive Armut.
Quelle: Eigene Darstellung.

Die moderate Armut bezieht sich auf Bevölkerungsgruppen, die über Einkünfte verfügen, die knapp zur Deckung existenzieller Bedürfnisse ausreichen.[60] Der Grundbedarf an Nahrungsmitteln, Wasser, Kleidung, Unterkunft und Gesundheitsversorgung kann demnach erfüllt werden.

Als wirtschaftlich aktiv arm werden diejenigen Bevölkerungsschichten bezeichnet, die über eine Beschäftigung und genügend Nahrungsmittel verfügen. Die Trennung zwischen extremer und moderater sowie wirtschaftlich aktiver Armut basiert auf der Erzielung eines stabilen und sicheren Einkommens, das eine existenzbedrohende Verschuldung verhindert, eine Gesundheitsversorgung sicherstellt, vor Krankheiten schützt und den Aufbau von Vermögenswerten erlaubt.[61]

Die Unterscheidung zwischen den verschiedenen Armutsstufen ist nicht abschliessend. Die Zugehörigkeit eines Haushalts zu einer Stufe kann sich ändern, beispielsweise wenn eine qualifizierte Person temporär keine Anstellung findet oder wenn sich der Lebensstandard eines Haushalts verbessert. Zudem können geschlechtsspezifische Unterschiede auftreten, da Frauen häufig nicht die Möglichkeit haben, bestimmte Fähigkeiten zu erlangen oder gewisse Berufe auszuüben. Das kann zu unterschiedlichen Armutsniveaus zwischen Männern und Frauen innerhalb desselben Haushalts führen. Häufig verbleiben Personen mit einer Beschäftigung auf einer tieferen Armutsstufe, da ihr Einkommen nur gerade zur Deckung des Grundbedarfs reicht.[62]

Trotzdem ist die Abgrenzung zwischen extremer Armut, moderater Armut und wirtschaftlich aktiver Armut aus Sicht der Mikrofinanz ein hilfreiches Instrument. Die Differenzierung erlaubt eine konkrete Abschätzung der Bedürfnisse der verschiedenen Bevölkerungsschichten und ermöglicht eine nachhaltige Bereitstellung von Produkten und Dienstleistungen. In der kommerziellen Mikrofinanz ermöglicht diese Differenzierung der Kundenstruktur eine Kategorisierung von kreditwürdigen und weniger kreditwürdigen Kunden. Die Kategorie der wirtschaftlich aktiven Armen umfasst dabei Personen mit geringem bis höherem Einkommen. In dieser Gruppe besteht eine starke Nachfrage nach Finanzdienstleistungen, die über die Bereitstellung eines Mikrokredits hinausgehen.

Bedürfnisse der Mikrounternehmer

Mikrofinanz ist ein Instrument der Armutsbekämpfung und verbessert die Lebensbedingungen der einkommensschwachen Bevölkerung in Entwicklungsländern.[63] Auf dem Weg aus der Armut werden die oben genannten Stufen durchlaufen. Die Bedürfnisse der verschiedenen Armutsstufen werden in der Maslowschen Bedürfnispyramide abgebildet. Die Hierarchie bezieht sich auf das Überleben, die Identität und die Selbstverwirklichung eines Individuums.[64]

In Abbildung 26 wird die Maslowsche Bedürfnispyramide mit den verschiedenen Armutsstufen verbunden. Die Pyramide umfasst fünf Stufen. Auf der ersten Stufe befinden sich die physiologischen Bedürfnisse. Dazu gehören Grundanforderungen wie Nahrung, Wasser und Luft, die zuerst abgedeckt werden müssen. Die zweite Stufe bezieht sich auf Sicherheitsbedürfnisse. Obwohl die physische Sicherheit dabei im Vordergrund steht, umfasst diese Kategorie im weiteren Sinn auch wirtschaftliche Sicherheit und Stabilität wie z. B. die finanzielle Sicherheit, eine stabile Beschäftigungssituation und Schutz vor Krankheit. Auf der dritten Stufe befindet sich das Bedürfnis nach sozialer Zugehörigkeit (Familie und Freundschaften). Dieses Bedürfnis tritt theoretisch erst auf, wenn die ersten beiden Kategorien weitgehend befriedigt sind. Eine solch starre Betrachtung wird den verschiedenen Armutsstufen jedoch nicht gerecht. Der soziale und gesellschaftliche Ausschluss ist häufig mit extremer Armut verbunden, und er tritt unabhängig von der Erfüllung grundlegender Bedürfnisse auf. Die zweitoberste Stufe der Pyramide umfasst individuelle Bedürfnisse wie Erfolg, Unabhängigkeit und soziale Wertschätzung. Die Selbstverwirklichung bildet schliesslich die Spitze der Pyramide und bedeutet die Fähigkeit, das eigene Potenzial zu entdecken und umzusetzen.

ABBILDUNG 26 **Maslowsche Bedürfnispyramide**

Die Maslowsche Pyramide stellt die Bedürfnisse des Menschen in aufsteigender Hierarchie dar (rechte Skala). Über die Bedürfnispyramide werden die von der Weltbank definierten Armutsstufen gelegt: extreme Armut, moderate Armut und wirtschaftlich aktive Armut. Mikrofinanzdienstleister müssen ihr Angebot den Armutsstufen und dem unterschiedlichen Abdeckungsgrad der Bedürfnisse anpassen.
Quelle: Eigene Darstellung. Daten: Maslow (1943); Weltbank (2014).

Die Verbindung der verschiedenen Bedürfnis- und Armutsstufen zeigt, dass die Produktbreite in der Mikrofinanz sehr wichtig ist. Extrem Arme sind nicht in der Lage, ihre Grundbedürfnisse zu decken. Die Kreditvergabe an diese Bevölkerungsschichten ermöglicht im optimalen Fall den Aufbau einer kleinen Geschäftstätigkeit, welche die grundlegendsten Bedürfnisse wie Nahrung und Wasser zu erfüllen vermag. Meist handelt es sich hierbei um die erste Aufnahme eines Mikrokredits. Moderat Arme sind zwar in der Lage, ihre Grundbedürfnisse zu befriedigen, verfügen jedoch weder über ökonomische Sicherheit in Bezug auf stabile Arbeitsverhältnisse noch über eine ausreichende gesundheitliche Versorgung. In vielen Fällen nehmen Individuen auf dieser Armutsstufe bereits ihren zweiten oder dritten Mikrokredit auf. Wirtschaftlich aktive Arme befinden sich bereits auf den oberen Bedürfnisstufen und haben eine grössere Nachfrage nach erweiterten Dienstleistungen. Möglicherweise haben diese Individuen bereits Mikrokredite aufgenommen und erfolgreich eine Geschäftstätigkeit aufgebaut. Mikrofinanz fördert den Aufstieg innerhalb der Bedürfnispyramide durch ein angepasstes Kreditangebot und weitere geeignete Finanzdienstleistungen. Eine zielgerechte Bedürfnisbefriedigung unterstützt diese Aufwärtsmobilität und ist deshalb ein zentrales Element der Mikrofinanz.[65]

Erweitertes Kreditangebot
Mit der Veränderung ihrer Lebensbedingungen verändern sich auch die Bedürfnisse der Mikrofinanzkunden. Die sozialen und vor allem die individuellen Bedürfnisse reichen weit über das traditionelle Verständnis von Mikrokrediten hinaus. Da Bildungs-, Gesundheits- und Konsumkredite nicht primär zur Einkommenserzeugung herangezogen werden, können nur Mikrounternehmer mit stabilem Einkommen solche Kredite aufnehmen. Gesundheitskredite eignen sich für alle Ebenen der Armut, Bildungskredite werden erst ab einem bestimmten Einkommensniveau vergeben und Konsumkredite verlangen ein sicheres Einkommen und eine stabile Geschäftstätigkeit. Gesundheitskredite sind für extrem Arme besonders sinnvoll, da diese bei Krankheit in der Regel nicht mehr ihrer Beschäftigung nachgehen können und somit ihr Einkommen verlieren. Bei Rückzahlungsschwierigkeiten des Mikrokredits, der für ihre Geschäftstätigkeit aufgenommen wurde, werden ihnen weitere Kredite verwehrt und ihr Weg aus der Armut ist somit erschwert. Mit einem Überbrückungskredit bei Krankheit kann den Endkunden gesundheitlich geholfen und ihre Rückzahlungsfähigkeit sichergestellt werden.

Häufig investieren Mikrounternehmer das Einkommen aus ihrer Geschäftstätigkeit in die Ausbildung ihrer Kinder. Kinder von MFI-Kunden nehmen mit höherer Wahrscheinlichkeit an Bildungsprogrammen teil als die Kinder anderer einkommensschwacher Familien. Zudem ist das Risiko eines Schulabbruchs geringer.[66] Langfristige und nachhaltige Investitionen in die Bildung stellen sicher, dass nachfolgende Generationen die Aufwärtsmobilität im sozioökonomischen Gefüge fortsetzen und dank der erlernten Fähigkeiten ein sicheres Einkommen und ökonomische Stabilität erzielen. Neben traditionellen Krediten sind mit steigendem Lebensstandard auch spezifische Ausbildungsdienstleistungen gefragt. Dazu gehören z. B. Alphabetisierungsprogramme und Dienstleistungen zu Unternehmensentwicklung. Trainingsprogramme, in denen wirtschaftliches und unternehmerisches Grundwissen vermittelt wird, fördern den Aufbau lokaler Geschäftsnetzwerke. Das hilft Mikrounternehmern, ihr Geschäft nachhaltig weiterzuentwickeln und zu positionieren.

Eine schlechte Gesundheit und ein mangelhafter Zugang zum Gesundheitssystem sind sowohl Ursache als auch Folge der Armut. Einerseits treten Krankheiten in ärmeren Regionen aufgrund der ungenügenden Gesundheitsversorgung überproportional häufig auf. Andererseits sind die mit Krankheit verbundenen Kosten sehr hoch und bergen das Risiko einer zusätzlichen Verarmung. Des Weiteren wirkt sich ein schlechter Gesundheitszustand auf die Produktivität des Mikrounternehmers aus und hindert ihn bei der Entwicklung seines Geschäfts. Gesundheitskredite sind ein günstiges und bequemes Mittel zur Kapitalaufnahme und schützen vor den mit Krankheit assoziierten Risiken.

Da Gesundheitskredite nicht zum Zweck der Einkommensgenerierung verwendet werden, beinhalten sie gewisse Risiken für MFI. Es gibt keine Sicherheit, dass sich der Gesundheitszustand eines Kreditnehmers verbessert und die Rückzahlung erfolgt. Eine schlechte Gesundheitsversorgung führt jedoch in vielen Fällen zur Zahlungsunfähigkeit der Mikrounternehmer und damit zum Ausschluss aus den Mikrofinanzprogrammen. Es kommt vor, dass Mikrounternehmer wegen Krankheit aufgeben müssen. Dies beeinträchtigt die Rückzahlungsquote der traditionellen Mikrokredite.[67] Weltweit werden schätzungsweise mehr als 100 Millionen Menschen aufgrund hoher und unvorhergesehener Gesundheitskosten unter die Armutsgrenze getrieben. Da die komplexen Mikroversicherungsprodukte noch nicht ausgereift sind, bilden

Gesundheitskredite eine geeignete Alternative, um die Gefahr einer krankheitsbedingten Verarmung der Mikrounternehmer zu verhindern und das Geschäftsrisiko der MFI zu reduzieren.[68]

ABBILDUNG 27 **Beispiel Kreditnehmerin: Maria Gutierrez, Peru**

Land Peru

Sektor Handel

Anzahl Kredite vier

Maria Gutierrez ist 69 Jahre alt und lebt zusammen mit ihrem Mann Roberto und ihren zehn Kindern in einem Vorort von Lima. Sie ist eine langjährige Kundin des MFI Edyficar. Seit 21 Jahren betreibt sie einen Gemüsestand auf dem San-Gregorio-Markt und konnte dank mehrfacher Kreditaufnahme ihr Geschäft laufend ausbauen.

Anzahl Kredite	Effekt der Mikrofinanz
1. Die Aufnahme des ersten Kredits über 1000 peruanische Sol (360 Dollar) ermöglichte Frau Gutierrez die Vergrösserung ihres Marktstands und des Sortiments.	Schon mit dem ersten Kredit ist es Maria Gutierrez gelungen, ein nachhaltiges Geschäft aufzubauen. Sie nimmt rund 1600 Dollar pro Monat ein, was einem monatlichen Profit von 550 Dollar entspricht. Dank der Mikrofinanz baute sie nicht nur ein erfolgreiches Geschäft auf, sondern finanzierte auch die Ausbildung ihrer Kinder und leistete sich neue Anschaffungen für ihr Wohnhaus. Durch die Busreparatur kann ihr Mann öffentliche Transportdienste für die Nachbarschaft anbieten, was eine Expansion des Familiengeschäfts in einen neuen Sektor darstellt.
2. Den zweiten Kredit über 1800 Sol (590 Dollar) nutzte Frau Gutierrez als weiteres Geschäftskapital und für die Finanzierung des Studiums ihrer Tochter.	
3. Mit dem dritten Kredit über 3000 Sol (1000 Dollar) finanzierte sie die Konstruktion eines Daches und die räumliche Erweiterung ihres Familienhauses sowie die Anschaffung von Möbeln.	
4. Mithilfe der zusätzlichen Gewinne aus ihrem Geschäft und der Aufnahme eines vierten Kredits über 7000 Sol (2500 Dollar) finanzierte sie die Reparatur eines Minibuses, der von ihrem Mann zum kommerziellen Fahrdienst eingesetzt wird.	

Quelle: Eigene Darstellung. Daten: BlueOrchard Research.

Konsumkredite erweitern das Angebot von MFI. Primäres Ziel von Konsumkrediten ist es, dem Endkunden die Glättung von Geldflüssen zu ermöglichen. Dies hängt damit zusammen, dass viele Haushalte neben den Herausforderungen des täglichen Konsums auch mit grösseren Ausgabeposten wie Hochzeiten, Beerdigungen und allgemeinen Notsituationen konfrontiert sind. Diese Bedürfnisse werden eigentlich durch Spareinlagen oder Einkommen aus unternehmerischer Tätigkeit gedeckt. Konsumkredite sind aber auch aus dem Blickwinkel der individuellen Bedürfnisse zu betrachten und tragen damit zur Befriedigung von Ansprüchen bei, die über den Grundbedarf hinausgehen. Obwohl die Nachfrage vorhanden ist, werden Konsumkredite nicht standardmässig angeboten, da viele MFI den Geldfluss aus der mikrounternehmerischen Tätigkeit als Bemessungsgrundlage für die Verschuldungskapazität herbeiziehen. Gibt es kein Angebot an Konsumkrediten, werden häufig Geschäftskredite aufgenommen und zweckfremd für Konsum eingesetzt. Die steigende Nachfrage nach Konsumkrediten vor allem seitens wirtschaftlich aktiv armer Bevölkerungsschichten zeigt aber auch, dass MFI das Angebot von Produkten und Dienstleistungen kontinuierlich weiterentwickeln.

4.3 Struktur der Mikrounternehmer

Die Zahl der Endkunden von MFI ist in den letzten Jahren rapide angestiegen. Heute beanspruchen rund fünfmal mehr Kunden die im Rahmen der Mikrofinanz angebotenen finanziellen und nichtfinanziellen Dienstleistungen als noch vor zehn Jahren. Der Erfolg des Konzepts zeigt sich nicht nur an der steigenden Zahl der Kunden, sondern auch am Anteil der Personen, welche die Armut verlassen. Bei der Formulierung der Millenniums-Entwicklungsziele im Jahr 2000 mussten noch 2 Milliarden Menschen mit weniger als 1,25 Dollar pro Tag auskommen, 20 Jahre später war diese Zahl nur noch halb so hoch.[69] Durch die finanzielle Eingliederung werden Kunden befähigt, sich aus dieser Armut zu befreien und Geschäftstätigkeiten nachhaltig zu finanzieren und zu betreiben.

ABBILDUNG 28 **Beispiel Kreditnehmer: Dogsom Tseden, Mongolei**

Land Mongolei

Sektor Landwirtschaft

Anzahl Kredite zwei

Dogsom Tseden ist 42 Jahre alt und lebt mit seiner Mutter Birvaa in der Nähe von Ulan-Bator in der Mongolei. Seine Mutter unterstützt ihn bei seiner Arbeit als Viehzüchter. Herr Tseden hat drei Kinder, die alle zur Schule gehen. Er arbeitete mehr als 18 Jahre lang als Veterinär, 1999 entschied er sich, mit der Viehzucht zu beginnen. Er begann seine Geschäftstätigkeit mit einem Bestand von sechs Kühen.

	Anzahl Kredite	Effekt der Mikrofinanz
1.	Im Jahr 2005 nahm Herr Tseden seinen ersten Kredit über 1,2 Mio. mongolische Tögrög (825 Dollar) bei der XAC Bank auf und kaufte zusätzliche Kühe für seine Herde.	Durch die Mikrofinanz konnte Herr Tseden seinen Viehbestand von sechs auf 45 Kühe aufstocken. Der grösste Teil seiner Einnahmen stammt aus dem Verkauf von Milch und Käse in der umliegenden Region. Er plant sein Geschäft weiter auszubauen. Dank der Mikrofinanz ist Herr Tseden in der Lage, ein erfolgreiches Geschäft zu führen, das Einnahmen zur Abdeckung seiner Grundbedürfnisse generiert und die Finanzierung der Ausbildung seiner Kinder ermöglicht.
2.	Dank der gestiegenen Gewinne aus seiner Viehzucht war es ihm bereits kurze Zeit später möglich, einen weiteren Kredit über 2,7 Mio. Tögrög (1900 Dollar) für eine nochmalige Vergrösserung seines Viehbestands aufzunehmen.	

Quelle: Eigene Darstellung. Daten: BlueOrchard Research.

Regionen

Mikrofinanz hat sich in den letzten Jahren von einem lokalen Konzept der Armutsbekämpfung zu einem globalen Phänomen entwickelt und strebt die finanzielle Eingliederung aller einkommensschwachen Bevölkerungsgruppen an. Abbildung 29 zeigt die Länder mit dem weltweit höchsten Anteil an in Armut lebenden Menschen. Dabei ist ersichtlich, dass 30 Prozent der weltweit extrem armen Personen in Indien leben, 10 Prozent stammen aus Nigeria, 8 Prozent aus China. Es fällt auf, dass hauptsächlich asiatische und afrikanische Nationen von Armut betroffen sind.

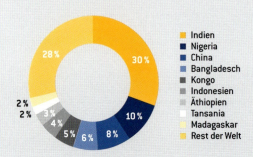

ABBILDUNG 29 **Länder mit dem weltweit höchsten Anteil an ärmsten Personen**

Prozentualer Anteil an der weltweiten Bevölkerungsgruppe, die mit weniger als 1,25 Dollar am Tag leben

In Indien leben 30 % der weltweit extrem armen Personen, 10 % stammen aus Nigeria, 8 % aus China. Quelle: Eigene Darstellung. Daten: Weltbank (2015c), Datenbasis 2011.

Betrachtet man die geografische Verteilung der Mikrofinanzkunden (siehe Abbildung 30), wird ersichtlich, dass zwei Drittel der Kunden aus der Region Asien und Pazifik stammen. 21 Prozent befinden sich in Lateinamerika und der Karibik, 10 Prozent in Subsahara-Afrika, Nordafrika und im Nahen Osten. In Osteuropa und Zentralasien leben insgesamt 3 Prozent der weltweiten Mikrounternehmer.[70] Der Vergleich dieser Zahlen mit Abbildung 29 lässt den Schluss zu, dass Mikrofinanzprogramme in Afrika künftig stärker gefördert werden müssen, um – neben in Asien – die global ärmsten Bevölkerungsschichten zu erreichen.

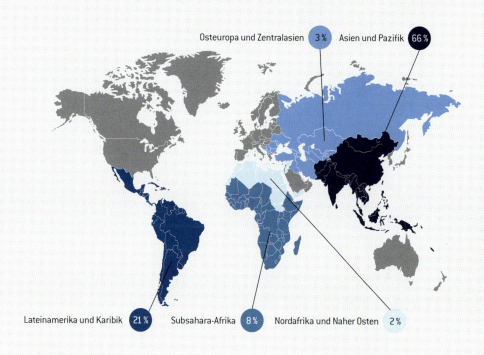

ABBILDUNG 30 **Mikrounternehmer in Prozent nach Regionen**

Eine regionenspezifische Aufschlüsselung der Kundenstruktur zeigt, dass zwei Drittel aller Endkunden aus der Region Asien und Pazifik stammen. 21 % leben in Lateinamerika und in der Karibik, 10 % in Afrika und im Nahen Osten und 3 % in Osteuropa.
Quelle: Eigene Darstellung. Daten: MIX (2015), Datenbasis 2013.

Abbildung 31 zeigt, dass die durchschnittliche Kredithöhe in den ärmsten Regionen Afrika und Asien mit 193 resp. 432 Dollar am niedrigsten ist. In den bereits weiter fortgeschrittenen Mikrofinanzmärkten Lateinamerika und Karibik sowie Naher Osten und Osteuropa ist der durchschnittliche Kreditbetrag mit 788 resp. 1549 Dollar deutlich höher. Der durchschnittliche Mikrokredit über alle Regionen beläuft sich auf 502 Dollar.

ABBILDUNG 31 **Durchschnittliches Kreditvolumen nach Regionen**

Die durchschnittliche Kredithöhe über alle Regionen beträgt 502 Dollar. Die höchsten Kredite werden im Nahen Osten und in Osteuropa vergeben (1549 Dollar), die niedrigsten in Afrika (193 Dollar).
Quelle: Eigene Darstellung. Daten: VisionFund International (2015).

Geschlecht

In der Mikrofinanzindustrie werden im Durchschnitt deutlich mehr Kredite an Frauen vergeben als an Männer (siehe Abbildung 32). In den letzten zehn Jahren wurden in Südasien durchschnittlich 90 Prozent aller Kredite an Frauen vergeben. Auch in den Regionen Ostasien und Pazifik, Afrika, Lateinamerika und Karibik sowie im Nahen Osten und in Nordafrika ist deutlich zu erkennen, dass weit mehr als die Hälfte aller Kredite an Frauen geht. Einzig in Osteuropa und Zentralasien ist der Frauenanteil an Kreditnehmern in den letzten Jahren unter 50 Prozent gefallen. Weshalb Frauen die grössere Zielgruppe der MFI darstellen als Männer, wird in Kapitel 6 erläutert.

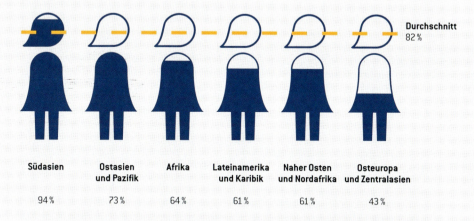

ABBILDUNG 32 **Anteil der Frauen bei den Kreditnehmern nach Regionen**

Durchschnitt 82 %

Südasien	Ostasien und Pazifik	Afrika	Lateinamerika und Karibik	Naher Osten und Nordafrika	Osteuropa und Zentralasien
94 %	73 %	64 %	61 %	61 %	43 %

In Südasien werden mit Abstand die meisten Kredite an Frauen vergeben (rund 90 %).
In Osteuropa und Zentralasien gehen hingegen nur 40 bis 50 % der Kredite an Frauen.
In allen anderen Regionen wird mehr als die Hälfte der Kredite an Frauen vergeben.
Quelle: Eigene Darstellung. Daten: MIX (2015), Datenbasis 2013.

Industrien

Die Geschäftsaktivitäten von Mikrofinanzkunden sind in verschiedenen wirtschaftlichen Sektoren angesiedelt und unterscheiden sich hinsichtlich der benötigten Kapitalausstattung und der Dienstleistungen. Aus Sicht eines MFI ist die Differenzierung zwischen ländlichen und städtischen Kunden zentral. Der Entscheid, welche Kundengruppe bedient werden soll, ist massgebend für die Entwicklung der Produkte. Unterliegt ein Sektor einer negativen wirtschaftlichen Entwicklung, stellt dies sowohl für Mikrofinanzkunden als auch für MFI ein grosses Geschäftsrisiko dar. Typische Mikrounternehmen in urbanen Regionen gehören meist zum Kleingewerbe und zu Kleinbetrieben. Sie bieten lokal ein spezifisches Produkt für den Handel an oder erbringen eine Dienstleistung. Mikrounternehmer auf dem Land üben meist landwirtschaftliche Tätigkeiten aus oder sind in der Viehhaltung, Fischerei und im Handwerk aktiv.

ABBILDUNG 33 **Darlehensvolumen nach Sektoren**

Sektor	Anteil Kreditvolumen in % [1]
Handel	32 %
Landwirtschaft	28 %
Dienstleistung	21 %
Wohnen	6 %
Industrie	5 %
Transport	3 %
Sonstige (Schneiderei, Hygiene)	3 %
Bau	1 %
Tourismus	1 %
Summe	100 %

[1] Anteil in % des gesamten Kreditvolumens von MFI eines von BlueOrchard verwalteten Fonds

Diese Tabelle zeigt den Anteil der verschiedenen Sektoren, in die Mikrounternehmer involviert sind, gemessen am gesamten Mikrokreditvolumen. Das grösste Kreditvolumen wird an Mikrounternehmer vergeben, die im Handel tätig sind, gefolgt von Landwirtschaft und Dienstleistungen.
Quelle: Eigene Darstellung. Daten: BlueOrchard Research.

Abbildung 33 zeigt den Anteil verschiedener Sektoren am Kreditvolumen mehrerer MFI, in die ein von BlueOrchard verwalteter Fonds investiert ist. 32 Prozent dieses Kreditvolumens fliessen an Mikrounternehmer, die im Handel tätig sind. 28 Prozent des Kreditvolumens gehen an Landwirtschaftsbetriebe, 21 Prozent an Dienstleistungsunternehmen. 6 Prozent der Gelder fliessen in soziales Wohnen und 5 Prozent in die Industrie. Die Mehrheit aller Kredite wird an den Handel vergeben, dort ist die Nachfrage nach Geschäftskapital für den Güteraustausch besonders hoch. Auch die Landwirtschaft und der Dienstleistungssektor erfordern hohe Kapitalinvestitionen (Viehbestand, Lokalitäten usw.), die meist durch eine externe Finanzierung gedeckt werden.

ABBILDUNG 34   **Beispiel Kreditnehmerin: Saroam Toum, Kambodscha**

Land Kambodscha

Sektor Handel

Anzahl Kredite drei

Saroam Toum betreibt einen Schrottplatz am Rande von Phnom Penh. Ihre Geschäftstätigkeit umfasst das Sammeln von Haushaltsabfällen sowie das Trennen und den Weiterverkauf und Export der gesammelten Rohmaterialien an grosse Schrotthändler in Thailand und Vietnam.

Anzahl Kredite	Effekt der Mikrofinanz
1. Mit der Aufnahme des ersten Kredits über 1000 Dollar baute Frau Toum ihren Schrottplatz aus und stellte zudem die Deckung der Grundbedürfnisse ihrer Familie sicher.	Durch die Finanzdienstleistungen der Mikrofinanz ist Frau Toum in der Lage, ein erfolgreiches und nachhaltiges Mikrounternehmen zu betreiben. Die wiederholte Kreditaufnahme ermöglichte ihr die Expansion ihres Unternehmens, das heute sechs Angestellte beschäftigt und einen Gewinn von 4000 Dollar pro Monat abwirft. Und das in einem Land, dessen Bruttoinlandsprodukt nicht mehr als 1000 Dollar pro Kopf und Jahr beträgt.
2. Den zweiten Kredit über 2000 Dollar investierte Frau Toum primär in die Ausbildung der Kinder. Des Weiteren ermöglichte ihr der Kredit den Ausbau der Infrastruktur ihres Geschäfts und die Anstellung von Mitarbeitern.	
3. Mit dem dritten Kredit über 5000 Dollar erweiterte Frau Toum ihr Unternehmen und kaufte noch grössere Mengen an Abfällen für den späteren Weiterverkauf. Zudem hat sie zusätzliche Mitarbeiter eingestellt, um den Output zu erhöhen.	

Quelle: Eigene Darstellung. Daten: BlueOrchard Research.

Die Bilanz eines Mikrounternehmers

Betrachtet man beispielhaft die Bilanz eines Mikrounternehmers in Bangladesch, wird ersichtlich, dass sich Menschen in Entwicklungsländern gegenseitig Geld leihen und auch gegenseitig Erspartes aufbewahren. Spareinlagen und Vorsorge (z. B. eine Lebensversicherung) bedeuten ihnen sehr viel.

ABBILDUNG 35   **Bilanz eines Mikrounternehmers (in USD)**

Aktiva		Passiva	
Sparkonto	20	Mikrokredit	100
Ersparnisse bei Geldaufbewahrer	10	Privater zinsfreier Kredit	15
Ersparnisse zu Hause	5	Lohnvorschuss	10
Lebensversicherung	85	Ersparnisse anderer	15
Geldüberweisungen an Heimat	10	Geschäftsinhaberkredit	20
Darlehen	40	Mietschulden	10
Bargeld	5	Fremdkapital	170
Anlagevermögen	175	Eigenkapital	5

Die exemplarische Bilanz eines Mikrounternehmers in Bangladesch zeigt, dass sich die Menschen gegenseitig Geld leihen und auch finanzielle Mittel anderer aufbewahren. Zudem ist ihnen eine Absicherung wie z. B. eine Lebensversicherung wichtig.
Die Abbildung zeigt, dass es für Mikrounternehmer sehr wichtig ist, Spareinlagen zu halten.
Quelle: Eigene Darstellung. Daten: in Anlehnung an Collins, Morduch, Rutherford und Ruthven (2009), S. 9.

4.4 Zwischenfazit

Es gibt im Wesentlichen drei Stufen der Armut: die extreme, die moderate und die wirtschaftlich aktive Armut. Bei extremer Armut können die Menschen nicht einmal ihre existenziellen Grundbedürfnisse decken. Unter moderater Armut reichen die Mittel nur knapp zur Deckung des elementarsten Grundbedarfs und einer rudimentären Gesundheitsversorgung. Wirtschaftlich aktiv arme Bevölkerungsschichten verfügen über genügend Nahrungsmittel und eine verbesserte Gesundheitsversorgung. Geeignete und angemessene Dienstleistungen der Mikrofinanz ermöglichen und födern die Aufwärtsmobilität entlang dieser verschiedenen Stufen der Armut. Mikrounternehmer können durch unternehmerische Tätigkeit ihre entsprechenden Bedürfnisse befriedigen und Schritt für Schritt die Armut verlassen.

Eine zielgerechte Bedürfnisbefriedigung ist ein zentrales Element der Mikrofinanz. Sie umfasst ein stetig wachsendes Angebot an Finanzdienstleistungen, zu denen neben den traditionellen Kleinkrediten auch Bildungs-, Gesundheits- und individuelle Konsumkredite gehören.

SMALL MONEY – BIG IMPACT | 4 Mikrounternehmer

BOX 4 **Gemüseanbau – Phnom Penh, Kambodscha**

Die 75-jährige Sopha Keo lebt in einem Dorf, etwa 10 Kilometer vom Zentrum Phnom Penhs entfernt. Wie die meisten Leute in ihrer Nachbarschaft hat sie Gemüsefelder hinter ihrem Haus, die sie bewirtschaftet. Das Gemüse verkauft sie nicht auf dem Markt, sondern direkt an Händler, die bei ihr und ihren Nachbarn vor Ort einkaufen. Über die Jahre hat sie mehrere Kleinstkredite über 150 bis 200 Dollar von der ACLEDA Bank Plc. erhalten. Das Geld hat sie jeweils in ihr Geschäft investiert, z. B. in neues Saatgut und Arbeitsmaterial. Mit ihren Einnahmen unterstützt sie die Familie und den Haushalt.

Quelle: BlueOrchard.

Der typische Mikrounternehmer verfügt über ein geringes Einkommen, das er aus selbstständiger, handwerklicher Tätigkeit oder in der Landwirtschaft erzeugt. Er kann generell nach seiner geografischen Herkunft und seiner wirtschaftlichen Aktivität unterschieden werden.

Der typische Mikrounternehmer stammt aus der Region Asien und Pazifik (zwei Drittel aller Kreditnehmer) oder Lateinamerika und Karibik (ein Fünftel aller Kreditnehmer), erhält ein durchschnittliches Kreditvolumen von 502 Dollar, ist weiblich und im Handel oder in der Landwirtschaft tätig (über alle Regionen). Für Mikrounternehmer ist es sehr wichtig, Spareinlagen zu halten und sich untereinander Geld auszuleihen. Auch weitere Sicherheiten, wie z. B. eine Lebensversicherung, sind von grosser Bedeutung.

5 Mikrofinanzinstitute

Zu den MFI zählen vielfältige Dienstleister, die ihre Marktstellung nutzen, um einkommensschwachen Bevölkerungsgruppen finanzielle Mittel bereitzustellen.

Zur Finanzierung stehen MFI Spareinlagen, Kredite sowie Spenden oder Subventionen zur Verfügung.

MFI bieten in erster Linie Finanzdienstleistungen in Form von Mikrokrediten und Spareinlagen an. Häufig werden auch Leistungen wie Mikroversicherungen oder Mikropensionen angeboten.

5.1	Definition und Ziele
5.2	Arten von MFI
5.3	Finanzierung von MFI
5.4	Dienstleistungen
5.5	Regulierung
5.6	Zwischenfazit

*«Ein wichtiger Schritt zur Beendigung extremer Armut ist,
den Ärmsten der Armen zu ermöglichen,
ihren Fuss auf die Entwicklungsleiter zu setzen…
Sie bleiben unter ihr stecken.
Es mangelt ihnen an einem Mindestkapital,
das sie benötigen, um Tritt zu fassen.
Sie brauchen einen Anschub,
um die erste Sprosse zu erklimmen.»*[71]

Jeffrey Sachs

Mikrofinanzinstitute sind für Mikrofinanz von grosser Bedeutung, da sie die Dienstleistungen zur Verfügung stellen, die von den Mikrounternehmern in Anspruch genommen werden. Die Vergabe von Krediten, das Einsammeln von Spareinlagen und das breite Angebot an nichtfinanziellen Dienstleistungen ermöglichen die finanzielle Eingliederung der Ärmsten dieser Welt und tragen zur nachhaltigen Bekämpfung der Armut bei. Im Rahmen einer sorgfältigen Kreditvergabe erfolgt eine optimale Allokation von Kapital, die nicht nur die Produktivität – und dadurch das soziale und das wirtschaftliche Wohl von Individuen – fördert, sondern letztlich auch der ganzen Volkswirtschaft eines Landes zugutekommt.

5.1 Definition und Ziele

Der Begriff des Mikrofinanzinstituts (MFI) ist breit und wird für eine Vielzahl von Finanzinstitutionen verwendet. Bisher hat sich keine standardisierte Definition durchgesetzt, und daher werden MFI in Bezug auf ihre Mission und die Dienstleistungen von verschiedenen Institutionen unterschiedlich bewertet. In der Vergangenheit wurden unter MFI häufig privatwirtschaftliche Organisationen verstanden, die zwar Finanzdienstleistungen anbieten, aber keine kommerziellen Privatkundenbanken sind. Die Vereinten Nationen unterscheiden in Bezug auf MFI zwischen Mikrofinanz und einem «inklusiven», also umfassenden Finanzsektor (Inclusive Finance). Dabei wird berücksichtigt, dass sich die Industrie in einem Paradigmenwechsel weg von klassischer Mikrofinanz hin zu effizienteren und umfassenderen Finanzsektoren befindet.

Während Mikrofinanz als Bereitstellung diverser Finanzdienstleistungen für ärmere Bevölkerungsschichten definiert werden kann, wird es immer schwieriger, die wachsende Anzahl an Finanzdienstleistern in diesem Marktsegment unter einem einzigen Begriff zusammenzufassen. Dazu gehören unter anderem NGO, private kommerzielle Banken, Staats- und Postbanken, Nichtbanken-Finanzinstitute, Kredit- und Spargenossenschaften sowie diverse Gesellschaften und Verbände.[72] Die meisten dieser Institutionen haben inzwischen eine Vielzahl an Kunden und bieten ein diversifiziertes Angebot an Finanzdienstleistungen an, sind aber aufgrund ihrer breiten Marktausrichtung technisch gesehen eher als MFI im weiteren Sinn einzustufen. Als MFI im engeren Sinn werden daher formelle und halbformelle Finanzdienstleister bezeichnet, deren Hauptzweck in der Bereitstellung von Finanzdienstleistungen im unteren Marktsegment liegt.

Die Wahl eines potenziellen Zielmarktes ist abhängig von den Zielsetzungen der MFI und der damit erwarteten Nachfrage nach Finanzdienstleistungen. In jedem Markt gibt es viele nur teilweise oder überhaupt nicht mit Finanzdienstleistungen versorgte Haushalte und Unternehmen, von den ärmsten über die moderat armen bis hin zu wirtschaftlich aktiven Bevölkerungsgruppen, die auf lokaler Ebene Arbeitsplätze schaffen. Diese Spannweite stellt letztlich die Nachfrageseite für Mikrofinanzdienstleistungen dar. In vielen Fällen fehlen auf der Angebotsseite aber die geeigneten Produkte, die diese

Nachfrage decken könnten. Den MFI kommt daher eine grosse Bedeutung zu, diese Angebotslücke zu schliessen und vom Finanzsystem ausgeschlossene Bevölkerungsgruppen und Unternehmen in den Markt zu integrieren. MFI sind darüber hinaus auch als Entwicklungsorganisationen zu klassifizieren, deren langfristiges Ziel die Reduktion der Armut, die Steigerung der Produktivität und des Einkommens der Armen sowie die Stärkung der Rolle der Frau ist.

Des Weiteren schaffen sie für unterprivilegierte Bevölkerungsgruppen Arbeitsplätze und fördern das Wirtschaftswachstum. Letztlich erfordert ein Markteintritt eine sorgfältige Prüfung und Gewichtung verschiedener lokaler Rahmenbedingungen unter Berücksichtigung der langfristigen Ziele der MFI und der Mikrofinanz. Generell gehören dazu die finanzielle Eingliederung und die wirtschaftliche und soziale Nachhaltigkeit. Die finanzielle Situation eines MFI steht damit in Abhängigkeit vom jeweiligen Zielmarkt und beeinflusst die Entscheidungen in Bezug auf die Zielsetzung und wie diese zu erreichen ist. MFI müssen daher präzise beurteilen, in welchen Märkten eine Nachfrage nach Finanzdienstleistungen besteht und welche Kundengruppen ihren langfristigen Zielen entsprechen, damit das Geschäftsmodell nachhaltig umgesetzt werden kann. Ein MFI, dessen Ziel die Bereitstellung von finanziellen und nichtfinanziellen Dienstleistungen für die ärmsten Bevölkerungsgruppen ist, wird sich daher von einem MFI, das sich ausschliesslich auf das Angebot von Finanzdienstleistungen für wirtschaftlich aktive Arme beschränkt, unterscheiden. Eine andere Möglichkeit, die angestrebten Ziele zu erreichen, ist das bewusste Setzen eines Schwerpunkts auf bestimmte wirtschaftliche Sektoren oder Tätigkeiten.[73]

5.2 Arten von MFI

Mikrofinanzinstitute setzen sich aus privaten, öffentlichen und gemeinnützigen Organisationen zusammen und haben in den meisten Fällen soziale und finanzielle Ziele, weshalb sie häufig als Organisationen mit einer Double Bottom Line bezeichnet werden. Abbildung 36 zeigt die Unterteilung der Mikrofinanzdienstleister in regulierte, nicht regulierte und mitgliederbasierte Institutionen sowie NGO. Im Folgenden werden die wichtigsten Institutionen im Hinblick auf ihre internationale Finanzierung kurz beschrieben.[74] Auf nicht regulierte und mitgliederbasierte MFI wird hier nicht weiter eingegangen, da diese für die internationale Finanzierung nicht infrage kommen. Nichtregierungsorganisationen können in zwei Gruppen unterteilt werden: in NGO, die in erster Linie Mikrokredite anbieten, und in NGO, die neben den elementaren Finanzdienstleistungen auch Dienstleistungen im Bereich der Gesundheitsversorgung und Ausbildung offerieren. NGO unterstehen zivil- und handelsrechtlichen Gesetzen und sind grösstenteils durch Spenden und Subventionen finanziert. Das Hauptziel ihrer Geschäftstätigkeit ist die finanzielle Eingliederung und die Verbesserung der Lebensqualität der Armen. Im Unterschied zu Banken sind NGO weder reguliert noch unter ständiger Aufsicht. Folglich sind sie nicht in der Lage, Spareinlagen von Mikrofinanzkunden anzunehmen und zu verwalten.

Nichtbanken-Finanzinstitute (NBFI)
Diese Gruppe von Institutionen umfasst z. B. ehemalige NGO, die einen Transformationsprozess durchlaufen haben. Ihr Angebot beschränkt sich in der Regel auf Kredite und damit verbundene Dienstleistungen (meist Gruppenkredite) ohne Sicherheiten. Manche Institutionen verfügen unter bestimmten Bedingungen und bestimmter Aufsicht über die Möglichkeit, Spareinlagen einzusammeln.

Staatsbanken und Postbanken
Staatsbanken wurden durch Regierungen gegründet, um gewisse Sektoren (z. B. die Landwirtschaft) gezielt zu fördern und um ärmere Bevölkerungsgruppen zu erreichen, die von kommerziellen Banken nicht bedient werden. Diese Banken dienen zudem als Vehikel für Transferzahlungen. Obwohl einige ihr Mandat gut erfüllen, mussten viele infolge von Misswirtschaft eingestellt werden. Postbanken können die Infrastruktur des grössten Verteilungsnetzwerks der Welt nutzen. In vielen Ländern sind sie vor allem in ländlichen Gebieten Marktführer und bieten Spar- und Transaktionsdienstleistungen an.

ABBILDUNG 36 Verschiedene MFI-Organisationsformen

Keine Formalisierung / keine Regulierung ←――――――――――――――――――――――――→ Formalisierung / Regulierung

Nicht reguliert			Mitgliederbasiert		NGO	Reguliert	
Freunde	Geldverleiher	ROSCA	CVECA	Fin. Kooperativen	NGO	NBFI	Staatsbanken
Familie	Sparverwalter	ASCA	FSA				Postbanken
	Händler		SHG				Genossenschaften
							Spezifische MFI-Banken
							Versicherungen
							Tranksaktionsbanken
							Kommerzielle Banken

ROSCA Rotating Savings and Credit Association
ASCA Accumulating Savings and Credit Association (informelle Spar- und Kreditgruppen)
CVECA Caisse villageoise d'épargne et de crédit autogéréé (informelle Spar- und Kreditgemeinschaft)
FSA Financial Service Association (Verband für Finanzdienstleistungen)
SHG Self Help Group (Selbsthilfegruppe)
NBFI Nichtbanken-Finanzinstitute

Diese Abbildung zeigt verschiedene Arten von MFI, sortiert nach dem Grad der Formalisierung und der Regulierung. Ausleihungen von Familien, Geldverleihern usw. unterliegen keiner Regulierung und sind informell. Transaktionsbanken oder kommerzielle Banken sind hingegen meist stark reguliert und zählen zu den formellen Institutionen, die sich u. a. auf die Vergabe finanzieller Mittel spezialisiert haben.
Quelle: Eigene Darstellung in Anlehnung an Ledgerwood (2013).

Finanz- und Kreditgenossenschaften

Diese Gruppe von Finanzdienstleistern umfasst kommunale Spar- und Kreditgenossenschaften sowie Kreditunionen, die als gemeinnützige Organisationen eingestuft werden und in der Regel im Besitz und unter Führung der jeweiligen Mitglieder sind. Die über die operativen Kosten hinaus erwirtschafteten Gewinne werden in Form von Dividenden, Aktienkapital, erhöhten Sparzinsen, reduzierten Kreditraten, Versicherungsraten oder anderen Dienstleistungen ausgeschüttet. Mikrounternehmer sind im Rahmen dieser Organisationsform daher als Interessensvertreter zu verstehen, die nicht nur durch den Zugang zu Finanzdienstleistungen, sondern auch von den daraus resultierenden Erträgen profitieren können.

Spezielle MFI-Banken

MFI-Banken sind stark reguliert, auch durch rechtliche und institutionelle Rahmenbedingungen. Diese MFI sind entweder selbstständig oder als Tochtergesellschaft einer grösseren Bank organisiert. Das Geschäftsmodell der Banken berücksichtigt eine soziale Komponente und versteht Mikrofinanz als profitable Kernaktivität. Im Gegensatz zu kommerziellen Banken ist das Angebot von MFI-Banken speziell auf Mikrofinanzkunden zugeschnitten und bedient ein breites Segment, das vom tiefsten bis zum oberen Ende der geringen bis mittleren Einkommensschicht reicht.

Versicherungen

Mehrere Versicherungsdienstleister bieten ihre Produkte inzwischen auch in Entwicklungsländern an. Zu den Anbietern gehören gewinnorientierte und gemeinnützige Institutionen, Regierungsorganisationen sowie Versicherungsgesellschaften. Die Verkaufszahlen in den unteren Einkommensklassen sind noch relativ gering. Versicherungsprodukte sind an den meisten Orten bisher noch nicht etabliert und werden eher als ergänzende Dienstleistungen betrachtet. Darüber hinaus bieten Versicherungen ihre Dienstleistungen nicht direkt den Endkunden an, sondern agieren häufig als Rückversicherer für MFI, die Versicherungsdienstleistungen wie z. B. Gebäude-, Lebens- und Kreditausfallversicherungen anbieten.

Transaktionsunternehmen

Auf Transaktionen spezialisierte Unternehmen dominieren den einfachen und sicheren Transfer von finanziellen Mitteln innerhalb und zwischen Ländern für geringe und mittlere Einkommensklassen. Weitere Anbieter von Transaktionsdienstleistungen sind nicht nur kommerzielle Geschäftsbanken und Postbanken, sondern auch MFI und NGO. Ihre Dienstleistungen umfassen unter anderem die Übermittlung von Geld oder die Sicherung eines Kreditrahmens auf Bankkarten ausländischer Verwandter. Aufgrund der verrechneten Gebühren sind diese Dienstleistungen profitabel und schaffen einen Anreiz für das Anwerben neuer Kunden, die wiederum vom Zugang zu Kredit- und Spardienstleistungen profitieren.

Kommerzielle Banken

Die Bereitstellung finanzieller Dienstleistungen für Haushalte mit geringem bis mittlerem Einkommen kann für kommerzielle Banken ein profitables Geschäftsmodell darstellen. Das Angebot umfasst Sparkonten, Transaktionsdienstleistungen und Kredite. Die Präsenz in diesem Marktsegment basiert entweder auf einem Regierungsmandat, auf Wettbewerbsdruck oder auf der Erwartung zukünftigen potenziellen Wachstums.

5.3 Finanzierung von MFI

Gemäss Schätzungen gibt es weltweit knapp 4000 MFI.[75] Obwohl viele dieser Institutionen ähnliche Dienstleistungen anbieten, unterscheiden sie sich stark in Bezug auf ihre Art, Finanzierung und Regulation. Die Finanzierung der MFI verdient eine genauere Betrachtung.

Finanzierungsquellen

Ursprünglich als gemeinnützige Unternehmen gegründet, wurden die Aktivitäten von MFI hauptsächlich durch Spenden und Subventionen von Regierungen, Entwicklungsorganisationen, Stiftungen und Privatpersonen finanziert. Im Verlauf der Zeit entwickelten sich einige dieser Organisationen zu formellen Finanzdienstleistern oder regulierten Banken. Diese Entwicklung verstärkte sich in den letzten Jahren. Sie beruht auf der Tatsache, dass formelle Finanzinstitute besser in der Lage sind, finanzielle Unabhängigkeit und Nachhaltigkeit zu erlangen, da sie die Möglichkeit der Refinanzierung am Kapitalmarkt haben und Spareinlagen anziehen können.[76] In vielen Ländern dürfen zudem nur regulierte MFI bestimmte Dienstleistungen anbieten.

Die Finanzierungsstrategie eines MFI hängt von seiner Wirtschaftlichkeit und Entwicklung ab. Die Mehrheit der MFI kann in drei Kategorien eingeordnet werden. Tier-1-Institute und Tier-2-MFI zeichnen sich durch wirtschaftliche Stabilität aus und werden immer häufiger staatlich reguliert. Tier-1-Institute sind vor allem Banken, die von Regierungsstellen überwacht und von Ratingagenturen bewertet werden. Sie finanzieren sich durch Spareinlagen, Kredite und Eigenkapital. Tier-2-Institutionen setzen sich aus kleineren und jüngeren MFI zusammen. Diese sind vorwiegend als NGO organisiert, die entweder als

Kandidaten für eine Transformation zu einer regulierten Bank gelten oder sich bereits in diesem Transformationsprozess befinden. Daher können sich Tier-2-MFI ebenfalls durch Kredite und Eigenkapital finanzieren. Je nachdem, wie weit der Transformationsprozess fortgeschritten ist, können sie auch Spareinlagen für die Finanzierung ihrer Aktivitäten anziehen. Die meisten MFI werden als Tier-3-Institute eingestuft. Sie umfassen ungefähr 70 Prozent des gesamten Mikrofinanzsektors und sind noch nicht finanziell unabhängig oder nachhaltig. Bei Tier-3-Instituten handelt es sich einerseits um MFI, die an der Schwelle zur Profitabilität stehen, jedoch noch nicht über die dafür notwendigen Mittel verfügen. Andererseits gehören zu dieser Gruppe NGO und Start-up-MFI, die meist unprofitabel sind und ausschliesslich soziale Ziele verfolgen.[77]

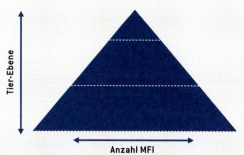

ABBILDUNG 37 **Typen von MFI**

Tier 1
Top-MFI, reguliert, finanziell nachhaltig, etwa 7 % aller MFI

Tier 2
Kleinere MFI, in Transformationsprozess hin zu regulierten MFI-Banken, etwa 23 % aller MFI

Tier 3
NGO an der Schwelle zur Profitabilität oder Start-ups, überwiegend unprofitabel, etwa 70 % aller MFI

Das Pyramidenschema zeigt den Grad der Kommerzialisierung verschiedener Typen von MFI. Während Tier-1-MFI stark reguliert sind, entwickeln sich Tier-2-MFI erst zu MFI-Banken. Tier-3-MFI sind überwiegend unprofitabel. 90 % der MFI auf dem Markt sind Tier-2- und Tier-3-Institute.
Quelle: Eigene Darstellung. Daten: Microrate (2013a).

Verschiedene Finanzinstitute und Organisationen wie Mikrofinanzvehikel, lokale und internationale Banken, Entwicklungs- und supranationale Organisationen, aber auch die internationalen Kapitalmärkte und Gönner erleichtern die Finanzierung von Mikrofinanzinstituten. Tier-1-MFI erfahren zunehmend mehr Beachtung seitens kommerzieller Banken und institutioneller und privater Investoren, da diese MFI in der Regel nicht nur wirtschaftlich stabil sind, sondern auch über ein sehr erfahrenes Management verfügen und ihre soziale Mission umsetzen. Investoren betrachten diese MFI daher als erfolgreich in der effektiven und effizienten Verteilung der Mittel an Mikrounternehmer. Somit verfügen vor allem Tier-1-MFI über einen besseren Zugang zu lokalen als auch internationalen Kapitalmärkten und Investmentfonds. Daher sind sie in der Lage, zusätzlich zu ihrem Eigenkapital Kredite aufzunehmen, um mehr Mikrounternehmer erreichen zu können. Darüber hinaus verfügen viele dieser MFI über eine Banklizenz, die zur Aufnahme von Spareinlagen eingesetzt werden kann. Einige Tier-2-MFI erhalten ebenfalls Finanzierungsmittel von internationalen Investoren, jedoch in viel geringerem Ausmass als Tier-1-Institute. Die grosse Mehrheit aller MFI in Tier 2 und Tier 3 verfügt nicht über vergleichbar professionelle oder kommerzielle Unternehmensstrukturen und hat deshalb nur einen beschränkten Zugang zum Kapitalmarkt. Ihre Mikrokredite werden durch Kredite von Entwicklungsorganisationen oder durch Gönner finanziert.[78]

ABBILDUNG 38 **Finanzierungsformen von MFI**

Aktiva	Bilanz	Passiva	Aktiva	Bilanz	Passiva	Aktiva	Bilanz	Passiva
Mikrokredite		Spareinlagen	Mikrokredite		Kredite	Mikrokredite		Subventionen
		Kredite			Eigenkapital			Spenden
		Eigenkapital						

← Kapitalmarkt   Subventionen →

Die Vermögenswerte auf der Aktivseite der Bilanz eines MFI sind die an Mikrounternehmer vergebenen Kredite. Die Struktur der Verbindlichkeiten auf der Passivseite ist abhängig von der Finanzierungsform, der Rechtsform, den regulatorischen Bedingungen und den angebotenen finanziellen Dienstleistungen.
Quelle: Eigene Darstellung. Daten: Becker (2010) und Dieckmann (2007).

Abbildung 38 zeigt, dass sich die Aktiva in der Bilanz eines MFI aus den an Mikrounternehmer vergebenen Krediten zusammensetzen, während die Passiva abhängig sind von der Finanzierungsform, der Rechtsform, den regulatorischen Rahmenbedingungen und den angebotenen Dienstleistungen.[79] Geeignete Finanzierungsquellen für MFI sind vor allem Eigenkapital, internationale und lokale Kapitalmärkte, Spareinlagen sowie Subventionen von Regierungen, supranationalen Organisationen und Privatpersonen. Links in Abbildung 38 ist die Bilanz eines MFI zu sehen, das dem Wettbewerb unterliegt und nicht durch Subventionen unterstützt wird. Somit kann es sich über Spareinlagen, Kredite aus dem internationalen oder nationalen Kapitalmarkt oder über Eigenkapital finanzieren. Die Bilanz rechts illustriert ein MFI, das nur Subventionen und Spenden einsetzen kann, um seine Geschäftstätigkeit zu finanzieren.

Nicht alle Institutionen folgen jedoch im Rahmen ihrer Entwicklung diesem Finanzierungsmuster. Daher gibt es auch keine abschliessende, für jedes Stadium geeignete Kapitalstruktur für MFI. Vielmehr ist die Finanzierungsstruktur abhängig von internen Faktoren wie z. B. dem Wachstum des Kreditportfolios und der Aufnahme von Spareinlagen sowie von externen Faktoren wie den regulatorischen Rahmenbedingungen, der Verfügbarkeit von Gönnern oder kommerziellen Kreditinstitutionen und der Entwicklung des lokalen Finanzsystems. Zudem spielen auch die Kosten und Fälligkeiten der verschiedenen Finanzierungsquellen eine grosse Rolle bei der Wahl der optimalen Struktur.

Internationales Kapital

Das Volumen des Portfolios ausstehender Mikrokredite ist in den letzten zehn Jahren stark gewachsen. Die Entwicklung ist unter anderem auf den erleichterten Zugang zu kommerzieller Finanzierung durch internationale Kredite und lokale Spareinlagen zurückzuführen. Dieser Trend zeigt sich auch in den Auslandsinvestitionen im Mikrofinanzsektor, die sich von 2007 bis 2012 fast verdoppelten und rund 17 Milliarden Dollar betrugen.[80]

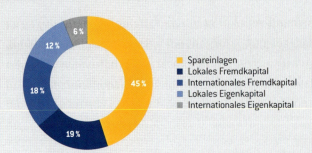

ABBILDUNG 39 **Finanzierungsstruktur von MFI**

- Spareinlagen: 45 %
- Lokales Fremdkapital: 19 %
- Internationales Fremdkapital: 18 %
- Lokales Eigenkapital: 12 %
- Internationales Eigenkapital: 6 %

MFI refinanzieren sich zum grossen Teil durch lokale Quellen. An Mikrounternehmer vergebene Mikrokredite werden zu 45 % durch Spareinlagen, zu 30 % durch lokales Fremd- und Eigenkapital und lediglich zu rund 25 % durch Auslandsinvestitionen finanziert. Quelle: Eigene Darstellung. Daten: Becker (2010).

Ein durchschnittliches MFI finanziert sich hauptsächlich aus lokalen Quellen (siehe Abbildung 39). Spareinlagen von Mikrofinanzkunden machen etwa 45 Prozent der Bilanz von MFI aus. Zusätzlich werden die Mikrokredite zu rund 20 Prozent durch lokale Fremdfinanzierung und zu etwa 10 Prozent mit lokalem Eigenkapital finanziert. Damit machen die Auslandsinvestitionen nur rund 25 Prozent der gesamten Finanzierung eines durchschnittlichen MFI aus.[81] Angesichts der mit der Finanzierung verbundenen Kosten ist diese Struktur gut nachvollziehbar. Eigenkapital, wenn nicht in Form von Spenden, ist die teuerste Finanzierungsquelle und wird deshalb eher spärlich eingesetzt, gefolgt von Fremdkapital, das aufgrund tieferer Kosten bevorzugt wird. Spareinlagen werden als kostengünstigste Refinanzierungsform gegenüber anderen Varianten klar bevorzugt.

In Bezug auf die zukünftige Marktentwicklung wäre es jedoch wünschenswert, dass MFI in der Lage sind, ihre Finanzierung in noch höherem Ausmass durch lokale Mittel abzudecken. Schliesslich ist Mikrofinanz als Antwort auf die unterentwickelten Finanzmärkte in Entwicklungsländern zu verstehen, und das Hauptziel in der Entwicklung solcher Märkte ist die Mobilisierung lokaler Mittel und die effiziente Nutzung dieser Gelder durch lokale Finanzinstitute.

Finanzielle Ausrichtung

Subventionen, Spenden und Almosen schaffen keine Anreize, nachhaltig zu wirtschaften und unterstützen die Unabhängigkeit und Freiheit der Mikrounternehmer nicht. Gewinnorientierte MFI achten hingegen darauf, dass finanzielle Mittel zielgerichtet und effektiv eingesetzt werden, um die Geschäftstätigkeiten in der Region zu fördern. Ein Mangel an traditionellen Banken, die ihr Geschäft spezifisch auf ärmere Kunden zuschneiden, bedeutet nicht, dass einkommensschwache Bevölkerungsgruppen schlechte Kunden sind. Im Gegenteil, der grösste Erfolg der Mikrofinanz wird durch den Beweis erbracht, dass Arme zuverlässige und gute Bankkunden sein können. Informelle Kreditgeber wie Geldleiher, Nachbarn und lokale Händler verfügen zwar über kundenspezifische Informationen, die traditionellen Banken fehlen, sind aber finanziell stark eingeschränkt. Mikrofinanz stellt daher einen Lösungsansatz dar, der die Mittel der Banken mit den lokalen Informationen und Kostenvorteilen der Geldleiher bestmöglich kombiniert. Der Vorteil der Mikrofinanz liegt dabei in der Möglichkeit, externe Gelder anzuziehen. Mikrofinanz ist historisch gesehen nicht der erste Ansatz, der dies berücksichtigt, aber auf jeden Fall der bislang erfolgreichste. Dieser Erfolg ist auch massgeblich auf die systematische Vermeidung von Fehlern in der jüngeren Vergangenheit zurückzuführen.

Anfang der 1970er-Jahre galt die Annahme, dass erhebliche Subventionen benötigt werden, um finanzielle Dienstleistungen für ärmere Bevölkerungsgruppen anzubieten. Häufig übernahmen Staatsbanken diese Aufgabe und vergaben einen Grossteil der Kredite an landwirtschaftliche Betriebe. Viele dieser Banken waren jedoch von politischen Motiven getrieben und berechneten Zinsen, die unter den gängigen Marktzinsen lagen. Darüber hinaus wurden Kreditrückzahlungen nicht systematisch überwacht und häufig auch nicht konsequent eingefordert. Die mit der Kreditvergabe verbundenen Risiken und die falsch gesetzten Anreize in Bezug auf die Rückzahlungsfrequenz und -moral führten zu Institutionen, die teuer und ineffizient waren und vor allem die armen Bevölkerungsgruppen nicht wirklich erreichten.[82] Kritiker des Konzepts von subventionierten Banken argumentieren, Arme seien ohne diese Subventionierung in der Regel besser gestellt. Diese Sichtweise ist zum einen dadurch begründet, dass subventionierte Banken seriöse informelle Geldleiher aus dem Markt verdrängen, die an vielen Orten den Zugang zu Kapital für Arme ermöglichen. Zum anderen wird der gängige Marktzinssatz als Rationierungsmechanismus angesehen. Nur diejenigen, die über ein finanzierungswürdiges Projekt oder eine Geschäftsidee mit Potenzial verfügen, sind gewillt, für die Aufnahme eines Kredits zu bezahlen. Wegen der Subventionen lag der Zins für Mikrokredite jedoch weit unter den Marktzinsen, und folglich wurden Kredite nicht mehr an die engagiertesten und zuverlässigsten Kreditnehmer vergeben. Die Vergabe erfolgte in vielen Fällen auf der Grundlage politischer Motive oder sozialer Überlegungen, die das Grundkonzept der Mikrofinanz untergraben und wirtschaftlich nicht nachhaltig sind. Des Weiteren führten die stetigen Geldflüsse aus Subventionen dazu, dass die Banken wenig Anreiz hatten, Spardienstleistungen anzubieten und arme Haushalte nur noch über unattraktive und ineffiziente Möglichkeiten zur Anlage ihrer finanziellen Mittel verfügten. Da die Banken staatlich geführt waren, war der politische Druck hoch, regelmässig Kreditschulden zu erlassen und führte oft zu akutem Missmanagement. Finanzielle Mittel, die für ärmere Bevölkerungsgruppen vorgesehen waren, flossen an einflussreiche Individuen, das heisst, es wurden keine Anreize für die Gründung effizienter und nachhaltiger Institutionen gesetzt. Folglich verzeichneten staatliche Kreditprogramme in Afrika, dem Nahen Osten, in Südamerika, Südasien und Südostasien mit wenigen Ausnahmen hohe Kreditausfallraten zwischen 40 und 95 Prozent. In einem solchen System kann nicht von effektiven Krediten gesprochen werden, sondern eher von staatlich finanzierten Subventionen.[83]

In den 1980er- und 1990er-Jahren war der Mikrofinanzsektor starken Veränderungen ausgesetzt, welche die Profitabilität der Mikrofinanzinstitute in den Mittelpunkt rückten. MFI sollten fortan finanziell nachhaltig sein. Die Bevorzugung einer gewinnorientierten Mikrofinanz lässt sich mit drei Argumenten begründen. Erstens ist die Verwaltung von kleinen Kreditvolumen teuer für Banken. Arme Haushalte sind aufgrund mangelnder Alternativen jedoch bereit, höhere Zinsen zu zahlen. Jährliche Zinsraten von lokalen Geldleihern übersteigen regelmässig die Marke von 100 Prozent, deshalb sind alle niedrigeren Werte eine Verbesserung. Generell gesehen ist der Zugang zu finanziellen Mitteln wichtiger als der effektiv dafür bezahlte Preis. Zweitens stellen Subventionen nicht nur das Hauptproblem in staatlich geführten Banken dar, sie können sich auch in Nichtregierungsorganisationen negativ auswirken, indem der

Anreiz für Kosteneinsparungen und Innovationen geschwächt wird. Drittens wird davon ausgegangen, dass das Volumen vorhandener und zukünftiger Subventionen nicht ausreicht, um das Wachstum des Mikrofinanzsektors nachhaltig voranzutreiben. Eine rasche Verbreitung des Konzepts setzt daher dessen Ausrichtung auf Profitabilität und Kommerzialisierung voraus.

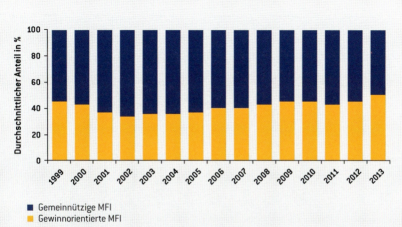

ABBILDUNG 40 Gewinnorientierte und gemeinnützige MFI

Der Anteil gewinnorientierter Institutionen hat in den letzten Jahren kontinuierlich zugenommen. Im Jahr 2013 war bereits die Hälfte aller MFI gewinnorientiert. Gemeinnützige MFI werden meist durch Subventionen und Spendengelder finanziert.
Quelle: Eigene Darstellung. Daten: MIX (2015).

Abbildung 40 zeigt die Aufteilung des Marktes in gewinnorientierte und in gemeinnützige MFI. Die Entwicklung eines gewinnorientierten Mikrofinanzsektors spiegelt sich im relativ hohen Anteil gewinnorientierter MFI. Im Jahr 2013 handelte es sich bereits bei 380 der 766 auf der Datenplattform MIX-Market registrierten MFI um gewinnorientierte Institutionen. Zudem kontrollierten diese Institutionen kollektiv mehr als 70 Prozent der gesamten verwalteten Finanzaktiva.[84]

Obwohl die Wahl einer gewinnorientierten Rechtsform einen stärkeren Fokus auf Profitabilität legen sollte, entspricht dies nicht unbedingt der Realität. Die Absicht, als gewinnorientierte Institution zu operieren, ist nicht der massgebende Faktor. Die Unternehmensform ist nicht unbedingt relevant für ein nachhaltiges Wirtschaften. Gemeinnützige Institutionen sind in vielen Fällen ebenfalls profitabel, wobei sie diese Gewinne nicht ausschütten, sondern in Aktivitäten reinvestieren, die wiederum den Endkunden zugutekommen.[85]

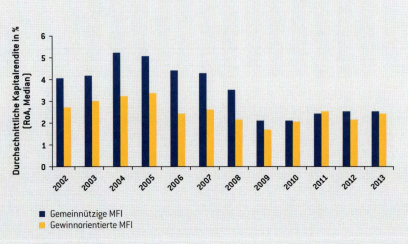

ABBILDUNG 41   **Profitabilität von gewinnorientierten und gemeinnützigen MFI**

Die Abbildung zeigt den Median der Kapitalrendite (RoA). Sowohl auf Gewinn- wie auch auf Kostenseite unterscheiden sich gewinnorientierte und gemeinnützige MFI nicht signifikant. Eine Gewinnorientierung impliziert daher nicht unbedingt mehr Profitabilität, und im Gegenzug führt eine gemeinnützige Orientierung nicht unbedingt zu tieferen Kosten.
Quelle: Eigene Darstellung. Daten: MIX (2015).

Die Gewinnorientierung von MFI ist im Hinblick auf die soziale Mission der Mikrofinanz stetiger Kritik ausgesetzt. Befürworter argumentieren, die soziale Wirkung werde in Zukunft noch ausgeprägter sein, da hohe Effizienzanforderungen in Bezug auf die angebotenen Produkte und der steigende Wettbewerb den traditionell eher wenig gewinnorientierten Mikrofinanzsektor aufmischen werden. Dies sollte den Kunden in Form von günstigeren und effizienteren Dienstleistungen zugutekommen. Die Kritiker hingegen gehen davon aus, dass das Streben nach Gewinn mit dem Ziel der Armutsbekämpfung nicht vereinbar ist oder es zumindest erheblich beeinträchtigt. Die Gewinnorientierung führe entweder zu einer Abkehr vom ursprünglichen Ziel der finanziellen Eingliederung der Armen oder zu einem Rückgang der Dienstleistungen sowie zu höheren Zinsraten, die den Gewinn steigern. Die Kommerzialisierung der Mikrofinanz wurde daher in den letzten Jahren häufig in ein schlechtes Licht gerückt, mit dem Vorwurf unkontrollierten Wachstums und hoher Zinsen. Die von der Informationsplattform MIX-Market ausgewerteten Daten zeigen hingegen ein anderes Bild bezüglich der Gewinnorientierung des Mikrofinanzsektors. Diejenigen Institutionen, die eine hohe Profitabilität verzeichnen und Unmut in der Öffentlichkeit erregt haben, sind statistische Ausreisser und decken nur etwa 10 Prozent aller weltweiten Mikrofinanzkunden ab. Die grosse Mehrheit der Kunden beanspruchen Dienstleistungen von Institutionen, deren Zinsraten und Eigenkapitalrentabilität (RoE) unter 30 resp. unter 15 Prozent liegen. Die Kapitalrenditen (RoA) von gewinnorientierten Institutionen liegen historisch gesehen sogar unter denjenigen von gemeinnützigen MFI. Zudem verzeichneten sowohl gewinnorientierte als auch gemeinnützige MFI in der jüngsten Vergangenheit geringe Gewinne und sind diesbezüglich kaum voneinander zu unterscheiden. Auch auf der Kostenseite gibt es keine grossen Unterschiede. Gewinnorientiert heisst demnach nicht profitabel, und gemeinnützig führt nicht unbedingt zu tieferen Kosten.[86] Abbildung 41 zeigt den RoA von gewinn- und nicht gewinnorientierten Mikrofinanzinstituten.

Bei der Finanzierung von Institutionen gibt es demnach auch einen Mittelweg, der auf der Überzeugung basiert, dass sowohl gewinnorientierte als auch gemeinnützige MFI in der Lage sind, langfristig die Armut zu bekämpfen und finanziell nachhaltig zu wirtschaften. Sie müssen nicht zwingend in Konflikt zueinander stehen.

5.4 Dienstleistungen

Die Entwicklung vom Mikrokredit zur umfassenden Mikrofinanz ist vor allem unter Berücksichtigung des Dienstleistungsangebots zu betrachten. Während der Fokus in der Vergangenheit häufig nur auf die Bereitstellung von Krediten gelegt wurde, zeigt sich, dass Arme auch Gebrauch von weiteren Finanzdienstleistungen wie Spardienstleistungen oder Versicherungsprodukten machen wollen. Darüber hinaus werden gerade auch nichtfinanzielle Dienstleistungen stark nachgefragt. Die Herausforderung für MFI besteht also darin, dieser Nachfrage mit einem passenden Angebot entgegenzutreten und Schwierigkeiten in Bezug auf den Markteintritt, vor allem in Zusammenhang mit der Verbreitung von Informationen über die einzelnen Produkte, zu überwinden. Produktinformationen führen zu einem besseren Verständnis vom Nutzen und von den Pflichten, die mit einem Produkt einhergehen, und führen schliesslich wieder zu einer höheren Nachfrage. Während praktisch alle MFI Kreditdienstleistungen anbieten, stellen einige Institutionen auch weitere finanzielle und nichtfinanzielle Dienstleistungen zur Verfügung. Die Palette der angebotenen Dienstleistungen hängt zudem von der Zielsetzung eines MFI, der Nachfrage im jeweiligen Absatzmarkt und der institutionellen Struktur ab. Letztlich ist der wichtigste Aspekt aber die Bereitstellung von Produkten, die Mikrofinanzkunden wirklich brauchen und für die sie auch bereit sind zu bezahlen.

Finanzdienstleistungen

MFI bieten neben Mikrokrediten auch Spareinlagen, Versicherungen und Transaktionsdienstleistungen an.

Als Kredite werden ausgeliehene finanzielle Mittel mit spezifischen Rückzahlungskonditionen verstanden. Fehlt das Kapital zur Finanzierung eines Unternehmens und übersteigt die Rendite des ausgeliehenen Kapitals die Zinsraten des Kredits, ist es für Mikrofinanzkunden sinnvoll, einen Kredit aufzunehmen. Somit müssen sie den Geschäftsbetrieb nicht aufschieben, bis genügend liquide Mittel für eine eigenständige Finanzierung vorhanden sind.[87] In vielen Fällen stellen MFI auch Konsum-, Ausbildungs- und Liegenschaftskredite sowie Kredite für weitere spezielle Situationen zur Verfügung. Das Ziel der MFI ist eine nachhaltige, auf die spezifischen Kundenbedürfnisse zugeschnittene Kreditvergabe, deren operative Abläufe möglichst effizient und kostengünstig sind. Der Zinssatz muss kostendeckend sein, und die Kunden müssen Anreize haben, die Kredite zurückzubezahlen. Die Kredite können in Individual- und Gruppenkredite eingeteilt werden. Individualkredite werden häufig an Individuen vergeben, die eine minimale Garantie für die Rückzahlung oder ein Pfand zur Absicherung des Kredits vorweisen können. Gruppenkredite werden im Allgemeinen an Individuen mit Gruppenzugehörigkeit oder an Gruppen, welche die Weiterverteilung der Kredite organisieren, vergeben. Dabei haften die jeweiligen Gruppenmitglieder gegenseitig für die Rückzahlung der Kredite. Viele MFI verlangen keine Hinterlegung einer Sicherheit, da nur die erfolgreiche Rückzahlung Zugang zu weiteren Krediten ermöglicht und die Garantien innerhalb der Gruppen einen relativ hohen Anreiz für die zeitnahe Rückzahlung schaffen.[88]

ABBILDUNG 42   **Beispiele für Kredite eines MFI in Pakistan**

Kreditart	Kreditsumme	Laufzeit[3]	Zinssatz	Rückzahlung
Mikrokredit	15 – 250 Dollar[1]	12 Monate	22,4 %	wöchentlich
Mikrounternehmerkredit	250 – 800 Dollar[2]	24 Monate	22,4 %	monatlich
Mikrokredit für KMU	800 – 8000 Dollar	12/18/24 Monate	22,4 %	halbjährlich
Gesundheitskredit	15 – 150 Dollar	12 Monate	12,0 %	monatlich
Bildungskredit	15 – 150 Dollar	12 Monate	12,0 %	monatlich
Fischereikredit	150 – 1500 Dollar	12/18/24 Monate	22,4 %	monatlich
Landwirtschaftskredit	50 – 250 Dollar	12 Monate	20,0 %	einmalig

[1] Potenzielle Erhöhung nach erstem Kredit: 150 Dollar
[2] Erster Kredit max. 550 Dollar
    Potenzielle Erhöhung nach erstem Kredit: 150 Dollar
[3] In Lokalwährung

MFI vergeben unterschiedliche Kredite, die auf die jeweiligen Bedürfnisse der Endkunden angepasst sind.
Quelle: Eigene Darstellung. Daten: BlueOrchard Research.

Eine Vielzahl informeller MFI und Finanzinstitutionen hat mit der Aufnahme von Spareinlagen in den letzten Jahren gezeigt, dass tiefe Einkommensklassen diese Dienstleistung nachfragen. Da die überwiegende Mehrheit armer Bevölkerungsgruppen keinen Zugang zu Sparkonten bei formellen Finanzinstituten hat, gibt es für sie häufig keine Möglichkeit zur sicheren Verwahrung des angesparten Vermögens. Flüssige Mittel werden daher oft «versteckt» oder sogenannten Geldverwahrern anvertraut, deren Gebühren jedoch faktisch einer negativen Zinsrate auf dem Vermögen entsprechen. Obwohl mittlerweile auch formelle MFI Spardienstleistungen anbieten, gibt es eine Angebotslücke, die auf die regulatorischen Bedingungen zurückzuführen ist. Nicht regulierten MFI ist das Einsammeln von Spareinlagen nicht erlaubt. MFI, die Spareinlagen aufnehmen, sind daher oft grössere Institutionen, die eher in urbanen Regionen angesiedelt sind. Bei den Produkten wird zwischen freiwilligem und obligatorischem Sparen unterschieden. Freiwilliges Sparen erfolgt im Ermessen des Kunden, der jederzeit über sein Vermögen verfügen kann und einen entsprechenden Zins darauf erwirtschaftet. Obligatorisches Sparen bezieht sich auf Mittel, die für den Erhalt eines Kredits zwingend einbezahlt werden müssen. Es kann sich dabei um einen Fixbetrag oder einen prozentualen Anteil handeln. Zweck dieses Geschäftsmodells ist einerseits die Institutionalisierung des Sparens und andererseits der Aufbau von Vermögen auf Kundenseite. Angespartes Vermögen darf jedoch bis zum Zeitpunkt der Rückzahlung eines Kredits nicht zurückgezogen werden und fungiert damit auch als eine Form von Sicherheit. MFI ihrerseits profitieren von einer stabilen Finanzierungsquelle zur Refinanzierung der Kredite und anderweitiger Dienstleistungen.

Versicherungen sind innerhalb der Mikrofinanz ein relativ neues und attraktives Produkt. Die alltäglichen Gefahren für ärmere Bevölkerungsgruppen in Entwicklungsländern sind zudem signifikant höher als in entwickelten Ländern. Schlechte Lebensbedingungen erhöhen die Wahrscheinlichkeit von Krankheiten und mangelnder Ernährung. Die Wasserqualität ist häufig schlecht und die Hygiene ungenügend. Auch die Gefahr von Unfällen aufgrund ungenügender Sicherheitsvorkehrungen und das Risiko, von Umweltkatastrophen betroffen zu sein, sind für Arme relativ hoch. Mikroversicherungen bieten einen gewissen Schutz gegen diese potenziellen Gefahren. Angebotene Versicherungsprodukte umfassen unter anderem Lebensversicherungen, Gebäudeversicherungen, Krankenversicherungen und Kreditausfallversicherungen sowie im weiteren Sinn auch Mikropensionen.[89] Manche MFI, wie z. B. die Grameen Bank, haben obligatorische Versicherungen eingeführt und verlangen, dass ein bestimmter Prozentsatz des Kreditvolumens in einen Versicherungsfonds fliesst. Im Todesfall finanziert die Versicherung dann den Kredit und die Beerdigung. MFI dienen häufig als Vertriebskanal für Versicherungsdienstleistungen.

Transaktionsunternehmen und bestimmte MFI bieten in Kombination mit Spardienstleistungen oder gegen Bezahlung einer Gebühr auch Transaktionsdienstleistungen an. Wie in Kapitel 5.2 beschrieben, umfassen diese Dienstleistungen im Wesentlichen Geldübermittlungen, Kreditrahmen auf Bankkarten ausländischer Verwandter und Geldtransfers. Da das Geld vor dem effektiven Clearing von Schecks ausbezahlt wird, tragen die MFI das Risiko, dass einige Schecks wegen ungenügender Mittel oder Betrug nicht einlösbar sind. Deshalb bieten zurzeit nur wenige MFI diese Dienstleistungen an. Eine kontinuierlich steigende Nachfrage wird aber sicherlich mehr Anbieter in dieses Geschäftssegment bringen und zu besseren Rahmenbedingungen führen. Dann könnten diese Dienstleistungen kostendeckend angeboten werden.[90]

Nichtfinanzielle Dienstleistungen

MFI bieten zudem nichtfinanzielle Dienstleistungen an. Diese reichen von sozialer Intermediation mit dem Zweck des Aufbaus sozialen Kapitals und grundlegender Fähigkeiten bis hin zu Dienstleistungen in der Unternehmensentwicklung (siehe Abbildung 43).

ABBILDUNG 43 Nichtfinanzielle Dienstleistungen von MFI

Soziale Intermediation				Unternehmensentwicklung
Subventioniert		**Kommerziell**		
Medizinische Beratung und Training	Lese- und Schreibunterricht	Geschäftsnetzwerke		Bereitstellung von Marktinformationen
	Gruppenbildung und Teamwork	Mentoring und Training von Unternehmern		Vernetzung mit Marktteilnehmern
		Beratungsdienstleistung		

Die Grafik ist nur illustrativ und dient als Beispiel. Die entsprechenden Dienstleistungen können sowohl subventioniert als auch kommerziell angeboten werden.
Quelle: Eigene Darstellung in Anlehnung an Parker und Pearce (2002).

Soziale Intermediation hilft ärmeren Bevölkerungsschichten, ein besseres Verständnis in verschiedenen Bereichen zu erlangen. Beispiele dafür sind Gesundheitsdienstleistungen, die sich auf die Aufklärung zu den Themen Impfung, Trinkwasser oder prä- und postnatale Behandlung von Frauen konzentrieren, oder Ausbildungsdienstleistungen wie Alphabetisierungsprogramme. Dienstleistungen der Unternehmensentwicklung richten sich an Unternehmer und an potenzielle Unternehmer. Sie beinhalten Trainingsprogramme, den Aufbau von Geschäftsnetzwerken und die Bereitstellung verschiedener Marktinformationen.

5.5 Regulierung

Die Regulierung von MFI umfasst viele Aspekte. Sie hat einen wichtigen Einfluss auf die Anforderungen an MFI in Bezug auf Kapitalausstattung, Liquidität und das Kreditportfolio.

Warum sollen MFI reguliert werden?
Eine der wichtigsten Fragestellungen im Rahmen der Mikrofinanz bezieht sich auf die Ausgestaltung der Regulierung und Überwachung von MFI. Während einige formelle MFI in bestimmten Ländern bereits reguliert sind, fallen die meisten semiformellen und informellen MFI unter keine zwingende Regulierung. Das Einsammeln von Spareinlagen erfordert jedoch eine Regulation. Daher betreiben viele MFI und NGO ihr Geschäftsmodell mit Spareinlagen am Rande der Regulation, indem diese Dienstleistungen entweder anders genannt werden oder die MFI von der Toleranz der Behörden profitieren. Die Gefahr besteht jedoch, dass zu einem späteren Zeitpunkt härtere Regeln durchgesetzt werden könnten. Dies würde allen in der Mikrofinanz tätigen Akteuren schaden.[91] Das Ziel der finanziellen Überwachung ist die Überprüfung und kontinuierliche Beobachtung von MFI in Hinblick auf die Einhaltung der regulatorischen Vorgaben (Compliance). Regulierung bezweckt die Vermeidung einer Finanzkrise im Mikrofinanzsektor, die Aufrechterhaltung des Zahlungsverkehrs, den Schutz der Mikrofinanzkunden und ihrer Sparguthaben sowie die Förderung des Wettbewerbs und die Erhöhung der Effizienz. Letztlich muss die Regulierung aber so ausgestaltet sein, dass es keine Marktverzerrung gibt.

Wann sollen MFI reguliert werden?
In der Vergangenheit sind MFI stark gewachsen. Global gesehen erreichen sie aber trotzdem nur einen kleinen Teil der potenziellen Endkunden. Die Bereitstellung von Finanzdienstleistungen für den Mikrofinanzmarkt wird auf lange Frist gesehen die Kapazität traditioneller Finanzierungsquellen (Spenden und Entwicklungsorganisationen) übersteigen. Daher werden MFI in Zukunft gezwungen sein, für die Finanzierung von Mikrokrediten immer mehr auf kommerzielle Quellen und Spareinlagen zurückzugreifen. Die Finanzierung von MFI und Kreditportfolios mittels kommerzieller Gelder und Sparguthaben

erfordert aber eine klare Regulation und Überwachungsmechanismen, nicht zuletzt wegen der grundlegend unterschiedlichen Organisationsstrukturen von MFI im Vergleich zu traditionellen Banken.[92] Es stellt sich also die Frage, in welchen Fällen MFI reguliert werden sollen. Grundsätzlich sollten MFI dann reguliert werden, wenn sie Spareinlagen von Kunden einsammeln, da Mikrofinanzkunden nicht in der Lage sind, die finanzielle Situation eines MFI korrekt einzuschätzen und zu überwachen. Sie sind darauf angewiesen, dass eine Behörde diese Aufgabe wahrnimmt. Zudem sollten MFI auch dann reguliert werden, wenn keine Mindeststandards vorhanden sind oder diese nicht strikt eingehalten werden. Dies ist häufig der Fall, wenn Mikrofinanzprogramme in kurzer Zeit aufgestellt werden und sich ausschliesslich auf die Kreditvergabe ausrichten. Darüber hinaus sollten Mikrofinanzinstitute auch reguliert werden, wenn sie eine kritische Grösse erreichen und ein potenzieller Konkurs weitreichende Konsequenzen nicht nur für das MFI und seine Kunden hätte.

Was sind die zentralen Aspekte der Regulierung?
Um dem unterschiedlichen Leistungsangebot von MFI gerecht zu werden, unterscheiden die Regulatoren zwischen MFI, die nur Kredite vergeben (Non-Deposit-Taking MFI) und MFI, die sowohl Kredite vergeben als auch Einlagen entgegennehmen (Deposit-Taking MFI).

MFI, die Einlagen von der lokalen Bevölkerung zur Verwahrung entgegennehmen, stellen aus regulatorischer Sicht ein höheres Risiko dar als MFI, die dies nicht tun, da Einlagen relativ kurzfristig abgezogen werden können. Bei einem Bank Run würden MFI mit einem hohen Anteil an Einlagen in finanzielle Schwierigkeiten geraten, da sie die ihnen anvertrauten Gelder meist längerfristig als Kredite an Mikrounternehmer ausgeliehen haben. Neben möglichen finanziellen Schwierigkeiten für einzelne MFI ist jedoch auch die politische Dimension nicht zu unterschätzen. Erhalten Kunden ihre Einlagen nicht zurück, kann dies zu Aufständen und sozialen Unruhen führen und Kettenreaktionen auslösen, die andere Finanzinstitute in Schwierigkeiten bringen. Deshalb unterstehen Institute, die auch Spareinlagen einsammeln, in der Regel Aufsichtsbehörden, welche die finanzielle Situation der MFI regelmässig prüfen und gegebenenfalls Massnahmen einleiten können.[93]

ABBILDUNG 44 **Regulierung und Aufsichtsbestimmungen**

	Regulierung mit Aufsichtsbestimmungen	Regulierung ohne Aufsichtsbestimmungen
Ziele	Gewährung der Solvenz durch Einlagenschutz Schutz des Finanzsystems vor Ansteckungseffekten anderer Institutionen	Ziele, die auch ohne finanzielle Gesundheit erreicht werden können Genehmigung zur Kreditvergabe Transparenzregelungen Steuerregelungen Konsumentenschutz Regeln zu Finanzdelikten
Aufsicht	Aufsichtsbehörden von Banken und Versicherungen Spezifische Kontrollinstanzen einiger Länder	Agentur für Konsumentenschutz Zentrale Meldestelle (FIU)[1] Finanzministerium
Beispiele	Mindestkapitalanforderungen Risikovorsorge fürs Kreditgeschäft Berichterstattung Darlehensdokumentation	Geldwäschereigesetz (AMLA)[2] Gesetz gegen Terrorismusfinanzierung (CFT)[3] Kenne deinen Kunden (KYC)[4] Aufbewahrungspflichten Augenmerk auf neue Technologien

[1] Finance Intelligence Unit
[2] Anti-Money Laundering Act
[3] Combating Financing of Terrorism
[4] Know Your Customer

MFI mit Aufsichtsbestimmungen unterliegen einer stärkeren Kontrolle als MFI ohne Aufsichtsbestimmungen. Die Regulierung ohne Aufsichtsbestimmungen basiert auf Zielen, die auch ohne finanzielle Stabilität erreicht werden können.
Quelle: Eigene Darstellung.

Die Aufsichtsbestimmungen von Deposit-Taking MFI dienen somit dem Schutz der Sparer und des Finanzsystems. Um dieses Ziel zu erreichen, setzen die Regulatoren verschiedene Instrumente ein. Von besonderer Bedeutung sind dabei Vorschriften zur Kapitalangemessenheit, zum Mindestkapital und zur Liquidität.

Vorschriften zur Kapitalangemessenheit beschreiben Anforderungen bezüglich des Verhältnisses von Eigenkapital zu den (risikogewichteten) Vermögenswerten einer Institution. Die massgebende Kennzahl ist die sogenannte Kapitaladäquanzquote (CAR). Eine hohe CAR bedeutet weniger Risiko für die Sparer und das Finanzsystem. Gleichzeitig beschränkt eine hohe CAR die Finanzierungsmöglichkeiten bzw. die Fremdfinanzierung und mindert die Profitabilität. Dies kann das Angebot verknappen und somit den Zugang zu Finanzdienstleistungen erschweren, was dem Zweck eines MFI widerspricht.

Verschiedene Charakteristiken der Mikrofinanz rufen jedoch nach tendenziell höheren Kapitaladäquanzquoten als für herkömmliche Banken. Dies hängt mit den Besonderheiten des Mikrofinanzportfolios, den hohen Betriebskosten, Aspekten der Diversifikation, den Fähigkeiten des Managements und der begrenzten Verfügbarkeit von Kontrollinstrumenten zusammen. Obwohl MFI geringere Ausfallraten haben als kommerzielle Banken, können sich diese deutlich schneller verschlechtern, da Mikrokredite oft nicht abgesichert sind und der grösste Anreiz der Mikrounternehmer der Zugang zu weiteren Krediten in der Zukunft ist. Wenn ein Kreditnehmer demnach beobachtet, dass andere ihren Schulden nicht nachkommen, steigen die Zahlungsverzüge bei den MFI. Zudem könnte sich ein Kreditnehmer hintergangen fühlen, wenn er seinen Kredit bedient und andere nicht. Kommt es also zu einem erhöhten Zahlungsverzug, kann dies zu einer grösseren Gefahr für MFI werden als für kommerzielle Banken, da diese meist über ein diversifizierteres Portfolio verfügen, das nur zu einem kleinen Teil aus Mikrokrediten besteht. Ein weiterer Aspekt sind die hohen Betriebskosten. Steigen die Zahlungsverzüge, hat das MFI weniger Kapital zur Deckung der hohen laufenden Betriebskosten zur Verfügung. Da MFI oft nur in einer Region aktiv sind, haben sie ein höheres Risiko als typische Banken, die meist geografisch diversifiziert sind. Zudem werden von MFI auch höhere Kapitalpuffer gefordert; dies wegen ihrer meist noch jungen Erfolgsgeschichte und ihres Mangels an Erfahrung in der Geschäftsleitung und ihrer Mitarbeiter. Des Weiteren verfügen viele Regulierungsbehörden in Entwicklungsländern weder über die geeignete Erfahrung noch über die Instrumente, um Risiken in der Mikrofinanz zu bewerten und zu überwachen.[94] Hinzu kommt, dass bei MFI in Notfällen oft auch die Mittel der Kapitalzufuhr begrenzter sind.[95]

Mindestkapitalvorschriften sind Anforderungen hinsichtlich der Höhe des Eigenkapitals, das eine Institution vorweisen muss. Niedrige Mindestkapitalvorschriften bedeuten tiefere Markteintrittsbarrieren und somit in der Regel mehr Anbieter. Dies fördert tendenziell den Wettbewerb, was gut ist. Ein Regulator kann jedoch nur eine bestimmte Anzahl an Institutionen effektiv überwachen, was für eine höhere Mindestkapitalschwelle sprechen würde. Die Höhe des Mindestkapitals hängt daher stark von der Struktur und Grösse des jeweiligen Markts ab, und die Vorschriften variieren von Land zu Land.

Die Liquiditätsvorschriften sind die Anforderungen an ein Mindestvolumen an liquiden Mitteln, die vorzuhalten sind. Geringere Liquiditätsvorschriften erlauben eine höhere operative Flexibilität, bedeuten gleichzeitig aber ein höheres Risiko. Da die von MFI vergebenen Kredite in der Regel kurzfristig sind, könnten sie im Notfall die Kreditvergabe an Mikrounternehmer unterbrechen und somit rasch ihre Liquiditätssituation verbessern. Dies könnte jedoch sehr negative Konsequenzen für die Kunden haben und sollte vermieden werden. Die Liquiditätsvorschriften für MFI werden deshalb häufig streng ausgelegt.

Neben der Regulierung unter Aufsichtsbestimmungen gibt es auch eine Regulierung ohne Aufsichtsbestimmungen, die sowohl Deposit-Taking MFI als auch Non-Deposit-Taking MFI betrifft. Die Regulierung, die keine Aufsichtsbestimmungen berücksichtigt, wird auch als Verordnung über das Geschäftsgebaren (Conduct of Business) bezeichnet und hat vor allem den Schutz der Kunden zum Ziel.

In Bezug auf den Kundenschutz werden häufig eine angemessene und transparente Information sowie eine faire Behandlung der Kunden vorgeschrieben. Eine angemessene und transparente Information kann z. B. bedeuten, dass eine einfache Sprache für die Produktbeschreibung verwendet wird oder die Produkte mündlich erklärt werden, da viele Kunden nicht lesen können. Um eine faire Behandlung der Kunden zu gewährleisten, werden missbräuchliche Kreditpraktiken geahndet. In diesem Zusammenhang ist es sehr wichtig, eine Anlaufstelle für Kunden zu haben, bei der sie kostenlos Beschwerden melden können. Dies ist besonders zentral vor dem Hintergrund, dass sich die meisten Mikrokreditkunden aus zeitlichen oder finanziellen Gründen kein Gerichtsverfahren leisten können.

Kreditbüros

Neben der behördlichen Regulation hat in den letzten Jahren auch eine Entwicklung in Richtung Selbstregulierung stattgefunden. Der zunehmende Wettbewerb an den Kreditmärkten hat die Problematik der Überschuldung und der verringerten Rückzahlungsanreize sowie der damit verbundenen finanziellen Schwierigkeiten von MFI verstärkt. Der Mangel eines gemeinsamen Informationssystems verschärft das Problem, denn die wachsende Anzahl von MFI erhöht die Informationsasymmetrie zwischen den einzelnen Kreditanbietern.

Die Einführung von Kreditinformationssystemen (Kreditbüros) kann dem entgegenwirken und die Effizienz des Kreditmarkts und der Kreditvergabe an die Armen erhöhen. Beginnen einzelne MFI auf einem Markt Kundeninformationen zu teilen, schaffen sie gleichzeitig auch Anreize für weitere MFI, es ihnen gleichzutun. Dies ergibt sich aus der Tatsache, dass der Informationsaustausch im Rahmen eines Kreditinformationssystems zu einer besseren Risikoeinschätzung von potenziellen Kunden führt, was wiederum einen Pool von kreditwürdigeren Kreditnehmern nach sich zieht: Die Kreditausfallraten sinken und die Qualität der Kreditportfolios der MFI steigt. Diese Effizienzsteigerung wird letztlich in Form von tieferen Zinsen auch an die Kreditnehmer weitergegeben. Die Einführung von Kreditbüros erhöht daher die Effizienz des Finanzsystems und verbessert die Stellung aller Teilnehmer im Mikrofinanzsektor.

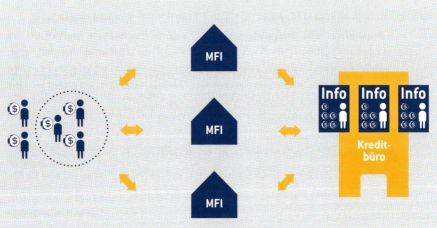

ABBILDUNG 45 **Kreditbüro**

Informationen über die Endkunden fliessen von den Kunden über das MFI zum Kreditbüro, das alle Daten zu den Personen und den aufgenommenen Krediten erfasst und ablegt. Dadurch können MFI – und auch die Endkunden selbst – ihre Bonität und Entwicklung überprüfen.
Quelle: Eigene Darstellung.

Werden keine Informationen zwischen MFI ausgetauscht, ist es für den Kreditnehmer schwieriger, einen Kredit zu erhalten, vor allem wenn er keine Sicherheiten hinterlegen kann. Der Kreditgeber hat seinerseits keine Möglichkeit, das Risiko der Kreditvergabe an einen neuen Kunden genau zu überprüfen. Dies erhöht das Geschäftsrisiko substanziell. Gibt es einen Informationsaustausch zwischen den Instituten, sind zwei Arten zu unterscheiden. Im ersten Fall werden nur negative Informationen über Kreditausfälle und Rückzahlungsverzögerungen ausgetauscht. Die Führung einer schwarzen Liste hilft den MFI, problematische Kreditnehmer aus dem Kreditportfolio auszuschliessen. Durch den Filtereffekt wird das Problem der negativen Selektion abgeschwächt. Ausserdem schafft die Tatsache, dass Kreditnehmer eine Aufnahme auf diese schwarze Liste verhindern wollen, eine Reduktion des Moral Hazard bezüglich der Kreditrückzahlung. Die zweite und ausgeprägtere Form der Informationsteilung umfasst zusätzlich zu den negativen Daten auch positive Informationen über die Kreditnehmer. Die weisse Liste mit den positiven Daten beinhaltet Informationen zu allen ausstehenden und vergangenen Krediten des Kreditnehmers sowie Auskünfte über sein Einkommen und ehemalige und bestehende Arbeitsverhältnisse. Der Kreditnehmer kann sich somit einen positiven Ruf – häufig in Form einer Bonitätsnote – aufbauen, was den Zugang zu weiteren Krediten erleichtert. Und die MFI profitieren, weil sie Kreditnehmer besser überprüfen und damit das Ausfallrisiko reduzieren können.[96]

Der Aufbau zentraler Kreditbüros ist generell gesehen sehr positiv. Der Informationsaustausch zwischen den Instituten mindert nicht nur die Problematik der Überschuldung von Kreditnehmern, sondern senkt auch die Ausfallraten, was in einem wettbewerbsintensiven Marktumfeld zu tieferen Kreditzinsen führt. In vielen Ländern Asiens und Lateinamerikas wurden in den 1990er-Jahren effiziente und effektive Kreditinformationssysteme aufgebaut, die einen wesentlichen Beitrag zur Stabilität der lokalen Finanzsysteme leisten. In Afrika sind die Kreditinformationssysteme am wenigsten entwickelt. Das rasante Wachstum der afrikanischen Mikrofinanzmärkte in der jüngsten Vergangenheit hat jedoch auch dort ein enormes Interesse an einer möglichen Einführung solcher Systeme geweckt.[97]

5.6 Zwischenfazit

Mikrofinanzinstitute sind von grosser Bedeutung, da sie die Dienstleistungen zur Verfügung stellen, die von den Mikrofinanzunternehmern in Anspruch genommen werden. Die Vergabe von Krediten, die Annahme von Spareinlagen und das Angebot eines breiten Spektrums an nichtfinanziellen Dienstleistungen ermöglichen nicht nur die finanzielle Eingliederung der Ärmsten auf dieser Welt, sondern tragen damit auch nachhaltig zur Bekämpfung der globalen Armut bei.

In Abhängigkeit der jeweiligen Entwicklungsstufe und des Grads der Kommerzialisierung lassen sich MFI in drei verschiedene Kategorien (Tier 1 bis 3) einteilen. Tier 1 enthält etablierte MFI, die über formelle Strukturen verfügen und mehrheitlich regulierte und bewertete Banken sind. Tier-2-MFI umfassen kleinere und weniger etablierte Institute, die sich in einem Transformationsprozess hin zu regulierten Banken befinden. Tier-3-Institute stehen entweder an der Schwelle zur Profitabilität oder operieren nicht gewinnorientiert und verfolgen ausschliesslich soziale Ziele. MFI werden zwar grösstenteils durch lokale Mittel finanziert, aber viel Kapital stammt nach wie vor auch von ausländischen Investoren – sei es in Form von Fremdkapital oder Eigenkapital. Betrachtet man Mikrofinanz als eine der treibenden Kräfte in der Entwicklung lokaler Finanzmärkte, so ist ein Trend hin zur weiteren Aufnahme lokaler Kapitalmittel wünschenswert.

Wegen der schnellen Entwicklung des globalen Mikrofinanzsektors darf der Aspekt der Regulation nicht vernachlässigt werden. MFI sollten einer finanziellen Regulierung unterstehen und ständig beobachtet werden. Dadurch können Krisen vermieden und der Zahlungsverkehr aufrechterhalten werden. Zudem führt die Überwachung des Mikrofinanzsektors zu mehr Wettbewerb und Effizienz im Finanzsektor und schützt langfristig die Kunden und ihre Sparguthaben. Vor diesem Hintergrund ist die Entwicklung von zentralen Kreditbüros als Industriestandard als positiv einzustufen. Kreditbüros fördern den Informationsaustausch zwischen verschiedenen MFI und den Behörden, mindern die Problematik der Überschuldung von Kreditnehmern und senken in einem Wettbewerbsumfeld sowohl die Ausfallraten als auch die Zinssätze.

BOX 5   **Taxiunternehmen – Iloilo, Philippinen**

Jovel Panghari ist 26 Jahre alt, verheiratet und betreibt seit 2012 sein eigenes kleines Taxiunternehmen mit einem sogenannten Motor Tricycle. Diese Art von Beiwagenfahrzeug ist das typische Transportmittel auf den Philippinen. Um die ungefähr 400 Dollar für die Anschaffung des Motor Tricycle zu finanzieren, nahm Herr Panghari einen Kredit bei der LiveBank-Stiftung auf. Er arbeitet von morgens bis abends und verdient umgerechnet 9 Dollar pro Tag. Eine Fahrt kostet eine Grundtaxe von 20 Cents plus 3 Cents pro gefahrenem Kilometer.

Quelle: BlueOrchard.

6 Methoden der Kreditvergabe

Die Kreditvergabe in der Mikrofinanz basiert auf Vertrauen.

Durch Gruppenkredite, gegenseitige Kontrolle und eine progressive Kreditstruktur wird das Vertrauen der Kreditnehmer untereinander und auch gegenüber den MFI gestärkt. Die Kreditnehmer sind gewillt, für ihre Verbindlichkeiten aufzukommen, um sich den weiteren Zugang zu Kapital zu sichern.

Auch sozioökonomische Faktoren wie Standort und Geschlecht beeinflussen den Erfolg der Geschäftsaktivität der Mikrounternehmer.

6.1	Finanzsystem und Mikrofinanz
6.2	Kreditvergabe
6.3	Sozioökonomische Faktoren
6.4	Zahlungsverzug und Überschuldung der Endkunden
6.5	Prävention von Überschuldung und Massnahmen bei Zahlungsverzug
6.6	Arbeit eines Kreditsachbearbeiters
6.7	Zwischenfazit

*«Unsere Bank
basiert
auf Vertrauen.»* [98]

Muhammad Yunus

6.1 Finanzsystem und Mikrofinanz

Die traditionelle Kredittheorie basiert auf dem Modell von Stiglitz und Weiss.[99] Sie untersuchten die Kreditrationierung in Märkten mit unvollständigen Informationen. Generell zahlen risikoreiche Kreditnehmer einen höheren Zins und müssen höhere Sicherheiten vorzeigen, da sie eine höhere Ausfallwahrscheinlichkeit haben als risikoarme Kreditnehmer. Eine Kreditrationierung tritt auf, wenn Kreditnehmer mit schlechter Bonität bereit sind, einen höheren Zins zu zahlen als den Gleichgewichtszins, zu dem Banken Kredite vergeben. Diese Kreditnehmer werden aber nicht bedient, da es sich für die Bank trotz des höheren Zinssatzes nicht lohnt, dieses erhöhte Risiko einer Ausfallwahrscheinlichkeit einzugehen. Der Zinssatz und die Sicherheitsleistung werden als Selektionsmittel eingesetzt, um Problemen mit Moral Hazard, Adverse Selection und asymmetrischen Informationen entgegenzuwirken.

Dieses Thema ist bekannt als Agency-Problematik und wird durch Kreditratings verringert, welche die beiden Selektionsmittel Zinssatz und Sicherheitsleistung beeinflussen. Eine hohe Kreditwürdigkeit wird mit niedrigen Zinsen belohnt, Kreditnehmer mit niedrigerer Bonität müssen höhere Zinsen zahlen, um ihre höhere Ausfallwahrscheinlichkeit zu kompensieren. Je höher die Ausfallwahrscheinlichkeit, desto höher sind auch die Anforderungen an die Sicherheitsleistung. Finanzielle Sicherheiten haben zwei Effekte. Zum einen machen sie Kredite für Kreditnehmer mit hoher Ausfallwahrscheinlichkeit bezahlbar, zum anderen bieten sie Kreditgebern eine Kompensation bei Rückzahlungsschwierigkeiten.

Mikrofinanz hingegen ist ein Konzept, das nicht der soeben beschriebenen traditionellen Kredittheorie folgt. Die Agency-Problematik wird nicht durch finanzielle Sicherheiten gemindert, sondern durch soziale Sicherheiten wie z. B. Vertrauen.[100] Finanzielle Ressourcen werden in diesem Fall an ein Vertrauensnetzwerk bestehend aus Familien, Freunden oder auch Fremden verliehen, die sich gegenseitig unterstützen, um Zugang zu Krediten zu erhalten.[101] Hinzu kommt, dass Mikrounternehmer in der Regel nur eine einmalige Möglichkeit haben, an Kapital zu gelangen, und diese nutzen müssen. Wenn sie einmal einer Verbindlichkeit nicht nachkommen, wird es für sie extrem schwirig, einen weiteren Kredit zu beantragen. Dies ist ein bedeutender Unterschied zur entwickelten Welt, da Menschen in Industrieländern immer wieder einen Kredit bekommen können, wenn sie bestimmte finanzielle Sicherheiten vorweisen. Hinzu kommt, dass in Entwicklungsländern oft keine genügend zuverlässige rechtliche Struktur vorhanden ist, die Eigentumsrechte klärt. Demnach ist es häufig nicht möglich, Eigentum nachzuweisen und gleichzeitig in Vermögen umzuwandeln. In einem Land, in dem niemand genau bestimmen kann, wer was besitzt, kann Eigentum nicht einfach in Kapital umgewandelt werden, Besitz nicht einfach in Aktien aufgeteilt und der Wert aufgrund mangelnder Richtlinien nicht einfach ermittelt werden. De Soto spricht diesbezüglich von «totem Kapital»[102]. Nicht nur die Methode der Kreditvergabe spielt bei der Einstufung des Rückzahlungsrisikos eine grosse Rolle, sondern auch sozioökonomische Faktoren wie die Nähe zu Märkten, das Potenzial für wertsteigernde Aktivitäten und das Geschlecht.

ABBILDUNG 46 Agency-Problematik

Agency-Problematik		
Agency-Probleme beruhen auf • unvollständigen Informationen zwischen Individuen • der Annahme, dass jedes Individuum seinen individuellen Nutzen maximieren möchte, u. U. sogar unter Inkaufnahme der Schädigung des anderen • Prinzipal: Kreditgeber, Agent: Kreditnehmer		
Asymmetrische Informationen	**Moral Hazard**	**Adverse Selection**
• Prinzipal und Agent haben Zugang zu unterschiedlichen Informationen • Informationen des besser informierten Agenten sind nicht zugänglich bzw. nicht beobachtbar für den schlechter informierten Prinzipal	• Prinzipal und Agent handeln einen Vertrag aus • Sobald allerdings der Vertrag unterschrieben ist, entscheidet der Agent frei, welchen Einsatz er zur Erfüllung der Aufgaben erbringt (Einsatz nicht beobachtbar für Prinzipal) • Handlungen von Agent beeinflussen nicht nur seinen eigenen Nutzen, sondern auch den des Prinzipals	• Prinzipal kann genaue Charakteristiken und Eigenschaften des Agenten nicht feststellen • Durch Signaling und Screening (Selektionsmittel) kann eine Selbstunterscheidung durchgeführt werden

Die Agency-Problematik beschreibt den Konflikt, der entsteht, wenn private Informationen nur dem Kreditnehmer, nicht aber dem Kreditgeber zur Verfügung stehen.
Quelle: Eigene Darstellung.

6.2 Kreditvergabe

Es gibt verschiedene Methoden der Kreditvergabe im Mikrofinanzbereich. Schlüsselelemente sind hierbei die gemeinsame Rückzahlungspflicht bei Gruppenkrediten, die gegenseitige Kontrolle, die Vergabe von progressiven Krediten und die regelmässigen Sitzungen mit dem zuständigen MFI.[103]

Gruppenkredite

Ein Grund für den Erfolg der Mikrokreditvergabe sind Gruppenkredite. Einzelne Mitglieder haften subsidiär für die Rückzahlungen der jeweiligen Gruppenmitglieder. Kulturell bedingt verlieren vor allem asiatische Kreditnehmer das Gesicht, wenn sie ihrer Zahlungsverbindlichkeit nicht nachkommen. Folglich unterstützen sich die Kreditnehmer gegenseitig und teilen ihr Wissen und ihre Fähigkeiten untereinander. Dadurch werden private Informationen, die dem Kreditgeber nicht bekannt sind, reduziert. Durch die gemeinsame Rückzahlungsschuld wird das Risiko von Zahlungsausfällen nahezu vollständig eliminiert.[104]

ABBILDUNG 47 Gruppenkredite und Spieltheorie

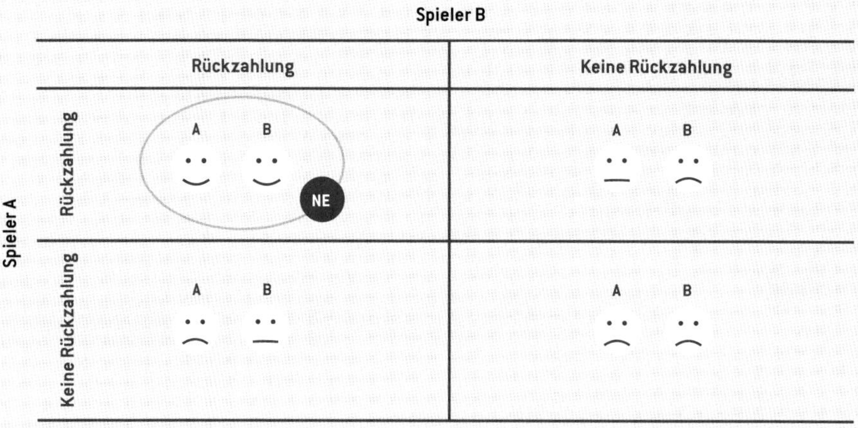

Das Nash-Gleichgewicht (NE) bezeichnet die optimale Reaktion beider Spieler. In diesem Fall ist es für Spieler A und für Spieler B immer besser, den Kredit zurückzuzahlen.
Quelle: Eigene Darstellung.

Die Charakteristiken der gemeinsamen Rückzahlungspflicht können durch ein Szenario der Spieltheorie beschrieben werden. Abbildung 47 zeigt die verschiedenen Gemütslagen zweier Kreditnehmer, die einen Gruppenkredit aufgenommen haben. Die Gemütslage von Spieler A ist jeweils im linken Bereich des Kästchens dargestellt, Spieler B ist im rechten Teil des Kästchens zu sehen. Das Nash-Gleichgewicht (NE)[105] ist die optimale Reaktion beider Spieler, und in diesem Fall heisst das, dass es für beide Kreditnehmer besser ist, den Kredit zurückzuzahlen.

Wenn Spieler A den Kredit vollständig zurückzahlt, ist es für Spieler B besser, den Kredit auch zurückzuzahlen. Wenn Spieler A nicht für seine Zahlungsverbindlichkeit aufkommt, ist es für Spieler B trotzdem besser, für beide die Schulden zu begleichen, da seine Situation bei Rückzahlung immer noch besser ist als ohne. Obwohl er bei einem Gruppenkredit für die Schuld von Spieler A aufkommen muss, wird er das höchstwahrscheinlich tun, um einen langfristigen Zugang zu den finanziellen Ressourcen zu behalten und das Gesicht zu wahren. Keine Rückzahlung beider Kreditnehmer kann daher nie optimal sein. Dieses Beispiel der Spieltheorie zeigt, dass Kreditnehmer auf jeden Fall gewillt sind, ihre Geschäftsidee profitabel umzusetzen und ihre Finanzen eigenständig zu regeln, damit sie ihre Kredite zurückzahlen können.

Gegenseitige Kontrolle

Die gegenseitige Kontrolle mit und ohne gemeinsame Rückzahlungsverbindlichkeit steigert den Lerneffekt der Kreditnehmer untereinander, indem sie ihre Eindrücke und Erfahrungen miteinander teilen. Sie kontrollieren und unterstützen sich gegenseitig, um sicherzugehen, dass es zu keinem Zahlungsverzug oder -versäumnis von Zinsen oder Darlehenssummen kommt. Des Weiteren möchten die erfolgreichen Kreditnehmer weitere Kredite aufnehmen, deshalb schulen, unterstützen und begleiten sie Gruppenmitglieder mit potenziellen Rückzahlungsschwierigkeiten.[106]

Progressive Kredite

Eine progressive Kreditstruktur ermöglicht Mikrounternehmern bei erfolgreicher Rückzahlung bessere Konditionen für den nächsten Kredit. Die Methode der progressiven Kreditstruktur zeigt, dass Lerneffekte die Rückzahlungsrate positiv beeinflussen. Mikrounternehmer, die den ersten, zweiten und folgenden Kredit erfolgreich zurückgezahlt haben, können entlang der progressiven Kreditstruktur aufsteigen. Somit werden die Rückzahlungen mit jeder höheren Kreditstufe stabiler. Bei Erstkrediten ist die Rückzahlungsrate generell volatiler. Dies kommt daher, dass Kreditausfälle wahrscheinlicher sind und die Kreditnehmer noch dabei sind, sich Geschäfts- und Finanzwissen anzueignen. Mitglieder, die sich bereits auf einem höheren Niveau der progressiven Kreditstruktur befinden, zeigen schon eine deutlich stabilere und kontinuierlich bessere Rückzahlungsleistung.[107]

Regelmässige Sitzungen mit MFI

Regelmässige Treffen mit dem MFI – in denen auch die Zinsen eingeholt werden – erlauben es, die Projekte der Kreditnehmer genauer zu beobachten und zu bewerten. Zudem können MFI ihre Kunden mit Informationen über die Verwaltung ihrer Finanzen, Verbesserungen ihrer Abläufe und anderen nützlichen Fähigkeiten unterstützen. Kreditsachbearbeiter können daher frühzeitig Probleme erkennen und eingreifen, bevor sich die finanzielle Situation ihrer Kunden verschlechtert.

6.3 Sozioökonomische Faktoren

Die sozioökonomischen Faktoren spielen bei der Kreditvergabe im Mikrofinanzbereich eine bedeutende Rolle, da sie Auswirkungen auf die Erzeugung von Zahlungsflüssen und somit auf die Rückzahlung des Kredits haben. Hierbei sind vor allem Standort und Geschlecht von Bedeutung.

Stadt- vs. Landbevölkerung

Betrachtet man den weltweiten Mikrofinanzmarkt, so wird ungefähr die Hälfte aller Kredite an die städtische Bevölkerung vergeben. 45 Prozent fliessen an ländliche und 5 Prozent an halbstädtische Bevölkerungsgruppen. Die Erreichbarkeit und Präsenz von Märkten spielen dabei eine grosse Rolle.

Generell haben Kreditnehmer, die in Städten leben, Vorteile gegenüber den ländlichen Kunden. Die Informationen sind eher verfügbar und wertsteigernde Aktivitäten finden in Städten mehr Abnehmer. Dies erhöht die Profitabilität der Kreditnehmer. Somit wirkt sich die Nähe zum Markt positiv auf die Zahlungsströme der Kreditnehmer aus, mit denen sie zuverlässig ihre Zinsen tilgen und ihr Darlehen abzahlen können. MFI, die vermehrt in ländlichen Regionen Kredite vergeben, haben hingegen grössere Herausforderungen zu bewältigen. Für Mikrounternehmer auf dem Land sind Marktbesuche um einiges aufwendiger; sie versuchen, ihre Transportkosten pro verkauftes Stück zu verringern. Deshalb besuchen sie erst dann Märkte, wenn sie genügend Einheiten hergestellt haben. Landwirte z. B. generieren erst nach der Ernte Zahlungsflüsse. Daher können die Zinsen meist nicht regelmässig bedient werden, sondern erst dann, wenn die Ernte Früchte trägt. Das Meistern dieser Herausforderungen und die Erreichbarkeit von Märkten sind wichtige Bedingungen, um die Rückzahlungsraten von Kreditnehmern kontinuierlich zu steigern.[108]

MFI bieten auch Produkte an, um den unregelmässigen Zahlungsflüssen z. B. eines Gemüseanbauers entgegenzuwirken. Die Tameer Bank, ein MFI in Pakistan, bietet mehr als 20 verschiedene Mikrokredite an, darunter den Tameer Karobar Loan und den Agri Group Loan.

Der Tameer Karobar Loan ist ein massgeschneidertes Darlehen für Mikrounternehmer, um Umlaufvermögen zu finanzieren oder Investitionen zu tätigen. Das Darlehen wird zu gleich hohen Raten auf monatlicher Basis zurückgezahlt. Da dieser Kredit monatliche Rückzahlungen beinhaltet, ist er nur für Kleinstunternehmer geeignet, die mit ihrem Geschäftsmodell regelmässige Zahlungsflüsse erzeugen können. Ein Beispiel hierfür wäre ein Mikrounternehmer, der in der Stadt wohnt und einen Friseursalon besitzt. Im Optimalfall kann er durch den regelmässigen Besuch von Kunden jederzeit seine Verbindlichkeiten abtragen.

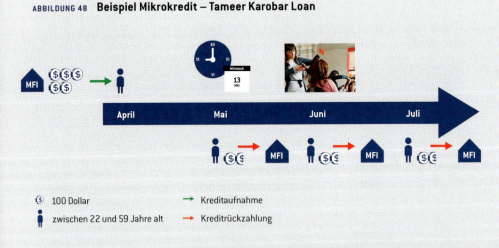

ABBILDUNG 48 **Beispiel Mikrokredit – Tameer Karobar Loan**

Der Tameer Karobar Loan ist ein Kredit, der überwiegend von Mikrounternehmern aufgenommen wird, die mit ihrer Geschäftstätigkeit ein regelmässiges Einkommen erzielen. Ein Betreiber eines Friseursalons hat z. B. einen Kredit in der Höhe von 500 Dollar aufgenommen. Dieser wird über drei Monate amortisiert.
Quelle: Eigene Darstellung. Daten: Tameer Bank.

Ein Gemüsebauer, der im Hinterland von Pakistan wohnt, würde einen Agri Group Loan beantragen. Dies ist ein Gruppenkredit, der ausschliesslich an Landwirte in Pakistan vergeben wird. Im Unterschied zum Tameer Karobar Loan erfolgt beim Agri Group Loan eine einmalige Rückzahlung des gesamten Kreditbetrags inklusive Zins am Ende der Laufzeit. Während der Laufzeit werden keine Zahlungen geschuldet. Dies entspricht den Bedürfnissen der Landwirte, da der Zeitraum zwischen Saat und Ernte mehrere Monate dauert und erst bei Verkauf Zahlungsflüsse generiert werden. Ohne Ersparnisse ist es Getreidebauern demnach nicht möglich, wöchentliche oder monatliche Kreditraten zu zahlen.[109]

ABBILDUNG 49 **Beispiel Landwirtschaftskredit – Agri Group Loan**

Beim Agri Group Loan der Tameer Bank handelt es sich um ein Darlehen, das speziell auf Landwirte in Pakistan zugeschnitten ist. Für den Reisanbau nimmt ein pakistanischer Bauer ein Darlehen von 250 Dollar auf. Im Mai setzt er das Saatgut. Während des Monsuns beginnen die Pflanzen zu wachsen, im Oktober können sie geerntet werden. Nach einem Jahr wird das gesamte Kreditvolumen plus Zins zurückgezahlt. Während der Kreditlaufzeit fallen keine Zahlungen an.
Quelle: Eigene Darstellung. Daten: Tameer Bank.

Diese Beispiele zeigen, dass MFI Produkte entwickelten, die unregelmässige Einnahmen berücksichtigen und die Produkte so auf bestimmte Kundengruppen anpassten. Die Kreditwürdigkeit der Kunden sollte dadurch nicht beeinflusst werden, da ein Geschäftsmodell, das nur alle zwei Monate Einnahmen erzeugt, genauso erfolgreich sein kann wie ein bekannter Friseursalon in der Stadtmitte.

Geschlecht

Mehr als zwei Drittel aller Kredite werden an Frauen vergeben, weniger als ein Drittel fliesst an Männer. Kredite werden also bevorzugt an weibliche Kreditnehmer vergeben. Die Diskriminierung findet stärker auf der Angebotsseite als auf der Nachfrageseite statt. In der Praxis zeigt sich, dass es weniger risikoreich ist, Kredite an Frauen zu vergeben als an Männer. Warum ist das so?

Die Gründe für die Bevorzugung von Frauen sind sehr unterschiedlich. Frauen weisen Charakteristiken auf, welche die Ausfallwahrscheinlichkeit der Kredite reduzieren. Sie schämen sich eher und sind risikoscheuer als Männer.

Die risikoreduzierenden Eigenschaften von Frauen sind Bescheidenheit, Diskretion und Disziplin. Diese sind zurückzuführen auf kulturelle Normen wie die Vormundschaft für den ganzen Familienclan und somit auch die Kontrolle über Ein- und Ausgaben. Frauen verwenden ihr Einkommen zur Befriedigung der Bedürfnisse ihrer Kinder sowie für deren Ausbildung, Nahrung und Gesundheit. Männer hingegen finanzieren mit ihrem Einkommen auch persönliche Bedürfnisse wie Unterhaltung und Statussymbole.[110]

Vor dem kulturellen Hintergrund, dass Kreditnehmer in ihrer Gesellschaft das Gesicht verlieren, wenn sie ihren Kredit nicht zurückzahlen, ist es erwiesen, dass Frauen eine tiefere Schamgrenze haben als Männer. Dies führt dazu, dass Frauen mehr auf moralischen und sozialen Druck reagieren als Männer und somit mehr Hilfe in Anspruch nehmen, mehr Informationen untereinander teilen, offener ihre Probleme kommunizieren und regelmässig an den Sitzungen mit dem MFI teilnehmen.

Im Allgemeinen sind Frauen, wenn sie ihr eigenes Unternehmen starten oder sich um finanzielle Ressourcen bemühen, risikoscheuer als Männer. Entsprechend verhalten sie sich kooperativer, vorsichtiger und weniger opportunistisch, wenn es um die Finanzen der Familie geht und reduzieren somit Informationsasymmetrien, Moral Hazard und Adverse Selection gegenüber dem Kreditgeber. Folglich ist es bei Frauen weniger wahrscheinlich, dass sie einen Kredit aufnehmen, der ihre Rückzahlungsmöglichkeiten übersteigt.[111]

Wegen dieser drei Gründe weisen Kredite von Frauen weltweit eine niedrigere Ausfallwahrscheinlichkeit auf als Kredite von Männern.[112] Die höhere Risikoaversion führt zwar zu einer höheren Rückzahlungsrate, steigert aber nicht zwingend die Profitabilität des MFI. Der Grund dafür ist, dass das durchschnittliche Kreditvolumen bei Frauen geringer ist als bei Männern, das MFI aber fast die gleichen operativen Kosten für hohe und niedrige Kreditvolumen hat. Die MFI sind also herausgefordert, die kleinere Ausfallwahrscheinlichkeit der Kreditvergabe an Frauen mit der Profitabilität in Einklang zu bringen und somit einen guten Ausgleich zwischen den Methoden der Kreditvergabe und den sozioökonomischen Einflussfaktoren zu finden.[113]

6.4 Zahlungsverzug und Überschuldung der Endkunden

Generell ist das Portfolio at Risk, eine Kennzahl, welche die ausfallgefährdeten Kredite im Mikrofinanzsektor feststellt, sehr niedrig. Nur 1 bis 2 Prozent der vergebenen Kredite befinden sich schon mehr als 90 Tage in Zahlungsrückstand (siehe Abbildung 50). Wie im nachfolgenden Abschnitt erklärt wird, können jedoch viele Zahlungsverzüge «geheilt» werden. Demzufolge beträgt die Rückzahlungsrate von Mikrounternehmern mehr als 99 Prozent.

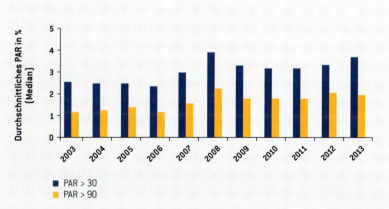

ABBILDUNG 50 **Portfolio at Risk der Mikrofinanzinstitute**

Das Portfolio at Risk (PAR) beschreibt die Anzahl der Kredite, die nach 30 bzw. 90 Tagen noch ausstehen, gemessen an der Anzahl total ausstehender Kredite. Das PAR > 90 liegt im Durchschnitt (Median) der letzten zehn Jahre zwischen 1 und 2 %.
Quelle: Eigene Darstellung. Daten: MIX (2015).

Überschuldungen sind dank der Verbreitung von Kreditbüros sehr selten und die MFI überwachen die finanzielle Situation ihrer Kreditnehmer kontinuierlich und reagieren frühzeitig bei entsprechenden Hinweisen. Als Kenngrösse und Frühwarnsystem verwenden die MFI unter anderem einen sogenannten Überschuldungsindex. Dieser wird wie folgt beschrieben:

$$\text{Überschuldungsindex (netto)} = \frac{\text{monatliche Ratenzahlungen auf alle Geschäfts- und Haushaltsschulden}}{\text{monatliches Einkommen (netto)}} \times 100$$

In der Praxis bedeutet ein Wert von unter 76 Prozent, dass der Kreditnehmer solvent ist und folglich allen Rückzahlungsverbindlichkeiten nachkommen kann. Liegt der Index zwischen 76 und 100 Prozent, könnte die Rückzahlung des Kreditnehmers gefährdet sein. MFI reagieren daher bereits häufig, wenn sich der Index der Schwelle von 76 Prozent nähert. Bei einem Indexwert von über 100 würde eine Überschuldung vorliegen.

ABBILDUNG 51 **Überschuldungsindex und Überschuldungsfaktor**

Anhand des Überschuldungsindex können Endkunden als solvent, gefährdet oder überschuldet eingestuft werden.
Quelle: Eigene Darstellung. Daten: Schicks (2011); Liv (2013).

Was kann eine Überschuldung auslösen? Der grösste Treiber ist das Aufnehmen von mehreren Krediten, gefolgt von fehlenden Zahlungsströmen aus der Geschäftstätigkeit, mangelnden Finanzkenntnissen und ungenügender Bildung.[114]

Eine Untersuchung des Verhaltens von Kreditnehmern in Kambodscha ergab, dass eine Kreditschuld, die in mehrere Kredite bei unterschiedlichen MFI aufgeteilt ist, die Rückzahlungswahrscheinlichkeit der Kreditnehmer erheblich beeinträchtigt.[115] Rückzahlungsschwierigkeiten nehmen mit der Anzahl der parallel aufgenommenen Kredite zu. Kreditnehmer, die mehr als vier Kredite gleichzeitig beziehen, haben deutlich mehr Rückzahlungsprobleme als diejenigen, die nur einen Kredit aufnehmen.

Ein weiterer Grund für Überschuldung ist, dass der Profit aus dem Geschäft des Mikrounternehmers zu gering ist, um die Schulden inklusive Zinsen abzuzahlen. Um einer solchen Überschuldung vorzubeugen, müssen die Geschäftsidee und die Zahlungsströme aus dem potenziellen Projekt genau untersucht und modelliert werden, um sicherzugehen, dass Kreditnehmer auch unter veränderten Marktbedingungen ihren Verbindlichkeiten nachkommen können.

Wegen mangelhafter Finanzkenntnisse haben Kreditnehmer Schwierigkeiten, ihre Finanzen nachhaltig zu regeln und somit ihre Schulden zurückzuzahlen. Dies führt dazu, dass Kreditnehmer mit ungenügendem Verständnis der finanziellen Konsequenzen eher dazu neigen, mehrere Kredite bei unterschiedlichen MFI aufzunehmen. MFI haben dies seit Längerem erkannt und bieten deshalb ihren Kreditnehmern Aus- und Weiterbildungskurse an, um deren Finanzkenntnisse zu stärken. Gleichzeitig verhindern Kreditbüros die Aufnahme zu vieler Kredite.

Nicht zuletzt hat Bildung allgemein einen positiven Zusammenhang mit der Rückzahlungsrate, da gebildete Kreditnehmer finanzielle und unternehmerische Zusammenhänge leichter verstehen.

Wirtschaftliche Einflussfaktoren wie Nahrungsmittelinflation, Krankheiten von Pflanzen, Ernteausfälle sowie Tod oder Diebstahl von Tieren können beim Kreditnehmer zu einem Schock führen. Das beeinflusst jedoch nicht notwendigerweise die Überschuldung, weil die Kreditnehmer unterschiedliche Handlungsstrategien verfolgen. Kreditnehmer, die in lebende Tiere und in Getreideanbau investieren, haben dabei weniger Probleme, ihren finanziellen Verbindlichkeiten nachzukommen als Kreditnehmer, die weniger diversifiziert sind.

6.5 Prävention von Überschuldung und Massnahmen bei Zahlungsverzug

Am konkreten Beispiel von Peru werden im Folgenden die von den Regulatoren und MFI ergriffenen Präventionsmassnahmen zum Schutz vor einer möglichen Überschuldung wie auch das Vorgehen von MFI bei einem Zahlungsverzug erläutert.

Marktübersicht

Peru verfügt über einen stark entwickelten und gut regulierten Mikrofinanzmarkt, der mehr als 4,1 Millionen Mikrofinanzunternehmer bedient. Ein breites Spektrum an MFI, kleinen NGO und kommerziellen Banken prägt das Marktbild. Der Konsumentenschutz wird von den beiden Finanzdienstleistungsregulatoren SBS[116] und INDECOPI[117] durchgesetzt. Die SBS betreibt eine zentrale Finanzdatenbank, die monatliche Kundendaten zur Schuldbelastung regulierter Finanzinstitutionen sammelt. Diese Daten werden mit einem Kreditbüro geteilt, das wiederum Daten für regulierte und nicht regulierte MFI zur Verfügung stellt. Die kollektiven Bestrebungen sollen die Überschuldung von Mikrofinanzunternehmern bekämpfen, indem simultane Kreditaufnahmen über mehrere MFI verhindert werden. Insbesondere bei Kreditnehmern mit Rückzahlungsschwierigkeiten soll dadurch die zusätzliche Kreditaufnahme zur Schuldendeckung verhindert werden, da diese meistens in einer Verschuldungsspirale mündet.[118]

Standardmassnahmen bei Kreditausfall

Bleibt eine Rückzahlungsrate aus, reagieren MFI durchschnittlich in einem Zeitraum von einer Woche bis 15 Tagen. Die gängige Intervention erfolgt per Telefon oder durch das Schreiben einer SMS oder einer E-Mail. Grössere MFI betreiben spezielle Callcenter, die diese Arbeit übernehmen. Grundsätzlich ist bis zu 30 Tagen nach Ausfall einer Rate der Kreditsachbearbeiter verantwortlich für die Beschaffung der geschuldeten Beträge. Er hat einen gewissen Ermessensspielraum in Bezug auf mögliche Sanktionen. Daher sind viele MFI relativ flexibel bei der Eintreibung von Schulden und berücksichtigen verschiedene Faktoren, die den Ausfall einer Rate beeinflussen könnten. In ländlichen

Gebieten kann es z. B. vorkommen, dass Kreditnehmer lediglich Probleme mit dem Transport ihrer Waren hatten. Und durch das verspätete Eintreffen auf dem Markt sind die Einnahmen verloren gegangen. Darüber hinaus gibt es eine Vielzahl weiterer Gründe für kurzzeitige Zahlungsversäumnisse, die allesamt weder mit der Fähigkeit noch mit der Bereitschaft eines Mikrounternehmers zur Rückzahlung eines Kredits in Verbindung stehen. Zudem ist der Besuch eines Kreditsachbearbeiters zur Abklärung der Kreditsituation beim Kunden vor Ort mit hohem zeitlichem und finanziellem Aufwand verbunden. Dies bewegt MFI dazu, erst nach einer gewissen Zeit einzugreifen. Letztlich ist auch die starke Präsenz der Kreditbüros ein ausschlaggebender Faktor für die relativ langsame Reaktion von MFI auf Ausfälle von Kreditraten. Mikrounternehmer sind sich bewusst, dass ein Ausbleiben von Zahlungen zu einem negativen Kreditrating führt, das die Aufnahme von zukünftigen Krediten erheblich erschwert.

Falls ein Zahlungsverzug dennoch andauert, entsendet die Mehrheit aller MFI in der Regel nach 30 Tagen einen Kreditsachbearbeiter, der den Kunden besucht und versucht, in einem Gespräch das Problem zu eruieren. Häufig führt dies bereits zu einer für beide Parteien zufriedenstellenden Lösung. Andernfalls wird ein solcher Fall nach wiederholtem Zahlungsverzug an eine spezielle interne Abteilung weitergegeben, die sich ausschliesslich mit Ausfällen beschäftigt. Nach einem Zahlungsverzug von 60 Tagen werden die Kredite häufig restrukturiert, es kommt zu einem Schuldenschnitt oder es erfolgt eine Reduktion der Zinsrate. Die Mikrofinanzkunden werden eng in den Restrukturierungsprozess eingebunden, was die Beziehung zwischen Kreditnehmer und Kreditgeber zusätzlich stärkt. In der Tat kommt die grosse Mehrheit der Kreditnehmer den neu ausgehandelten Konditionen nach und bleibt dem MFI als treue Kunden erhalten. Darüber hinaus bieten manche MFI auch spezielle Dienstleistungen für überschuldete Mikrounternehmer an, wie z. B. eine umfassende Schuldenberatung. Solche Dienstleistungen – und die MFI, die sie anbieten – erkennen damit an, dass viele Kreditkomplikationen auch familiäre Hintergründe haben können. Wird gar keine Lösung gefunden, werden die ausgefallenen Kreditraten nach 120 Tagen abgeschrieben. Jedoch bleiben die Schulden beim Kreditbüro registriert – und häufig versuchen MFI, diese auch über längere Zeitspannen einzutreiben. Abbildung 52 zeigt eine

Übersicht über die Massnahmen, die von MFI bei Zahlungsversäumnissen ergriffen werden.[119]

ABBILDUNG 52 **Massnahmen nach Zahlungsversäumnissen**

7 – 15 Tage | 30 Tage | > 60 Tage | > 120 Tage

Kontaktaufnahme per Telefon, SMS oder E-Mail | Besuch eines Kreditsachbearbeiters und bilaterales Gespräch | Restrukturierung des Kredits, Schuldenschnitt, Reduktion des Zinssatzes | Abschreibung der ausgefallenen Kreditrate und regelmässige Versuche, die Schulden einzuziehen

Kommt ein Mikrounternehmer seinen Verbindlichkeiten nicht nach, reagiert das MFI erst etwa 7 bis 15 Tage später, da harmlose Gründe wie z. B. ein geplatzter Reifen auf der Fahrt zum Markt zu fehlenden Einnahmen führen können. Werden die Schulden nach einer Kontaktaufnahme immer noch nicht beglichen und verlaufen Gespräche ergebnislos, wird der Kredit restrukturiert und die Zinsen werden allenfalls gesenkt. Nach 120 Tagen schreibt das MFI den ausgefallenen Kredit ab, unternimmt aber weiterhin regelmässige Versuche, die Schulden doch noch einzufordern.
Quelle: Eigene Darstellung in Anlehnung an Solli, Galindo, Rizzi, Rhyne und van de Walle (2015).

Abschliessend kann festgestellt werden, dass MFI und ihre Kreditsachbearbeiter zum einen äusserst bemüht sind, die Überschuldung ihrer Kunden zu verhindern, und zum anderen stellen sie ein umfassendes Massnahmenpaket bereit, um im Fall von Zahlungsverzügen für beide Parteien eine optimale Lösung zu finden. Die Rolle des Kreditsachbearbeiters im Prozess der Kreditvergabe verdient daher eingehendere Aufmerksamkeit.

6.6 Arbeit eines Kreditsachbearbeiters

Der Kreditsachbearbeiter eines MFI unterstützt den gesamten Prozess der Kreditvergabe an die Mikrounternehmer. Geschäftsideen, laufende Geschäftstätigkeiten sowie die Kreditwürdigkeit der potenziellen Kunden werden überprüft.

Eigenschaften
Da Kreditsachbearbeiter eine grosse Verantwortung tragen, werden sie bei der Rekrutierung streng geprüft und müssen ein ausbalanciertes Persönlichkeits- und Fähigkeitenprofil mitbringen. Kreditsachbearbeiter müssen respektierte und verantwortungsvolle Mitglieder der Gesellschaft sein und insbesondere eine starke intrinsische Motivation vorweisen und sich jederzeit vorbildlich verhalten. Formal wird das erwartete Verhalten in einem Code of Conduct festgehalten. Verstösse werden von den MFI rasch und streng sanktioniert.

Neben den technischen und fachlichen Kenntnissen der Mikrofinanz müssen die Kreditsachbearbeiter sämtliche gesetzlichen und regulatorischen Anforderungen kennen und sich diesbezüglich kontinuierlich weiterbilden. Wichtig sind zudem gute Menschenkenntnisse sowie eine starke lokale Verankerung. In den für Mikrofinanz relevanten Kulturräumen ist der persönliche Kontakt in einer Geschäftsbeziehung in der Regel unabdingbar. Die Kunden müssen dem Kreditsachbearbeiter daher vollständig vertrauen können, damit eine solide und langfristige Beziehung entstehen kann.[120]

Prozess
Der Prozess zur Überprüfung potenzieller Kreditnehmer wird in Abbildung 53 gezeigt. Der erste Schritt eines Kreditsachbearbeiters bei einem Kreditvergabeprozess ist die Beratung des potenziellen Klienten: Das Geschäft und die Mission des spezifischen MFI werden vorgestellt und das Verfahren und die Konditionen für einen Mikrokredit erklärt. Entscheidet sich der Mikrounternehmer, einen Kreditantrag zu stellen, wird dieser vom Kreditsachbearbeiter des MFI erfasst. Anhand eines vorläufigen Antragformulars entscheidet er, ob das MFI das Unternehmen des potenziellen Kunden fördern will. Wird das Unternehmen unterstützt, überprüft der Kreditsachbearbeiter den Ge-

schäftsplan und den Bilanzabschluss hinsichtlich der unternehmerischen und finanziellen Zulassungskriterien. Die Überprüfung des Antrags erfolgt innerhalb von sieben Tagen.

ABBILDUNG 53 **Prozess zur Überprüfung potenzieller MFI-Kunden**

Bevor der Kunde einen Antrag stellt, wird er von einem Kreditsachbearbeiter beraten. Danach werden alle eingereichten Dokumente geprüft sowie ein Besuch vor Ort organisiert. Nach einer umfassenden und erfolgreichen Bewertung kann der Kreditvertrag unterschrieben werden.
Quelle: Eigene Darstellung.

Danach wird innerhalb weiterer sieben Tage die Kreditwürdigkeit des Kunden untersucht. Hierbei entscheidet der Kreditsachbearbeiter in einem Gespräch vor Ort, ob der Kreditnehmer ein gutes oder ein weniger gutes Kreditrisikoprofil aufweist. Sowohl seine Angaben auf dem Antrag und im Geschäftsplan als auch die Rahmenbedingungen vor Ort werden miteinbezogen. Diese können neben der Umsetzung des Geschäftsplans auch die Unterkunft der Mikrounternehmer, die geografische Lage, das Verhältnis zu den Nachbarn und die Unterstützung von Familie oder Freunden umfassen.

Führt die nachfolgende, umfassende Bewertung zu einem positiven Entscheid, kann der Kreditvertrag ausgestellt werden. Dies dauert weitere sieben Tage. Von der Beratung bis zur Unterschrift des Kreditvertrags vergehen demnach 20 bis 25 Tage.

In Anhang 1 ist ein Beispiel eines Kreditantrags.

6.7 Zwischenfazit

Die klassische Kredittheorie von Stiglitz und Weiss (1981) untersucht das Kreditverhalten bei unvollständigen Informationen. Durch Selektionsmittel wie finanzielle Sicherheiten oder die Höhe des Zinssatzes werden asymmetrische Informationen, Moral Hazard und Adverse Selection reduziert. Eine Kreditrationierung tritt auf, wenn Kreditnehmer bereit sind, einen höheren Zinssatz zu zahlen als den Gleichgewichtszins. Der Grund dafür ist, dass Banken bei höheren Zinsen auch mit einer höheren Ausfallwahrscheinlichkeit der Rückzahlung rechnen und die Zinsen den Verlust nicht kompensieren.

BOX 6 **Musikinstrumente – Santiago de Cali, Kolumbien**

Katanga Moreno stellt zusammen mit seiner Familie in einem Atelier Trommeln, Marimbas, Maracabas und andere Perkussionsinstrumente nach afrikanischer Tradition her. Für den Bau der Instrumente sammelt er Holz an der Pazifikküste und bearbeitet dieses. Er spielt in einer Musikgruppe und fördert die Verbreitung von Afro-Latin-Musik in Kolumbien. Die Kredite der WWB Colombia (1700 und 5700 Dollar) ermöglichen ihm den Einkauf von Rohmaterialien und Werkzeugen zur Herstellung der Instrumente und den kontinuierlichen Ausbau des Betriebs.

Quelle: BlueOrchard.

Die Vergabe von Mikrokrediten beruht auf sozialen Sicherheiten (Vertrauen), da Mikrounternehmer bei der Aufnahme ihres ersten Kredits über keine finanziellen Sicherheiten verfügen. Die Methode der Kreditvergabe und die sozioökonomischen Faktoren spielen eine bedeutende Rolle beim Abschluss eines Antrags.

Bei der Methode der Kreditvergabe wird darauf geachtet, dass Mikrounternehmer bereit und gewillt sind, für ihre Schulden aufzukommen. Dies wird gestärkt durch Gruppenkredite, gegenseitige Kontrolle, eine progressive Kreditstruktur und regelmässige Sitzungen mit dem MFI.

Der Standort und die Nähe zu den Absatzmärkten ist wichtig, ausserdem tragen Frauen eine grössere Verantwortung gegenüber der Familie als Männer. Diese beiden sozioökonomischen Faktoren beeinflussen die Rückzahlungsrate von Mikrounternehmern positiv.

Dennoch kommt es in vereinzelten Fällen – wie in Industrieländern auch – zu einer Überschuldung der Mikrounternehmer. Kreditbüros und Ausbildung in Finanz- und Geschäftsthemen wirken einer Überschuldung entgegen, senken die Überschuldungsrate und stärken somit den Erfolg der Mikrounternehmer nachhaltig. Generell ist das Portfolio at Risk sehr niedrig. Nur 1 bis 2 Prozent der vergebenen Kredite befinden sich länger als 90 Tage in Zahlungsrückstand.

7 Preisgestaltung des Kredits

Die absoluten Kosten für einen Kredit von 100 Dollar sind meist gleich hoch wie für einen Kredit von 1000 Dollar. Die Kosten fallen bei höheren Kreditvolumen viel weniger ins Gewicht als bei Mikrokrediten.

MFI sind wirtschaftlich nachhaltig und sozial engagiert, wenn sie ihre Kreditkosten langfristig decken können und gleichzeitig ihre soziale Mission erfüllen. Die höheren Betriebskosten im Vergleich zu traditionellen Krediten in Industrieländern werden durch höhere Zinseinnahmen kompensiert.

Kreditnehmer sind bereit, auf diese etwas höheren Konditionen einzugehen, da sie dadurch einen langfristigen Zugang zu Kapital haben und durch die beeindruckenden Gewinnmargen ihres Geschäfts die Schulden meist schon rasch zurückzahlen können.

Die zunehmende Digitalisierung und der Einsatz neuer Technologien in Entwicklungsländern führen zu einer Bündelung der Effizienz auf Kreditgeber- und auf Kreditnehmerseite.

7.1	Zinskomponenten
7.2	Festlegung der Zinsen
7.3	Regionale Unterschiede
7.4	Zahlungsbereitschaft der Kreditnehmer
7.5	Zwischenfazit

*«Ich bin überzeugt,
dass die Kreditvergabe den Menschen eine Möglichkeit gibt,
der Armut zu entkommen,
indem sie ihre Anstrengungen wirksam einsetzen.»*[121]

Königin Máxima der Niederlande

Bei der Preisgestaltung eines Kredits gibt es in den von MFI erschlossenen Entwicklungsregionen kaum mehr Flexibilität, da die Fixkosten (Betriebskosten und Kapitalkosten) mehr als 80 Prozent der Gesamtkosten eines Mikrokredits ausmachen. Durch Digitalisierung und den Einsatz neuer Technologien kann dieser Kostenblock weiter gesenkt werden.

7.1 Zinskomponenten

Die vergleichsweise hohen Zinsen sind einer der wichtigsten und umstrittensten Faktoren im Mikrofinanzsektor. Die schlechteren Kreditkonditionen im Vergleich zu Industrieländern werden fälschlicherweise oft als Wucher bezeichnet. Obwohl sich die Zinsen für Mikrokredite häufig im zweistelligen Bereich bewegen, sind sie gerechtfertigt. Warum?

Finanzdienstleistungen in armen Ländern sind teuer, da die Einnahmen des MFI meistens nur aus dem Kreditgeschäft stammen und kleine Kreditvolumen zu hohen Kosten pro Transaktion führen. Deshalb vergeben Banken und grosse Finanzdienstleister keine Mikrokredite. Für einen Kredit in der Höhe von 100 Dollar werden genauso viel Personal und Ressourcen benötigt wie für einen Kredit über 1000 Dollar. Die Abwicklung eines einzelnen Mikrokredits kann schnell einmal 25 Dollar kosten. In absoluten Zahlen ist das einfach nachvollziehbar, relativ kann das jedoch bei einem Kredit in der Höhe von 100 Dollar gleich 25 Prozent des Kreditvolumens ausmachen. Folglich sind die relativen Kosten pro Transaktion bei grösseren Kreditvolumen deutlich tiefer und MFI werden gezwungen, relativ höhere Zinsen von Mikrokreditnehmern zu verlangen, um ihre Betriebskosten zu decken.

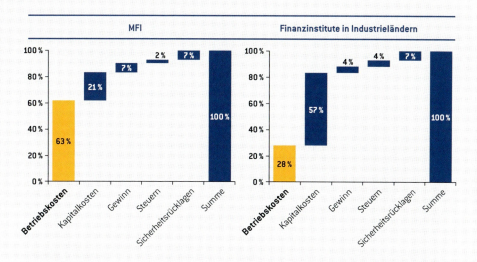

ABBILDUNG 54 **Kostenparameter von Zinsen**

Der Vergleich basiert auf Daten aus Deutschland. Es wird deutlich, dass die Betriebskosten bei der Vergabe von Krediten in Entwicklungsländern mehr als die Hälfte des gesamten Zinssatzes ausmachen, während sie in Industrieländern nicht mal einen Drittel betragen.
Quelle: Eigene Darstellung. Daten: in Anlehnung an Bundesbank (2014) und Gonzalez (2011c).

Abbildung 54 zeigt die Kostenfaktoren der Zinssätze in der Mikrofinanz im Vergleich zu den entsprechenden Kosten in Industrieländern wie z. B. in Deutschland oder in der Schweiz. Die Grafik zeigt die fünf Kostenfaktoren – Betriebskosten, Kapitalkosten, Gewinn, Steuern und die Sicherheitsrücklagen – sowie ihre Gewichtung bei der Bestimmung des Zinssatzes. Der höchste Kostenanteil eines Mikrokredits sind die Betriebskosten, die über die Hälfte der gesamten geforderten Zinsen ausmachen. Ein weiterer wichtiger Kostenfaktor sind die Kapitalkosten, die mit fast einem Viertel zu Buche schlagen. Meist können MFI sich nicht selbst finanzieren und sind somit auf Banken oder Mikrofinanzfonds angewiesen. Der Gewinnanteil, die Sicherheitsrücklage für Kreditausfälle und die Steuern betragen zusammen weitere 16 Prozent der gesamten Kreditkosten.

In Industrieländern sind Kredite weniger teuer, da die Betriebskosten geringer ausfallen. Die Kapitalkosten (hier: Realzinsen), die auch eine Prämie für Liquiditätsverzicht enthalten, betragen mehr als die Hälfte der gesamten Kreditkosten. Die Betriebskosten haben einen Anteil von etwa einem Viertel und die Sicherheitsrücklage, der Gewinn und die Steuern machen rund 16 Prozent aus.

Dies zeigt, dass der Anteil der Betriebskosten an den Zinsen von MFI-Krediten mehr als doppelt so hoch ist wie bei Krediten in Industrieländern. Der Anteil der Sicherheitsrücklage für Kreditausfälle ist bei MFI und bei kommerziellen Banken etwa gleich gross. Die Ausfallwahrscheinlichkeit eines Mikrokredits ist aufgrund der sozialen Sicherheiten sehr gering und entspricht den Kreditausfallraten in Industrieländern. Da die Gewinne aus der Kreditvergabe meist die einzige Einnahmequelle der MFI sind, werden diese für regionales und auch nationales Wachstum benötigt. Deshalb ist der Gewinnanteil beim Mikrokredit grösser als bei einem herkömmlichen Kredit, da kommerzielle Banken in Industrieländern neben dem Kreditgeschäft auch andere Einnahmequellen besitzen und somit diversifizierter sind.

Im Folgenden wird verdeutlicht, dass die hohen Kosten bei der Kreditvergabe eines MFI unvermeidbar sind. Es wird auch gezeigt, durch welche Parameter weitere Kosteneinsparungen möglich sind, die zu niedrigeren Zinsen für die Kreditnehmer führen.[122]

Betriebskosten

Mikrofinanz ist ein Geschäftsmodell, das einen hohen Personaleinsatz erfordert. Zudem sind die Transaktionskosten wegen der geringeren Kreditvolumen und der Erfüllung der Kreditbedingungen vor Ort beim Kunden höher als bei anderen Finanzdienstleistern.

Die Methode der Kreditvergabe, die Strategie der Neukundenakquisition und das Einsammeln der meist wöchentlichen Zinsen beeinflussen die Betriebskosten, die fast 63 Prozent der gesamten Kreditkosten ausmachen. Die grössten Ausgaben fliessen neben dem Personal in die Verwaltung.

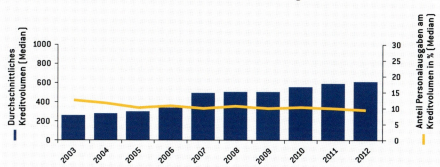

ABBILDUNG 55 Kreditvolumen im Verhältnis zu Personalausgaben

Durch höhere Kreditvolumen können die Personalausgaben gesenkt werden. Dies ist oft der Fall, wenn Kreditnehmer den ersten Kredit erfolgreich zurückgezahlt haben und danach weitere Kredite aufnehmen.
Quelle: Eigene Darstellung. Daten: MIX (2015).

Während die Verwaltungskosten wie z. B. Büromaterial, Miete und Elektrizität fix sind und daher nicht deutlich gesenkt werden können, kann der Einsatz von Personal sowohl in der Administration als auch vor Ort beim Mikrounternehmer effizienter gestaltet werden. Der wirkungsvolle Einsatz von Personal liegt im Fokus der MFI weltweit, um die Kreditkosten für die Endkunden weiter zu verringern. Der Effizienz sind aber Schranken gesetzt, dies wegen der wichtigen persönlichen Interaktion zwischen dem Kreditsachbearbeiter und dem Kreditnehmer. Abbildung 55 zeigt die Entwicklung des durchschnittlichen Kreditvolumens und den entsprechenden Anteil der Personalkosten. Von 2003 bis 2012 wurde das Kreditvolumen pro Endkunde kontinuierlich erhöht. Dies ist auf die Reife des Markts und auf die progressive Kreditstruktur zurückzuführen, die es Kunden ermöglicht, höhere Kredite aufzunehmen, wenn sie den vorherigen Kredit erfolgreich zurückgezahlt haben. Bei höheren Kreditvolumen sinken die Personalkosten. Obwohl gleich viele Besuche beim Kreditnehmer vor Ort nötig sind, sind diese im Verhältnis weniger teuer.

Kapitalkosten

MFI beschaffen sich neben ihren eigenen Mitteln häufig Kapital von kommerziellen Banken oder Fonds, die auf Mikrofinanz spezialisiert sind. Die Kosten dieser Mittel entsprechen entweder den Marktzinsen der Banken oder der erwarteten Rendite für die Investoren. Die Kapitalkosten sind daher vorgegeben und können unter den heutigen Finanzierungsstrukturen nicht gesenkt werden.

Sicherheitsrücklage

Wenn Mikrounternehmer ihre Kredite nicht zurückzahlen können, muss das MFI für die unbezahlten Zinsen und das Darlehen aufkommen. Dies wird als uneinbringliche Schuld bezeichnet und berechnet sich aus den Ausfällen von Kreditverbindlichkeiten. Um solchen Verlusten vorzubeugen und trotzdem profitabel zu bleiben, bildet das MFI Sicherheitsrücklagen. Dieser Zinsaufschlag darf aber unter keinen Umständen zu hoch sein, da höhere Zinsen dazu führen, dass mehr Mikrounternehmer in Zahlungsschwierigkeiten geraten und die Kreditausfälle zunehmen. Das wiederum führt dazu, dass das MFI die Zinssätze erneut anhebt, um die Ausfälle zu kompensieren – eine Negativspirale. Folglich ist auch die Sicherheitsrücklage relativ fix und kann wegen der bereits niedrigen Ausfallrate kaum verringert werden.

Gewinn

Ungefähr 7 Prozent des gesamten Zinssatzes werden vom MFI als Gewinn einbehalten. Dieser Gewinn ist die bedeutendste Einnahmequelle des MFI und wird benötigt, um Wachstumspläne realisieren zu können.

Steuern

Die Ausgaben für Steuern betragen etwa 2 Prozent des totalen Zinssatzes und fallen somit nicht wesentlich ins Gewicht. Der Steuerbetrag wird durch das jeweilige nationale Steuerrecht bestimmt.

Effizienzsteigerungen

Effizientere Prozesse führen zu sinkenden Betriebskosten. Abbildung 56 zeigt die Abwicklungskosten in Prozent des totalen Kreditportfolios von MFI. Es ist weltweit eine zunehmende Effizienz im Mikrofinanzsektor zu beobachten.[123]

Die Zusammensetzung der Zinsen für Kreditnehmer beruht meist auf fixen Parametern. Deshalb treten Personal und Digitalisierung in den Mittelpunkt eines möglichen Potenzials zur generellen Zinssatzsenkung.[124] Das Personal wird vermehrt gezielt ausgebildet, einer grösseren Kundenbasis zu dienen. Dadurch kann der Umsatz bei gleichzeitiger Kostenreduktion gesteigert werden. Eine effiziente Planung der Einholung der relativ kleinen wöchentlichen Kreditverbindlichkeiten vor Ort reduziert die Reisekosten und somit auch die Kosten für die Abwicklung.

ABBILDUNG 56 **Betriebskosten**

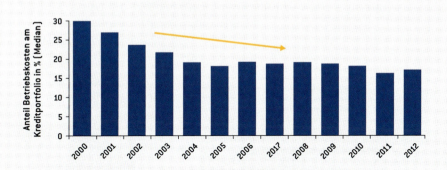

Durch effizientere Prozesse können die Abläufe optimiert und die Betriebskosten gesenkt werden.
Quelle: Eigene Darstellung. Daten: MIX (2015).

Die zunehmende Digitalisierung und der Einsatz neuer Technologien beugen ungewollten Ausgaben vor. Die mobile Kommunikation hat sich derart verbessert, dass das Mobiltelefon die schnellste und am weitesten verbreitete Technologie aller Zeiten ist.[125]

SMALL MONEY – BIG IMPACT | 7 Preisgestaltung des Kredits

ABBILDUNG 57 **M-PESA**

Schätzungen zufolge gibt es weltweit 1,7 Mrd. Menschen, die zwar kein Bankkonto, aber ein Mobiltelefon besitzen. Es ist zu beobachten, dass ländliche Regionen in Schwellenländern den Festnetzanschluss aufgrund mangelnder Telekominfrastruktur übersprungen haben und folglich gleich den Schritt zu Mobiltelefonen und Smartphones wagten.

In Nairobi, der Hauptstadt von Kenia, ist es einfacher, ein Taxi mit dem Mobiltelefon zu bezahlen als in Berlin oder Zürich.

Mit M-PESA, das 2007 vom kenianischen Telekomanbieter Safaricom gegründet wurde, können Benutzer via Mobiltelefon Geld auf ihr M-PESA-Konto laden. So können Zahlungen einfach und überall und ohne Wartezeiten an andere Benutzer veranlasst werden. Der schnelle, sichere und zuverlässige Service wird vor allem von Arbeitern in den Städten genutzt, um einen Teil ihres Gehalts an die Familie auf dem Land zu senden. Dies erspart ihnen viel Zeit, die sie nun produktiver einsetzen können.

Die Gründe, warum M-PESA in Kenia erfolgreicher ist als andere Anbieter, sind die folgenden:
- Günstigere Geldtransfers
- Klares und effektives Marketing
- Dominante Marktposition von Safaricom
- Keine formale Genehmigung der Regierung nötig, da diese dem Projekt als Experiment zustimmte
- Gewalt nach den Wahlen in 2008 führte dazu, dass Kenianer M-PESA als sicherer erachteten als lokale Banken, die in ethnische Streitfälle verwickelt waren
- Netzwerkeffekte: Je mehr Mitglieder sich bei M-PESA anmelden, desto nützlicher und wertvoller wird der Dienst für andere Nutzer

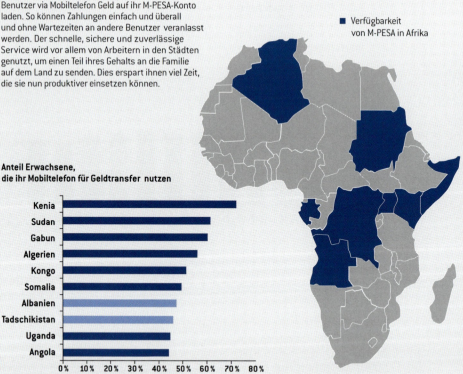

Verfügbarkeit von M-PESA in Afrika

Anteil Erwachsene, die ihr Mobiltelefon für Geldtransfer nutzen

- Afrika
- Sonstige

Quelle: Weltbank.

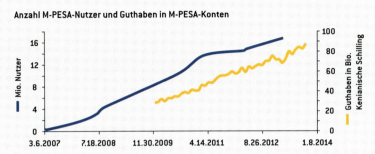

Anzahl M-PESA-Nutzer und Guthaben in M-PESA-Konten

M-PESA hat in der Abwicklung von Geldtransfers und bargeldlosem Zahlungsverkehr über das Mobiltelefon in Kenia eine führende Rolle übernommen.
Quelle: Eigene Darstellung. Daten: Demombynes und Thegeya (2012); Mbiti und Weil (2011); Pickens (2009); The Economist (2013); Weltbank (2015c), Datenbasis 2011.

Mobiltelefone können auch ins Bezahlsystem integriert werden.[126] Kreditnehmer können über ihr Mobiltelefon für die ausstehenden Zinsen oder das Darlehen aufkommen. In Kenia wird schon seit 2007 ein solches Bezahlsystem genutzt, über das Zahlungen einfach und sicher gemacht und verwaltet werden können. Das bedeutet für Kreditgeber und Kreditnehmer eine effizientere Geschäftsabwicklung und somit tiefere Betriebskosten für die MFI und auch tiefere Kosten für die Mikrounternehmer. Allerdings darf nicht vergessen werden, dass die wöchentlichen Besuche der Kreditsachbearbeiter beim Kunden unverzichtbar sind. Die Kreditsachbearbeiter können durch ihre Präsenz vor Ort die Umsetzung und den Erfolg der Geschäftsidee verfolgen und mögliche Probleme bei der Rückzahlung frühzeitig erkennen und zusammen mit dem Mikrounternehmer angehen.

7.2 Festlegung der Zinsen

Ausgehend von den hohen Kosten der Kreditvergabe legt das MFI die Zinsen fest. Im Folgenden wird vereinfacht dargestellt, wie sich der effektive Zinssatz aus den oben genannten Komponenten berechnet. Der effektive Zinssatz gibt an, wie viel ein MFI an einem Kredit verdienen muss, um seine Kosten zu decken und folglich sein Geschäft nachhaltig zu stärken. Die Formel wurde von Rosenberg et al. und Ledgerwood übernommen und zur Vereinfachung angepasst.[127] Es wird angenommen, dass das MFI über kein Einkommen aus finanziellen Vermögenswerten ausserhalb des Kreditportfolios verfügt. Der effektive Zinssatz (R) wird wie folgt aus den Kapitalkosten (K), den Betriebskosten (B), den Steuern (S), den Ausfällen von Kreditverbindlichkeiten (A) und dem Gewinn (G) festgelegt:

$$R = \frac{K + B + S + A + G}{1-A}$$

Bei einem Kreditausfall erhält das MFI weder das Darlehen noch die Zinsen zurück. Deshalb werden die Kosten, die das MFI decken muss, durch den Anteil der zurückgezahlten Kredite (1–A) geteilt, aus denen sich folglich die Sicherheitsrücklage bildet.

7.3 Regionale Unterschiede

In Bezug auf die Betriebskosten gibt es regionale Unterschiede (siehe Abbildung 58). Einerseits beeinflusst die Höhe des durchschnittlichen Kreditvolumens die Kosten, andererseits spielen sektorspezifische Parameter und regionale Einflüsse eine Rolle. Dennoch können ein paar allgemeine Schlussfolgerungen gezogen werden.

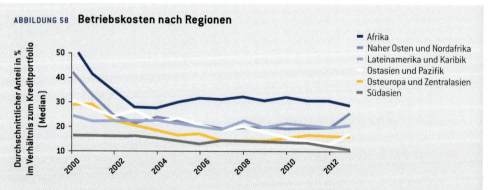

ABBILDUNG 58 **Betriebskosten nach Regionen**

Regionen mit einem höher entwickelten Finanzsektor weisen einen geringeren Anteil an Betriebskosten am Kreditportfolio auf als weniger entwickelte Regionen wie z. B. Afrika.
Quelle: Eigene Darstellung. Daten: MIX (2015).

Die Betriebskosten von MFI in Süd- und Südostasien sind in der Regel geringer als in anderen Regionen, da oftmals Gruppenkredite vergeben werden. Diese ziehen üblicherweise ein grösseres Kreditvolumen nach sich.

Die relativ geringen Betriebskosten in Südamerika lassen sich dagegen nicht durch die vermehrte Vergabe von Gruppenkrediten erklären, sondern sind auf ein vergleichsweise reifes Finanzsystem zurückzuführen. Zudem ist auch die wirtschaftliche Entwicklung in Südamerika weiter fortgeschritten als in anderen Regionen. MFI können von einer bestehenden Infrastruktur profitieren und ihre Effizienz steigern. In Subsahara-Afrika sind weder das Finanzsystem noch die Wirtschaft entwickelt, deshalb sind dort die Abwicklungskosten tendenziell noch hoch.

7.4   Zahlungsbereitschaft der Kreditnehmer

Mikrounternehmer sind imstande, für ihre Kredite aufzukommen. Dies hängt im Wesentlichen damit zusammen, dass Mikrounternehmer trotz – oder gerade wegen – ihrer relativ kleinen Betriebe und des geringen Personaleinsatzes einen beeindruckenden Zahlungsstrom vorweisen.

ABBILDUNG 59   **Verkauf von Ananas in Kolumbien**

Verkaufspreis pro Ananas	2000 COP [1]
Einkaufspreis pro Ananas	– 1600 COP
= Marge pro Ananas	= 400 COP (25 %)

Bei einem Zinssatz von 25 % pro Jahr für 100 000 COP wäre dies eine Zinsverbindlichkeit von etwa **2000 COP** pro Monat. Mit **fünf** verkauften Ananas pro Monat kann die Kreditnehmerin ihre monatlichen Zinsen bezahlen.

[1] Kolumbianische Pesos

Mit dem Kauf und Weiterverkauf von Ananas kann eine hohe Marge pro Stück erwirtschaftet werden. In diesem Beispiel kann die Kreditnehmerin schon mit fünf verkauften Ananas ihre monatlichen Zinsen bezahlen.
Quelle: BlueOrchard.

Wenn aus dem Detailhandel, der Landwirtschaft oder der Produktion von Gütern pro Tag ein Umsatz von 5 Dollar erzielt werden kann, bei Kosten von nur 2 Dollar, entspricht dies einer beeindruckenden Bruttomarge von 60 Prozent.

7.5 Zwischenfazit

Die absoluten Kosten eines Kredits sind meist unabhängig von dessen Höhe. Jedoch fallen diese bei einem Mikrokredit, der nur 200 Dollar umfasst, stärker ins Gewicht als bei höheren Kreditvolumen.

Die nachhaltige Festlegung von Zinsen ermöglicht es den MFI, die Kosten der Kreditvergabe zu decken und durch den Gewinn zu wachsen, um weitere Kunden zu gewinnen. Die Zinsen für den Mikrounternehmer setzen sich zusammen aus Betriebskosten, Kapitalkosten, Gewinn, Steuern und Sicherheitsrücklage für mögliche Kreditausfälle. Mit der Reife des Mikrofinanzsektors kann die Effizienz durch höhere Kreditvolumen (z. B. wegen der progressiven Kreditstruktur) und durch neue Technologien wie Digitalisierung und mobile Bezahlsysteme gebündelt werden. Dies reduziert die Betriebskosten der MFI, die wiederum die Kreditkonditionen der Endkunden verbessern können.

Da sie beeindruckende Zahlungsströme vorweisen, können Mikrounternehmer ihre Verbindlichkeiten gegenüber den MFI meist bereits nach wenigen Tagen tilgen.

Die grosse Herausforderung für Mikrounternehmer ist nicht das Erzielen von Einnahmen, um die Kredite zu bezahlen. Ihr Problem ist, überhaupt Zugang zu Kapital zu erhalten. Traditionelle Banken vergeben wegen mangelnder Effizienz und Profitabilität keine Kredite in diesen Regionen, und lokale Geldgeber (z. B. ein Kredithai) bieten Darlehen an, die nicht amortisierbar sind.

Mikrofinanz konzentriert sich auf kleine Kreditvolumen und hat deshalb eine Methode entwickelt, mit der die meist kleinen Betriebe erfolgreich unterstützt werden können.

BOX 7 **Gemüsemarktstand – Bogotá, Kolumbien**

Nylsa Avendano ist 39 Jahre alt und betreibt einen Marktstand. Sie bietet alles an, was im Valle del Cauca wächst: Ananas, Bananen, Tomaten, Bohnen, Zwiebeln usw. Ihr Arbeitstag beginnt um 3 Uhr morgens. Den ersten Kredit bei der WWB Colombia über 400 Dollar nutzte sie, um ihren Stand zu errichten und das Sortiment kontinuierlich zu vergrössern. Der laufende Kredit beträgt 750 Dollar. Die wichtigste Veränderung in ihrem Leben ist, dass sie wegen des steigenden Umsatzes und Gewinns ihren Kindern eine gute Ausbildung finanzieren kann.

Quelle: BlueOrchard.

8 Social Performance Management

Über das Management und die Messung der Social Performance wird sichergestellt, dass MFI ihre soziale Mission erfüllen und einen Beitrag zur Armutsbekämpfung und zur finanziellen Eingliederung leisten. Social Performance wird auf MFI- als auch auf MIV-Ebene gemessen.

Zwischen Social Performance und Profitabilität existiert kein Trade-off. Mikrofinanzinstitute müssen sich nicht für eine der beiden Grössen entscheiden, da beide Ziele simultan erreicht werden können. Der Double Bottom Line kommt daher eine noch grössere Bedeutung zu.

8.1	Social Performance
8.2	Messung von Social Performance
8.3	Messung des Ergebnisses der Mikrofinanz
8.4	Ratingagenturen
8.5	Technische Assistenz
8.6	Verknüpfung von Social Performance und Profitabilität
8.7	Zwischenfazit

*« Ich habe die Macht der Mikrofinanz
in den Augen von Müttern und Vätern
auf der ganzen Welt gesehen.
Die durch die Arbeit ermöglichte Freude und Zufriedenheit,
sich um ihre Kinder zu sorgen
und ihnen eine Zukunft zu bieten, ist unübersehbar. »* [128]

Rich Stearns

Mikrofinanz ist ein Sektor, der von starkem Wachstum und Innovation geprägt ist. Während die Profitabilität einfach zu beobachten ist, werden für die Messbarkeit der Social Performance (soziale Leistung) kontinuierlich Instrumente weiterentwickelt, die eine Beurteilung der sozialen Mission der MFI und ihrer Auswirkungen ermöglichen.

8.1 Social Performance

Es besteht kein Zweifel, dass die nachhaltige Finanzierung der MFI zu ihrem Erfolg beigetragen hat. Denn ein MFI, das seine Kosten decken kann, ist in der Lage, Wachstum zu finanzieren und folglich immer mehr Kunden mit Krediten zu versorgen. Obwohl ein grosser Teil des Wachstums des gesamten Mikrofinanzmarkts auf der nachhaltigen Profitabilität basiert, ist es für Investoren, Fondsmanager und MFI genauso wichtig, die Armen und sehr Armen zu erreichen, ihnen nützliche Dienstleistungen anzubieten und ihnen somit ein besseres Leben zu ermöglichen. In diesem Zusammenhang sind im Mikrofinanzbereich sowohl finanzielle als auch soziale Komponenten von Bedeutung. Diese stehen nicht in Konflikt miteinander, sondern ergänzen sich gegenseitig. Bei Investoren und Finanzinstituten ist weltweit zu beobachten, dass sie in den letzten Jahren neben der Profitabilität der Investitionen in Mikrofinanz auch nach transparenten Bewertungen von sozialen Aspekten strebten.

Warum ist die Social Performance im Mikrofinanzbereich so wichtig? Der soziale Aspekt der Mikrofinanz liegt in der Leidenschaft und im Engagement der Investoren und der Menschen, die in dieser Branche tätig sind. Die Involvierten identifizieren sich mit den Kunden und erleben dabei, wie Mikrofinanz Menschen hilft, die Armut zu überwinden. Regierungen, Finanzinstitute, Stiftungen, Gönner sowie private Kapitalanleger investieren in Mikrofinanz, weil sie überzeugt sind, dass sich das positiv auf die lokale Gesellschaft auswirkt. Daher sind MFI gegenüber den Investoren verantwortlich, ihre Entwicklung und die Erreichung ihres sozialen Auftrags auch transparent darzulegen. Um die Qualität ihrer Dienstleistungen, die Kundenzufriedenheit und die Verbesserung der Lebensverhältnisse der Mikrounternehmer zu verfolgen, veröffentlichen MFI regelmässig Berichte über den Erfolg ihrer Tätigkeiten.

Social Performance wird definiert als die Umsetzung einer sozialen Mission in die alltäglichen Tätigkeiten der zugrunde liegenden Institution. Social Performance muss daher bereits bei den internen Prozessen eines MFI ansetzen, um soziale Parameter und Messgrössen zu definieren und zu skalieren.[129]

Seit 2005 arbeitet die internationale Arbeitsgruppe Social Performance Task Force (SPTF) erfolgreich an einem Standard, der die Social Performance in der Mikrofinanz untersucht. Abbildung 60 illustriert den Unterschied zwischen Social Performance und sozialen Auswirkungen (Social Impact). Social Performance misst demnach die Anzahl armer und finanziell ausgegrenzter Menschen, die mit Finanzdienstleistungen erreicht werden (Zweck und Entwurf). Zudem wird die Qualität und Zweckmässigkeit der Dienstleistungen der MFI (interne Systeme/Aktivitäten) und wie Kreditnehmer vom Angebot profitieren (Leistung) untersucht. Die sozialen Auswirkungen hingegen beschreiben die Verbesserung der Verhältnisse der Mikrounternehmer im Vergleich zu den Personen, die keinen Kredit aufgenommen haben (Ergebnis).[130] Daraus ergeben sich folglich die Auswirkungen (Impact) für die Mikrounternehmer. Der Zweck von Mikrofinanz (Mach etwas Gutes!) geht substanziell über das Konzept einer sozial verantwortlichen Investition (Mach nichts Schlechtes!) hinaus.

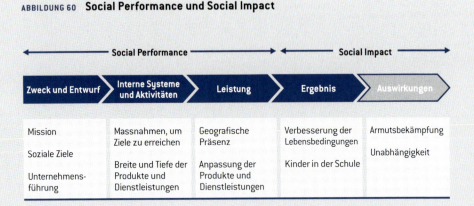

ABBILDUNG 60 Social Performance und Social Impact

Die Social Performance misst die soziale Verantwortung, die MFI übernehmen. Dabei werden sowohl die Mission des MFI und ihre Umsetzung anhand von geeigneten Produkten als auch die direkten Verbesserungen für den Mikrounternehmer gemessen. Die sozialen Auswirkungen (Social Impact) der Mikrofinanz werden anhand der Verbesserung der Verhältnisse der Mikrounternehmer im Vergleich zu den Personen, die keinen Kredit aufgenommen haben, gemessen.
Quelle: Eigene Darstellung. Daten: Sinha (2006) und Social Performance Task Force (2014a).

8.2 Messung von Social Performance

Die Social Performance kann anhand verschiedener Methoden gemessen werden. Abbildung 61 zeigt verschiedene Instrumente, die oft zur Messung der Social Performance und der sozialen Auswirkungen beitragen. Die Social Performance Task Force entwickelte sechs Dimensionen, entlang derer die Social Performance gemessen werden kann: die Universal Standards of Social Performance Management (USSPM). Instrumente, die in der Praxis verwendet werden, basieren nicht selten auf diesen USSPM. Dazu gehören die in der Industrie weitverbreiteten CERISE Social Performance Indicators (SPI4), die in Zusammenarbeit mit den USSPM und der Smart Campaign, einer Initiative zum Kundenschutz, entwickelt wurden.

ABBILDUNG 61 **Messverfahren der Social Performance**

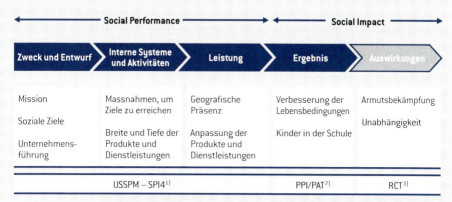

Während die USSPM und die SPI4 die Messung der Social Performance abdecken, erfassen die Instrumente PPI und PAT das Ergebnis der Social Performance. Die Auswirkungen (Social Impact) werden anhand von zufallsbasierten kontrollierten Studien (RCT) untersucht.
Quelle: Eigene Darstellung.

Zudem wird das Ergebnis in den unterschiedlichen Regionen, in denen Mikrofinanz angeboten wird, evaluiert. CGAP, Grameen und die Ford-Stiftungen haben den Progress out of Poverty Index (PPI) ins Leben gerufen, der das Ergebnis der Social Performance misst. Er untersucht, wie sich die Lebensbedingungen beim Kunden direkt verbessert haben, ist in 59 Ländern verfügbar und wird von mehr als 200 Organisationen verwendet.[131] Das USAID Poverty Assessment Tool (PAT), das aus einer Initiative des US-Kongresses stammt, misst ebenfalls das Armutsniveau. Alle Partner, die der USAID bei der Entwicklung der Mikrofinanz helfen und die finanzielle Mittel von der USAID beziehen, müssen PAT – sofern es in einem Land vorliegt – anwenden und ihre Ergebnisse mitteilen. PAT ist in 37 Ländern verfügbar und wird von 25 bis 30 Organisationen verwendet. Beide Instrumente sind öffentlich zugänglich.

Universal Standards of Social Performance Management (USSPM)

Das Ziel der USSPM ist, das Social Performance Management näher zu erläutern und bewährte Verfahrensweisen in der Praxis zu standardisieren. Die USSPM sollen MFI helfen, ihre soziale Mission umzusetzen. Die USSPM entstanden aus der Nachfrage des Sektors nach Leitlinien und kombinieren nun die Social-Performance-Initiativen von Interessenvertretern weltweit in einem Dokument (siehe Abbildung 62).

ABBILDUNG 62 **USSPM im Überblick**

Die sechs Dimensionen der USSPM.
Quelle: Eigene Darstellung in Anlehnung an Social Performance Task Force (2014b).

Des Weiteren wurden zu jedem Standard Richtlinien definiert. Sie werden am Beispiel der Anwendung des SPI4 im weiteren Verlauf des Kapitels beschrieben.

Smart Campaign

Die Smart Campaign zertifiziert MFI, die sich für den Schutz ihrer Kunden einsetzen. Sie wurde im Jahr 2013 gegründet und umfasste im Juni 2015 weltweit 36 Mitglieder (siehe Abbildung 63).[132]

ABBILDUNG 63 **Smart Campaign**

Die Smart Campaign entwickelte Leitsätze für den Kundenschutz. Im Juni 2015 gab es weltweit 36 von der Smart Campaign zertifizierte MFI.
Quelle: Eigene Darstellung in Anlehnung an Smart Campaign (2015).

Die Smart Campaign adressiert den Schutz der Kunden: Die Mikrounternehmer sollen nicht mehr Schulden aufnehmen, als sie zurückzahlen können, und keine Produkte nutzen, die sie eigentlich nicht brauchen. Dabei wird darauf geachtet, dass Kunden mit Respekt behandelt werden und sie auch die Möglichkeit haben, sich zu beschweren, damit Mikrokredite noch effektiver vergeben werden können. Die Smart Campaign umfasst sieben Leitsätze zum Kundenschutz, die MFI helfen, ethische Grundsätze im Umgang mit ihren Kunden zu verankern. Die folgenden Leitsätze sind die Mindestanforderungen, die Kunden erwarten sollten, wenn sie einen Kredit bei einem MFI aufnehmen.[133]

Angemessene Produktentwicklung und Vertrieb

Dienstleistungsanbieter entwickeln sorgfältig Produkte, die den Kunden nicht schaden. Die Produkte und Vertriebskanäle berücksichtigen die spezifischen Anforderungen der Kunden.

Vorbeugung von Überschuldung

Anbieter werden während des gesamten Kreditprozesses – von der Bewerbung bis zur vollständigen Rückzahlung – beobachtet, und es wird darauf geachtet, dass die Kunden jederzeit für ihre Schulden aufkommen können. Zudem wenden Anbieter interne Systeme an, um einer Überschuldung vorzubeugen und um das Kreditrisiko des Marktes besser abschätzen zu können.

Transparenz

Anbieter teilen Informationen verständlich und rechtzeitig mit ihren Kunden, sodass sie fundierte Entscheidungen treffen können. Ein transparenter Informationsaustausch ist für eine verantwortungsvolle Preisgestaltung von besonderer Bedeutung.

Verantwortungsvolle Preisgestaltung

Die Preise und Kreditbedingungen werden so gestaltet, dass sie für Kreditnehmer erschwinglich und finanzierbar sind, aber auch eine nachhaltige Finanzierung der MFI sicherstellen.

Fairer und respektvoller Umgang mit Kunden
MFI behandeln ihre Kunden fair und respektvoll. Es werden keine Kunden diskriminiert. Anbieter gehen jedem Hinweis auf Korruption nach und versuchen, Korruption schon im Ansatz zu unterbinden.

Datenschutz
Persönliche Informationen werden vertraulich behandelt. Die Daten werden ausschliesslich zum vereinbarten Zweck und nur innerhalb des gesetzlich erlaubten Rahmens genutzt.

Beschwerdeverfahren
Anbieter verfügen über Systeme, die es Kunden ermöglichen, Beschwerden einzureichen und Probleme zu lösen. Diese Systeme sollten nicht nur den Kunden nutzen, sondern auch dazu dienen, angebotene Produkte und Dienstleistungen stetig zu verbessern.
   Die Smart Campaign zertifiziert MFI, die angemessene Prozesse zum Kundenschutz umgesetzt haben. Davon profitiert nicht nur der Kunde selbst, sondern die gesamte Industrie.

MFTransparency
Micro Finance Transparency (MFTransparency) ist eine im Jahr 2008 gegründete, internationale Nichtregierungsorganisation. Sie fördert die Transparenz in der Mikrofinanzindustrie, indem sie Preise veröffentlicht.[134] MFTransparency ermöglicht einen transparenten Informationsaustausch zwischen Marktteilnehmern. Die Information zu Kreditprodukten und ihren Preisen, wie z. B. zum effektiven Jahreszins, werden vereinheitlicht und einfach verständlich dargestellt, um Produkte vergleichbar zu machen. Die NGO arbeitet auch mit anderen Institutionen wie z. B. der SPTF, der MIX oder der Smart Campaign zusammen. Durch MFTransparency können verschiedene Marktteilnehmer einen Beitrag zur Entwicklung transparenter Standards leisten.[135]

Social Performance Indicators (SPI4)

CERISE, ein Researchunternehmen im Mikrofinanzsektor, hat in Zusammenarbeit mit der SPTF und der Smart Campaign das Bewertungsinstrument SPI4 entwickelt (siehe Abbildung 64). Das SPI4 misst die Social Performance entlang der USSPM und identifiziert gezielt die Stärken und Schwächen der überprüften MFI. Mit der Evaluation der internen Systeme und Aktivitäten der MFI wird auf Basis eines Fragebogens untersucht, ob diese ihre sozialen Ziele erreichen oder nicht. Der Fragebogen prüft, inwieweit die einkommensschwache und die finanziell ausgegrenzte Bevölkerungsschicht erreicht wird, ob Produkte und Dienstleistungen an diese Zielgruppe angepasst werden, ob die MFI den Kreditnehmern nicht nur soziales, sondern auch politisches Kapital gewähren, und ob sie sich der sozialen Verantwortung ihrer Organisation stellen.[136] SPI4 ist für jedermann zugänglich und kann sowohl zur eigenen Beurteilung als auch zu Beratungszwecken genutzt werden. Anhand der folgenden Beispiele werden SPI4 und die Ziele von USSPM anschaulich erläutert.

ABBILDUNG 64 Messung der Social Performance entlang der USSPM[1]

USSPM	Definition und Kontrolle der sozialen Ziele	Sicherstellung des Engagements von Mitarbeitenden für soziale Ziele	Gestaltung angemessener Produkte und Vertriebskanäle
Richtlinien der USSPM-Ziele	Leitbild – soziale Ziele	«Social-Performance-Meister» in der Geschäftsleitung	Breite von Kreditprodukten
	Überwachung der Auswirkungen auf Kunden	Geschäftsleitungsausschuss zur Umsetzung der Ziele	Sonstige finanzielle Produkte und Dienstleistungen
	Berichterstattung	Anreize für Mitarbeiter	Nichtfinanzielle Dienstleistungen
	Reichweite: Kredite für produktive Investitionen	Einhaltung der Mission	Kundenfeedback
	Erreichung unterversorgter Kunden		Kundenbindung
Instrumente für Kundenschutz	+ Smart Campaign		
Instrumente zur Prüfung	= CERISE Social Performance Indicators (SPI4)		

[1] Universal Standards of Social Performance Management

Verantwortung gegenüber Kunden	Verantwortung gegenüber Mitarbeitenden	Gleichgewicht von Profitabilität und Social Performance	Förderung von Umweltschutz (noch nicht USSPM)
Richtlinien zum Kundenschutz (Zertifizierung)	Personalpolitik	Angemessener Zinssatz	Ausschlussliste
Richtlinien zur Vergabe von mehreren Krediten	Vergütung	Vorstandsvergütung	Umweltpolitik
Sicherstellung hoher Standards bei Kreditvergabe	Training	Entwicklungsprojekte in Gemeinden	Umweltfreundliche Produkte
Transparente Preispolitik	Fluktuation		
Beschwerdemechanismus	Weiterbildung		

+
Smart Campaign

=
CERISE Social Performance Indicators (SPI4)

Diese Abbildung illustriert die Messung der Social Performance entlang der sechs Dimensionen der USSPM sowie der in der Praxis häufig anzutreffenden siebten Dimension zur Förderung des Umweltschutzes.
Quelle: Eigene Darstellung. Daten: Social Performance Task Force (2014b).

1. Definition und Kontrolle der sozialen Ziele

In einem ersten Schritt wird die Mission des MFI sowie seine Eignung für den Zielmarkt untersucht – und wie es diese misst und erreicht. Hierbei wird darauf geachtet, dass MFI die Leistung ihrer Kunden beobachten und sie während der gesamten Kreditlaufzeit begleiten.

Imon International als Beispiel ist ein MFI in Tadschikistan, das seine Mission und Mittel zum Erreichen dieser Ziele klar definiert, sie kontinuierlich überprüft und ihren Fortschritt misst. Imon International vergibt die meisten Kredite sowie Trainings und andere nichtfinanzielle Dienstleistungen an die ländliche Bevölkerung und erreicht dadurch 82 000 Menschen. Mit dem Erhalt einer Lizenz für Einlagen im Jahr 2013 konnte das Unternehmen seine Dienstleistungen ausweiten. Im August 2014 erhielt Imon International von Microfinanza Rating das beeindruckende Rating von A+. Seine Mission ist die

«Förderung einer nachhaltigen Entwicklung der Wirtschaft und eine verbesserte Lebensqualität in Tadschikistan, indem zuverlässige Finanzdienstleistungen für wirtschaftlich aktive Mitglieder der Bevölkerung angeboten werden». Abbildung 65 zeigt den Fortschritt der gemeinsam festgelegten sozialen Indikatoren zur Messung der Social Performance bei Imon International von Januar bis Juni 2014. Folglich wurde bei zehn der elf Indikatoren das Halbjahresziel erreicht bzw. um bis zu 128 Prozent übertroffen.

ABBILDUNG 65 **Messung der Social Performance bei Imon International**

Sozialer Indikator	YTD Juni 2014	Zielerreichung (6m)
«Get ahead!» – Teilnehmer für Seminare zur Geschäftsentwicklung	689	101 %
Kreditvergabe an Start-ups	466	123 %
Teilnehmer an Seminaren zu Finanzkenntnissen	569	228 %
Vergabe von Bildungskrediten	133	89 %
Angebot in Landwirtschaftsberatung	617	116 %
Technische Unterstützung in Bau und Planung	2691	108 %
Schaffung neuer Arbeitsplätze	3356	134 %
Zunahme von aktiven weiblichen Kunden	2609	110 %
Zunahme von jungen Kunden	5707	122 %
Zunahme von Kleinstkrediten	3456	111 %
Zunahme Kreditvergaben in ländlichen Gebieten	9652	122 %

Die Messung der Social Performance zeigt, dass Imon International von Januar bis Juni 2014 hervorragende Ergebnisse vorweist. Bis auf eines wurden alle Ziele erreicht oder übertroffen. Die Vergabe von Bildungskrediten zeigt noch Potenzial.
Quelle: Eigene Darstellung. Daten: BlueOrchard Social Performance Report (2014).

2. Sicherstellung des Engagements von Mitarbeitenden für soziale Ziele

Die sozialen Ziele können nur erreicht werden, wenn sich die ganze Organisation hinter die Ziele stellt, an diese glaubt und tagtäglich dafür arbeitet, sie zu erreichen.

Banco Fie in Bolivien hat sich seit ihrer Gründung als NGO im Jahr 1985 für die Social Performance engagiert und sicherte sich durch ihren kontinuierlichen Fortschritt im Jahr 2010 die Banklizenz. Banco Fie setzt Social-Performance-Themen auf allen Ebenen des Unternehmens durch und stellt dadurch sicher, dass Aufsichtsrat, Management und Mitarbeiter zur Mission beitragen. Dadurch erreicht sie fast 250 000 Kreditnehmer und 800 000 Sparer in ihren nationalen Niederlassungen in ganz Bolivien.

ABBILDUNG 66   **Engagement Social Performance bei Banco Fie**

Aufsichtsrat	Management	Mitarbeiter

Der stellvertretende Präsident des Vorstands ist zuständig für die Corporate Social Responsibility (CSR) der Bank. Dabei ruft er zwei Mal pro Jahr das CSR-Komitee der Bank zusammen und präsentiert die neuesten Entwicklungen dem Vorstand und dem Prüfungsausschuss.	Das CSR-Management-Komitee implementiert die Ziele des Aufsichtsrats: Aktualisierung des sozialen Rankings alle zwei Jahre Erhalt Smart-Zertifizierung bis 2015 Armutsniveau kontinuierlich anhand des PPI verfolgen Unterstützung von nationalen und regionalen Sozialprojekten in Bolivien	Neue Mitarbeiter nehmen an Seminaren teil, welche die Mission und die sozialen Ziele der Bank vorstellen. Alle Mitarbeiter unterschreiben den detaillierten Code of Ethics. Die Personalabteilung organisiert jedes Jahr mehrere Seminare, um die Identifikation mit der Mission zu stärken.

Die oberen Führungsebenen sowie die Mitarbeiter sind sehr engagiert und bereit, die soziale Mission umzusetzen.

Quelle: Eigene Darstellung. Daten: BlueOrchard Social Performance Report (2014).

3. Gestaltung angemessener Produkte und Vertriebskanäle

Die Gestaltung von Produkten ist die Grundlage der Mikrofinanz. Daher untersucht dieser Indikator die Breite der Produkte im finanziellen und im nichtfinanziellen Bereich und wie diese Dienstleistungen die Kunden erreichen (siehe Abbildung 67).

ABBILDUNG 67 **Produkte und Dienstleistungen von MFI**

Kreditprodukte	Andere finanzielle Produkte	Nichtfinanzielle Leistungen	Integration von Kundenfeedback
Mikro	Einlagen	Finanzielle Bildung	Fokusgruppen
KMU	Versicherungen	Geschäftsentwicklung	Endbefragung
Landwirtschaft	Zahlungsleistung	Gesundheit	
Leasing	Geldsendung	Stärkung der Frau	

Produkte und Dienstleistungen von MFI umfassen neben finanziellen und nichtfinanziellen Leistungen auch die Integration von Kundenfeedbacks durch Fokusgruppen oder Endbefragungen.
Quelle: Eigene Darstellung. Daten: BlueOrchard Social Performance Report (2014).

4. Verantwortung gegenüber Kunden

SPI4 legt Wert auf sozial verantwortungsvoll vergebene Kredite. Es wird darauf geachtet, dass MFI einen transparenten, nachhaltigen und der Gesellschaft gegenüber verantwortungsvollen Zeichnungsprozess verfolgen. MFI sollten die Leitsätze der Smart Campaign zum Kundenschutz umsetzen oder ihre Daten bei MFTransparency veröffentlichen. Zudem wird untersucht, wie MFI die Überschuldung ihrer Endkunden verhindern, wie sie ihre Daten schützen und wie der Mechanismus für Beschwerden funktioniert. Abbildung 68 illustriert am Beispiel von Crezcamos in Kolumbien, wie ein MFI Verantwortung gegenüber Kunden wahrnimmt mittels spezifischer Angebotsergänzung.

ABBILDUNG 68 **Produktangebot von Crezcamos**

Das kolumbianische MFI Crezcamos bedient derzeit 70 000 Menschen, überwiegend in ländlichen Gebieten, mit Krediten. Crezcamos reagierte auf die Risiken in der Landwirtschaft und startete ein Pilotprojekt mit einer innovativen Pflanzenversicherung in der Rionegro-Niederlassung. Erst einmal sollen 6000 Kreditnehmer erreicht werden. Später können mehr als 250 000 Kreditnehmer in der Region von der Pflanzenversicherung profitieren.

Zudem bietet das MFI Produkte an, die auf die Kunden angepasst sind.

- Kundenfeedback ist ein wichtiger Bestandteil der Kreditentwicklung
- Finanzierung von 66 verschiedenen landwirtschaftlichen Tätigkeiten, die Zahlungsströme generieren
- Alle Kredite werden in lokaler Währung ausgegeben, um Währungsrisiken zu vermeiden
- Kunden werden Zahlungsdienstleistungen angeboten (Aufladen Mobiltelefon, Zahlungen für Energie, internationale Geldtransfers)
- Bezahlbare Versicherungsangebote, die mehr als 85 % ihrer Kunden in Anspruch nehmen
- Ausbildung in Finanzthemen, damit die Kredite effektiver eingesetzt werden

Crezcamos ist ein MFI in Kolumbien, das ein Pilotprojekt zu Pflanzenversicherungen durchführt. Von diesem Produkt können Mikrounternehmer profitieren, die in der Landwirtschaft tätig sind.

Quelle: Eigene Darstellung. Daten: BlueOrchard Social Performance Report (2014).

5. Verantwortung gegenüber Mitarbeitenden

Die Art, wie MFI ihre Mitarbeiter behandeln, sagt viel über die soziale Verantwortung des Unternehmens aus. MFI sind Vorbilder für lokale Betriebe und sollten daher attraktive Beschäftigungsmöglichkeiten bieten. Es werden unter anderem die Personalfluktuation, die Mitarbeiterbewertung, die Kompensation und die Weiterbildungsmöglichkeiten untersucht. Ein konkretes Beispiel für die Wahrnehmung von Verantwortung gegenüber den Mitarbeitenden wird in Abbildung 69 beschrieben.

ABBILDUNG 69 Attraktiver Arbeitgeber: Kenya Women Microfinance Bank

Die **Kenya Women Microfinance Bank Limited (KWFT)** wurde im Jahr 1981 als NGO gegründet und hat sich nun als lizenzierte Bank mit mehr als 240 000 Kreditnehmern und fast 400 000 Sparkonto-Inhabern etabliert. 70 % ihrer Kunden kommen aus ländlichen Regionen.

Der Erfolg von KWFT basiert auf dem Einsatz und den Leistungen der mehr als 2500 Mitarbeiter, von denen fast die Hälfte Kreditsachbearbeiter sind.

In einer Mitarbeiterstudie, die von Deloitte ausgeführt wurde, belegte die KWFT in den Jahren 2012 und 2013 den zweiten resp. dritten Platz auf der Liste der besten Arbeitgeber in Kenia.

Die jährliche Personalfluktuation von KWFT liegt üblicherweise zwischen 10 und 11 %. Sie sollte gemäss Zielsetzung des Managements um weitere 2 bis 3 % verringert werden. Zudem hat KWFT ihr Angebot an nichtfinanziellen Leistungen für Mitarbeitende ausgebaut. Dabei erhalten sie als Anerkennung ihrer Leistungen u. a. auch Aktienanteile, eine Krankenversicherung, einen Beitrag zu Pensionssystemen sowie Zugang zu einem zinsfreien Darlehen für den Autokauf. Das jährliche Budget für die Ausbildung der Mitarbeiter beträgt 225 000 bis 340 000 Dollar. Die Ausbildung wird allen Mitarbeitern angeboten. Neue Mitarbeiter nehmen zusätzlich an einem Einführungsseminar teil.

Die Kenya Women Microfinance Bank nimmt die Verantwortung gegenüber ihren Mitarbeitern sehr ernst. Dies spiegelt sich in der äusserst geringen Personalfluktuation sowie im Angebot nichtfinanzieller Leistungen wie Versicherungen oder zinsfreie Darlehen für die Mitarbeiter.

Quelle: Eigene Darstellung. Daten: BlueOrchard Social Performance Report (2014).

6. Gleichgewicht von Profitabilität und Social Performance

Erfolgreiche MFI auf der ganzen Welt haben gezeigt, dass Profitabilität und Social Performance nebeneinander bestehen können und sich in vielen Fällen gemeinsam steigern lassen. Ein MFI, das finanziell stabil ist, kann nachhaltig wirtschaften und seine Dienstleistungen ausbauen, um mehr Kunden zu bedienen. Durch eine gute Kundenbetreuung und Kundenzufriedenheit beweist das MFI, dass es sich um die Entwicklung der Gemeinschaft kümmert (siehe Beispiel in Abbildung 70). Diese Kombination von Profitabilität und Social Performance zieht finanzielle Mittel der Investoren an. Das Gleichgewicht von Profitabilität und Social Performance kann mithilfe folgender Fragen untersucht werden:

- Geben MFI ihren Gewinn durch Bündelung von Effizienz an die Kunden weiter, sodass auch diese davon profitieren?
- Wird das Management angemessen vergütet?
- Beteiligen sich MFI an der Entwicklung der Gemeinschaft?

ABBILDUNG 70 **Alter Modus: Social Performance und Profitabilität im Gleichgewicht**

Alter Modus ist ein NBFI[1] in Montenegro, das wenig Konkurrenten hat und dadurch mächtig genug ist, den Preis zu setzen. Alter Modus hat sich bereit erklärt, Effizienzgewinne an die Kunden weiterzugeben und hat über die letzten Jahre progressiv die Zinsen gesenkt.

Der Preis eines Kredits ergibt sich aus der Kostenstruktur eines MFI. Wächst das Portfolio, lassen sich Skaleneffekte erzielen, die Zinssenkungen ermöglichen.

Alter Modus hat eine transparente Lohnvergütung und veröffentlicht die Managementgehälter bei der Zentralbank von Montenegro. Das MFI bietet auch finanzielle Unterstützung für Gemeinschaftsprojekte, die sich für Unternehmertum und Bildung einsetzen. Hierzu zählen Wettbewerbe für die besten Geschäftsideen von lokalen Studenten oder ein Kindergartenprojekt.

[1] Nichtbanken-Finanzinstitut

Das Nichtbanken-Finanzinstitut Alter Modus gibt Effizienzgewinne, die sich durch die optimierte Kostenstruktur erwirtschaften lassen, an seine Endkunden weiter. Dies wirkt sich nicht nur positiv für den Endkunden aus, sondern erhöht auch die Skaleneffekte.
Quelle: Eigene Darstellung. Daten: BlueOrchard Social Performance Report (2014).

7. Förderung des Umweltschutzes

Andere Messinstrumente, wie z. B. SPIRIT[137], das auf den USSPM basiert, beobachten auch, wie MFI eine proaktive Rolle bei der Entwicklung des Umweltschutzes einnehmen. Hierbei wird untersucht, ob die jeweiligen MFI eine umfassende Umweltpolitik in ihre Richtlinien integriert haben und ob sie auch «grüne Kredite» vergeben, um Energie zu sparen oder ökologisch freundliche Produkte zu unterstützen. Die Förderung von Energiesparmodellen schützt nicht nur die Umwelt, sondern spart auch Kosten und trägt positiv zur Gesundheit der lokalen Bevölkerung bei. Das MFI HKL fördert den Umweltschutz beispielsweise durch die Bereitstellung spezifischer Finanzierungsprodukte für erneuerbare Energien sowie Wasser- und Sanitärinstallationen (siehe Abbildung 71).

ABBILDUNG 71 **Förderung umweltfreundlicher Produkte**

Hattha Kaksekar Ltd. (HKL) ist ein MFI in Kambodscha, das seit 2013 umweltfreundliche Produkte anbietet und sein Angebot kontinuierlich ausbaut. Dabei unterstützt es Kunden mit Krediten für folgende Produkte:
- Biogasanlagen
- Solarmodule
- Brunnen und Wasserversorgung
- Wassertanks und Filter
- Latrinen

Nach 18 Monaten hat HKL ein Kreditportfolio von 500 000 Dollar erreicht. HKL beabsichtigt eine Verdopplung des Portfolios bis Ende 2015. Die Rückzahlungsraten sind hervorragend, und HKL hat sich zudem mit den Anbietern der umweltfreundlichen Produkte zusammengeschlossen, um die hohe Qualität dieser Produkte zu sichern.

Hattha Kaksekar, ein MFI in Kambodscha, fördert den Umweltschutz durch ein breites Angebot an Produkten u. a. für erneuerbare Energien und eine stabile Wasserversorgung.
Quelle: Eigene Darstellung. Daten: BlueOrchard Social Performance Report (2014).

8.3 Messung des Ergebnisses der Mikrofinanz

Der Progress out of Poverty Index (PPI) misst den wirtschaftlichen Fortschritt von MFI-Kunden und die Verbesserung ihrer Lebensbedingungen und macht diese global vergleichbar, ohne die Kausalität zu untersuchen. Hierfür wurde eine Poverty Scorecard (ein Punktesystem zur Armutsbekämpfung) entwickelt, das auf statistischen Analysen von Umfragen zu Haushaltsausgaben in spezifischen Ländern beruht.[138] Die Indikatoren sind einfach, kostengünstig in der Erhebung, transparent und intuitiv. Die Erhebung fusst auf zehn einfachen Fragen, aus deren Antworten abzuleiten ist, ob die Kreditnehmer über oder unter der Armutsgrenze leben. Tests haben gezeigt, dass dadurch präzise Aussagen sowohl für die städtische als auch für die ländliche Bevölkerung gemacht werden können.

Abbildung 72 zeigt einen Auszug aus der Poverty Scorecard der Philippinen. Die Punktzahl für die Antworten wurde durch eine ökonometrische Analyse, basierend auf Haushaltsausgaben der Einwohner der Philippinen, bestimmt. Nachdem ein MFI-Angestellter die Kunden vor Ort befragt und ihre Antworten notiert hat, wird der Durchschnitt der Antworten berechnet und mit einer Tabelle, die Armutswahrscheinlichkeiten ausweist, verglichen. Dabei kann der Anteil der Bevölkerung bestimmt werden, der unter der Armutsgrenze lebt. Die Scorecards anderer Länder basieren auf dem gleichen Schema, der gleichen Einfachheit und Zielsetzung, doch die Fragen sind verschieden.[139]

ABBILDUNG 72 **Auszug Poverty Scorecard Philippinen**

Indikatoren	Punkte	Ergebnis
Gehen alle Kinder zwischen 5 und 17 Jahren zur Schule?		
Nein	0	
Ja	1	
Keine Kinder	2	
Aus welchem Material sind die Aussenwände des Hauses?		
Altmaterialien und leichte Materialien (Cogon-Gras, Bambus, Sawali, Nipa)	0	
Gemischt, aber mehr starke Materialien (viel Beton mit wenig Bambus)	2	
Starke Materialien (Aluminium, Beton, Fliesen, Ziegel, Stein, Holz, Asbest)	3	
Besitzt der Haushalt einen Kühlschrank oder eine Waschmaschine?		
Nein	0	
Eins der beiden	6	
Beides	12	
Besitzt die Familie einen Fernseher oder einen VTR/VHS/VCD/DVD-Spieler?		
Nein	0	
Nur Fernseher	4	
VTR/VHS/VCD/DVD-Spieler	7	

Ein Auszug aus der Poverty Scorecard für die Philippinen zeigt anschaulich, wie Daten zum Lebensstandard der Mikrounternehmer gesammelt werden.
Quelle: Eigene Darstellung. Daten: Grameen Foundation (2015).[140]

Das USAID Poverty Assessment Tool (PAT) funktioniert ähnlich und sammelt ebenfalls Daten zu den Haushalten.

8.4 Ratingagenturen

Das wesentliche Ziel eines sozialen Ratings ist, die soziale Leistung eines MFI mit der Leistung des ganzen Sektors zu vergleichen. Der Ratingbericht illustriert die Stärken einer Institution sowie das verbleibende Potenzial auf prägnante Weise.

Der Unterschied zwischen einem Rating und einem Social Performance Assessment (das meist von Investmentmanagern und MFI selbst ausgeführt wird) liegt darin, dass die Berichte der Institutionen nicht notwendigerweise veröffentlicht werden und nicht einem einheitlichen Prozess unterliegen. Die Social Performance kann durch mehrere Ansätze gemessen werden.

Auf Mikrofinanz spezialisierte Ratingagenturen führten ergänzend zum Kreditrating ein Social Performance Rating ein. Diese externen Ratings basieren auf den Standards (USSPM) der SPTF, der Client Protection Principles (CPP) der Smart Campaign und/oder dem PPI der CGAP (siehe Abbildung 61). Grundsätzlich wird durch diese Ratings sichergestellt, dass Kunden geschützt werden und MFI sich mit den Bedürfnissen der Kunden während des gesamten Kreditprozesses auseinandersetzen. Die vier bekannten Ratingagenturen – M-CRIL, MicroFinanza, MicroRate und Planet Rating – unterscheiden im Allgemeinen zwischen dem Standardansatz (einer Methode, die auf Informationen auf MFI-Niveau basiert) und dem Comprehensive-Ansatz (einem umfassenderen Ansatz, der auf Fokusgruppen und Kundenumfragen basiert).[141]

M-CRIL

Die Ratingagentur M-CRIL gehört zu den weltweiten Vorreitern, die sich mit der Entwicklung einer systematischen Methode für soziale Ratings auseinandersetzten. Durch ihren soliden und schnellen Ansatz, die Social Performance in Prozessen und Investitionen zu definieren und die Berichte zu veröffentlichen, konnte M-CRIL ihr Engagement im Mikrofinanzsektor stärken.

Soziale Ratings werden mit einem Comprehensive- und einem Standardansatz durchgeführt. Im Comprehensive Rating untersucht M-CRIL alle Dimensionen der SPTF in den Bereichen Social Performance und Impact (Zweck, interne Systeme, Leistung, Ergebnis und Auswirkungen). Dieses Rating ist umfassender als die anderen Bewertungsmethoden. M-CRIL prüft nicht nur die Daten der MFI, sondern anhand eines Fragebogens auch die Auswirkungen auf die Mikrounternehmen. In das Standardrating fliessen nur Daten auf MFI-Niveau ein, und somit können die Auswirkungen auf den Mikrounternehmer nicht adäquat gemessen werden. Bei beiden Ratings werden die MFI mit den griechischen Buchstaben Alpha, Beta und Gamma benotet. Sie sind mit einem vorgestellten Sigma gekennzeichnet, $^\Sigma\alpha$, $^\Sigma\beta$ und $^\Sigma\gamma$ (siehe Abbildung 73).[142]

ABBILDUNG 73 Agenturen für Social Performance Ratings

Kategorie	Klassifizierung	Definition	M-CRIL	MicroFinanza	MicroRate	Planet Rating
1	Ausgezeichnet	Ausgezeichnete Social-Performance- und Responsible-Finance-Ansätze; hohe Wahrscheinlichkeit, die soziale Mission zu erreichen	$^\Sigma\alpha+$	^{s}AA+	★★★★★	5+
			$^\Sigma\alpha$	^{s}AA	★★★★☆	5−
				^{s}AA−	★★★★	4+
				^{s}A+		4
				^{s}A		4−
				^{s}A−		
2	Gut	Gute Social-Performance- und Responsible-Finance-Ansätze; wahrscheinlich, die soziale Mission zu erreichen	$^\Sigma\alpha−$	^{s}BB+	★★★★	3+
			$^\Sigma\beta+$	^{s}BB	★★★	3
				^{s}BB−		3−
3	Befriedigend	Befriedigende Social-Performance- und Responsible-Finance-Ansätze; teilweise Orientierung an sozialer Mission	$^\Sigma\beta$	^{s}B+	★★★☆	2+
			$^\Sigma\beta−$	^{s}B	★★	2
				^{s}B−		2−
4	Schwach	Schwache Social-Performance- und Responsible-Finance-Ansätze; Risiko zu Mission Drift	$^\Sigma\gamma+$	^{s}C+	★☆	1+
			$^\Sigma\gamma$	^{s}C	★	1
				^{s}C−		1−
				^{s}D+		0+
				^{s}D		0
				^{s}D−		

Die Social-Ratingagenturen kategorisieren MFI mit Noten von ausgezeichnet bis schwach.
Quelle: Eigene Darstellung. Daten: The Rating Initiative (2013).

MicroFinanza Rating

MicroFinanza wandte anfangs nur den Standardansatz an, der einer vereinfachten Version des M-CRIL Ratings entsprach. Heute führt MicroFinanza wie M-CRIL beide Ratings durch. Ratings von MicroFinanza haben fast die gleiche Struktur wie die Kreditratings von Standard & Poor's und Fitch. Sie sind mit einem vorgestellten S gekennzeichnet, von ^{S}AA+ (ausgezeichnet) bis ^{S}D− (schwach).

MicroRate

Der Bewertungsprozess von MicroRate ähnelt dem M-CRIL-Ansatz. In einem ersten Schritt werden Kunden vor Ort befragt. Nach der Beurteilung des MFI am Hauptsitz und auch in einigen Zweigstellen wird der definitive Bericht ausgearbeitet, der das Rating beinhaltet. Der gesamte Prozess erstreckt sich über einen Zeitraum von etwa sechs bis acht Wochen und das Rating wird mit Sternen kategorisiert, von ★★★★★ (ausgezeichnet) bis ★ (schwach).[143]

Planet Rating

Planet Rating evaluiert die Social Performance als einzige der vier erwähnten Ratingagenturen nur mit dem Standardansatz. Es fliessen ausschliesslich Informationen der MFI-Ebene in das Rating ein. Die Ratings basieren auf Zahlen, von 5 (ausgezeichnet) bis 0 (schwach).[144]

8.5 Technische Assistenz

Ein Investmentmanager misst die Social Performance anhand der oben aufgelisteten Instrumente auf MFI-Ebene. Um die sozialen Werte vor Ort zu stärken, zu verbessern oder die zugrunde liegenden Prozesse sogar neu aufzubauen, bedienen sich MIV-Manager oft auch der Technischen Assistenz. Zudem trägt die TA dazu bei, neue Erkenntnisse der Mikrofinanz durch Schulungen und Arbeitsgruppen in die Praxis umzusetzen. Übliche TA-Projekte bieten massgeschneiderte Unterstützung in den Bereichen Strategie und Geschäftsplanung, Qualität des Kreditprozesses, Produktentwicklung, Risikomanagement, Berichterstattung oder Messung der Social Performance. Die TA ist demnach eine

Beratungsdienstleistung, die MFI hilft, ihre soziale Mission nachhaltig umzusetzen, denn nur soziale und wirtschaftlich nachhaltige MFI erhalten Geld von Investoren.

Kapazitätsaufbau bei MFI

Technische Assistenz kann z. B. in der Verbesserung von internen Prozessen, in der Stärkung von IT-Systemen und Risikomanagement oder bei der Einführung neuer Produkte erfolgen. Des Weiteren zählt auch die Umwandlung eines MFI zu einem offiziellen Finanzinstitut zu den Aufgaben der TA. Ihre Dienstleistungen umfassen ein breites Angebot:

- SWOT-Analyse[145]
- Ausarbeitung neuer Produkte, Dienstleistungen und deren Schulungen
- Umsetzung der Bewertungsmethodik für die Bonität von neuen und bestehenden Kreditnehmern
- Planung von Marketingstrategien
- Ausführung von Impact-Studien und Marktforschung
- Ausarbeitung von Geschäfts- und Verbesserungsplänen
- Einführung von IT-Systemen
- Ausarbeitung von Social Performance Management

Stärkung des Mikrofinanzsektors

Um das Wachstum des Mikrofinanzsektors zu stärken, wird TA nicht nur bei MFI, sondern auch bei anderen Akteuren eingesetzt. Beispiele dafür sind lokale Mikrofinanznetzwerke, Banken, Regierungen, Zentralbanken und Entwicklungsbanken.

TA wird bei lokalen Mikrofinanznetzwerken eingesetzt, um die Geschäfte in der Region zu unterstützen und spezifische lokale Strategien auszuarbeiten. Dabei sind folgende Dienstleistungen inbegriffen:

- Trainingsprogramme für Ausbilder
- Ressourcenzentrum
- Impact-Studien und Marktforschung
- IT-Unterstützung
- Kreditbüros
- Entwicklung von Internetportalen

Banken und Finanzinstitute unterstützt die TA mit folgenden Aktivitäten:
- Impact-Studien und Marktforschung
- Unterstützung bei Mikrofinanzprojekten
- Training von Kreditsachbearbeitern
- Unterstützung bei der Wahl von Partnerschaften
- Refinanzierung von MFI

Bei Regierungen und Notenbanken kann die TA in der Umsetzung geeigneter Richtlinien helfen, die das Wachstum von Mikrofinanz ankurbeln sollen:
- Impact-Studien und Marktforschung
- Definition einer nationalen Mikrofinanzstrategie
- Umsetzung geeigneter Richtlinien
- Verbesserte Überwachung von MFI

TA hilft zudem den Entwicklungsbanken bei der Unterstützung einzelner MFI durch:
- Impact-Studien und Marktforschung
- Identifikation nachhaltiger und sozialer MFI
- Überwachung von Mikrofinanzportfolios
- Mitarbeitertraining für die erfolgreiche Evaluation von MFI

Die TA unterstützt folglich viele spezifische Projekte im Mikrofinanzbereich.

Social Performance hat gesellschaftliche Auswirkungen (Impact). Im Folgenden wird gezeigt, wie sich Social Performance auf Investoren und Mikrounternehmer auswirkt.

Auswirkungen auf Mikrounternehmer

Die Messung der Social Performance in der Mikrofinanz stellt sicher, dass das Engagement der Investoren den Armen zugutekommt. Dabei werden Arme gestärkt, indem sie einen wirtschaftlichen Beitrag leisten, eine höhere Lebensqualität erzielen und somit für die Grundbedürfnisse ihrer Familien sorgen können (siehe Abbildung 74). Des Weiteren werden wirtschaftlicher Aufschwung, Beschäftigung und Wachstum durch den Erfolg von Kleinstunternehmern gefördert. Durch den angestrebten sozialen Aufstieg wird das Angebot an Nahrung, Gesundheit und Bildung in den entsprechenden Regionen verbessert und ausgebaut.

ABBILDUNG 74 **Auswirkungen der Mikrofinanzierung**

Haushaltsebene	Individuelle Ebene	Unternehmensebene

Steigendes Haushaltseinkommen Diversifikation von Einkommensquellen: Kauf von Land, Vieh oder Konsumgütern Investitionen in Gesundheit oder Ausbildung Risikomanagement und Konsumglättung	Stärkung des Selbstwertgefühls und Selbstbewusstseins Finanzverständnis und verbessertes Management Stärkung der Rolle von Frauen in der Familie und der Gemeinschaft	Umsatzwachstum Beschäftigung Investitionen in Anlagevermögen Einkünfte des Unternehmens werden zur Haupteinnahmequelle der Familie

Mikrofinanz wirkt sich auf verschiedenen Ebenen positiv aus: auf Haushalte, Individuen und Unternehmen.
Quelle: Eigene Darstellung.

8.6 Verknüpfung von Social Performance und Profitabilität

Die Double Bottom Line des Mikrofinanzsektors erfordert, dass MFI auch ihre sozialen Entwicklungsziele erreichen. Oft wird fälschlicherweise angenommen, dass die Massnahmen zur Erreichung der sozialen Mission Druck auf die Profitabilität der MFI ausüben. Abbildung 75 illustriert den empirischen Zusammenhang zwischen der Social Performance und der Profitabilität der vergebenen Kredite an MFI.[148] Dabei wird deutlich, dass es keinen Trade-off zwischen den beiden Zielen gibt. Kredite mit hoher Social Performance sind ähnlich profitabel wie Kredite mit niedriger Social Performance. Dies wiederum untermauert die Theorie der Double Bottom Line.

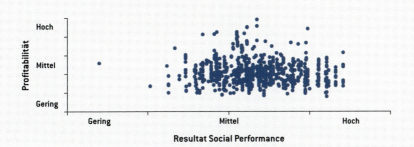

ABBILDUNG 75 Social Performance und Profitabilität

Es gibt keine Indikation eines Trade-off zwischen Social Performance und Profitabilität bei Investitionen in MFI. Beide Grössen können gleichzeitig gesteigert werden.
Quelle: Mangold (2015). Daten: BlueOrchard.

Durch eine systematische Evaluation und einen geeigneten Investitionsprozess können Social Performance und Profitabilität gleichzeitig gesteigert werden.

Dies ist eine wichtige Schlussfolgerung, da sich MFI demnach nicht zwischen Social Performance und Profitabilität entscheiden müssen. Beide Ziele können simultan erreicht werden.

BOX 8 **Holzfabrik – Sofia, Bulgarien**

Wie viele Mikrounternehmer startete Krassimir Petrov sehr bescheiden. Mithilfe von fünf Krediten konnte er sein Atelier in eine kleine Firma umwandeln und darüber hinaus ein Möbelgeschäft in Sofia betreiben. Er beschäftigt ein Dutzend Leute und plant den Bau einer Möbelfabrik sowie die Anschaffung von besseren Maschinen. Zur Verwirklichung dieser Pläne hat er einen Kredit bei einer traditionellen Bank beantragt. Dieser Transformationsprozess, vom schlecht bezahlten Arbeitnehmer zum Unternehmer und Arbeitgeber, wurde erst dank Mikrofinanz möglich.

Quelle: BlueOrchard.

8.7 Zwischenfazit

Durch die Messung der Social Performance wird sichergestellt, dass Aktivitäten ausgeführt werden, welche die Armut bekämpfen und die Bedürfnisse der einkommensschwachen Bevölkerungsschichten bedienen. Die SPTF entwickelte sechs Dimensionen zur Messung der Social Performance, welche die Umsetzung der sozialen Mission der MFI untersucht und evaluiert.

Die Messung der Social Performance auf MFI-Ebene untersucht grundsätzlich die sozialen Auswirkungen der MFI. Es wird z. B. eruiert, ob den Kunden eine geeignete Auswahl von Produkten und Dienstleistungen angeboten wird und ob diese so gestaltet sind, dass die Mikrounternehmer ihre Lebensbedingungen verbessern können. Ausgehend von der Messung der Social Performance können auch die Auswirkungen auf die Gesellschaft untersucht werden, wie die Bekämpfung von Armut oder die Stärkung der Rolle der Frau.

Auf MIV-Ebene werden Beratungsdienstleistungen (TA) angeboten, die den MFI und anderen Akteuren des Mikrofinanzsektors helfen, erfolgreich und nachhaltig zu wirtschaften und gleichzeitig ihre soziale Mission zu erfüllen. Zudem hilft die TA bei der Einführung von neuen Produkten sowie bei der Umsetzung von effizienten oder innovativen Prozessen. Die Messung der Social Performance erfolgt zusätzlich zum Kreditrating. Inzwischen gibt es auch unabhängige Social-Ratingagenturen. Dazu gehören M-CRIL, Micro-Finanza Rating, MicroRate und Planet Rating.

Die empirische Analyse zeigt, dass kein Trade-off zwischen Social Performance und Profitabilität existiert und sich MFI demnach nicht zwischen den beiden Zielen entscheiden müssen, da sie simultan erreicht werden können. Der Double Bottom Line kommt daher eine noch grössere Bedeutung zu.

Die Social Performance ist ein wichtiger Bestandteil der Mikrofinanz. Nur so kann sichergestellt werden, dass die weltweite Armut gezielt bekämpft wird und Mikrounternehmer nicht nur sich selbst und ihrer Familie ein besseres Leben ermöglichen, sondern auch zum wirtschaftlichen Aufschwung ihrer Region und ihres Landes beitragen.

9 Ist die Wirkung von Mikrofinanz begrenzt?

Vorurteile und Vorbehalte, dass Kreditnehmer grosse Mühe bekunden, Kredite zurückzuführen oder dass überhöhte Zinszahlungen die Armut eher verstärken als mindern, sind weitverbreitet.

Mikrofinanz ist eine noch relativ junge Anlageklasse und bietet unterschiedliche Angriffspunkte. Detailliertes Wissen und Research zu Mikrofinanz sind nicht breitflächig öffentlich vorhanden oder zugänglich. Die Mikrofinanzindustrie muss sich einer Auseinandersetzung kritisch stellen.

9.1	Vorurteile und Vorbehalte
9.2	Zwischenfazit

> «Es genügte mir, meinen Augen und Ohren zu trauen:
> Als ich damit begann, Kredite an Landwirte zu vergeben,
> waren diese in Lumpen gekleidet
> und vom Hungertod bedroht.
> Als ich nach zwei Jahren das Land wieder verliess,
> hatten ihre Kinder gesündere Essgewohnheiten,
> sie trugen bessere Kleidung und sie sahen ihre Zukunft
> mit Zuversicht anstatt Verzweiflung.»[147]
>
> **Rubert Scofield**

9.1 Vorurteile und Vorbehalte

Es gibt zahlreiche Vorurteile gegenüber armen Menschen und ihrem Umgang mit Geld. Einer davon ist, dass einkommensschwache Bevölkerungsgruppen keinen Kredit aufnehmen sollten, da sie ihn nicht zurückzahlen können. Arme Menschen, die vom Hungertod bedroht sind, würden die ihnen zur Verfügung gestellten Mittel für ihren persönlichen Konsum ausgeben und nicht in eine nachhaltige Geschäftstätigkeit investieren. Die Praxis zeigt indessen ein ganz anderes Bild. In aller Regel steht das langfristige wirtschaftliche Fortkommen im Vordergrund. Der Kreditnehmer ist sich der einmaligen Investitionsmöglichkeit durchaus bewusst. Zusätzlich hat der zuständige Kreditsachbearbeiter die Möglichkeit, die richtige Zuführung des Kredits zu überprüfen und, falls angebracht, zu begleiten. Wird ein Teil des Kredits für Lebensmittel benutzt, kann dies durchaus auch kreditdienlich sein. Eine Gruppe von Keramikerinnen in Siguatepeque, Honduras, z. B. nutzte ihren Kredit, um Lebensmittel zu kaufen. Dadurch mussten sie ihre Töpfe nicht umgehend nach Fertigstellung zu niedrigen Preisen verkaufen, sondern konnten zuwarten, bis die Preise stiegen.[148]

Bemerkenswert ist auch die Tatsache, dass die Sparquote bei Kleinstkreditnehmern vergleichsweise hoch ist. Spareinlagen machten im Jahr 2014 im Mittel stolze 30 Prozent des Kreditportfolios der MFI aus.[149] Daher ist es falsch zu behaupten, dass arme Menschen kein Geld auf die Seite legen. Vielmehr nutzen sie eine initiale Kreditaufnahme, um eigenes Einkommen zu erzeugen und dann einen Teil davon zu sparen.[150]

ABBILDUNG 76 Beispielhaftes Budget einer Mikrounternehmerin (in USD)

Einnahmen	1450
Verkauf von Früchten	1200
Einnahmen von Ehepartner	250
Ausgaben	1195
Herstellungskosten	600
Nahrungsmittel	100
Bildung	25
Transport	30
Medizin, Kleidung, Sonstiges	20
Haushaltsprodukte	20
Rückzahlung Darlehen	400
Spareinlagen	255

Das monatliche Budget einer Mikrounternehmerin in Peru illustriert, dass sie fast 20 % ihres Einkommens spart. Es darf nicht davon ausgegangen werden, dass arme Haushalte nicht sparen können.
Quelle: Eigene Darstellung. Daten: BlueOrchard Research.

Warum scheinen die Zinsen für Mikrokredite überhöht zu sein?

Der Anteil der Betriebskosten an den gesamten Kreditkosten – die den Zinssatz bestimmen – beträgt in der Mikrofinanz durchschnittlich 60 Prozent. Dies hängt, wie in Kapitel 7 beschrieben, mit der hohen Ressourcenintensität, der räumlichen Distanz zum Mikrounternehmer sowie den kleinen Kreditbeträgen zusammen. Finanzdienstleistungen für Mikrounternehmer sind teuer, daher vergeben kommerzielle Banken und Finanzdienstleister in aller Regel keine Mikrokredite. Entsprechend fallen die Verwaltungskosten eines Mikrokredits viel stärker ins Gewicht.

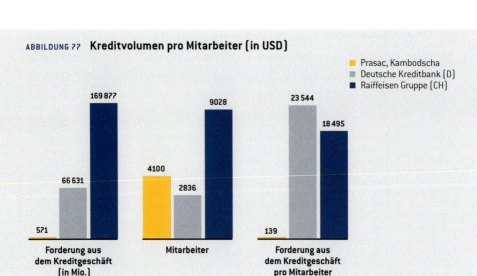

ABBILDUNG 77 Kreditvolumen pro Mitarbeiter (in USD)

Prasac, ein MFI in Kambodscha, hat Forderungen aus dem Kreditgeschäft in der Höhe von 571 Mio. Dollar – über 100-mal weniger als die Deutsche Kreditbank (DKB), die 80 % ihrer Bilanzsumme in Form von Krediten einsetzt. Dies hängt mit der Grösse der Institute und den Beträgen der vergebenen Kredite zusammen. Verteilt man dieses Volumen auf die Mitarbeiter, ergeben sich bei Prasac Kreditforderungen von rund 140 000 Dollar pro Mitarbeiter, über 100-mal weniger als bei der Raiffeisen Gruppe. Die DKB ist eine der grössten Direktbanken in Deutschland und hat mit ihren 2836 Mitarbeitern sogar weniger Mitarbeiter als das MFI Prasac in Kambodscha.[151]

Quelle: Eigene Darstellung. Daten: Deutsche Kreditbank (2015); Prasac (2015); Raiffeisen Gruppe (2015).

Ein weiterer Faktor, der die Höhe der absoluten Zinsen verzerrt, sind lokale Inflationsraten, die sich oft im zweistelligen Bereich bewegen. Abbildung 78 zeigt dies am Beispiel von Ghana.

ABBILDUNG 78 **Inflation in Ghana**

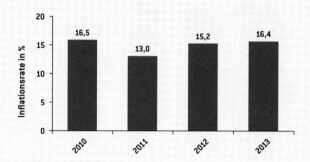

Die Inflationsrate in Ghana bewegte sich in den letzten vier Jahren zwischen 13 und 16,5 %. Im Vergleich zu Industrieländern ist diese Inflation sehr hoch. Die inflationsbereinigten Zinssätze für Mikrounternehmer sind demnach erheblich geringer, als es die nominalen Raten implizieren.
Quelle: Eigene Darstellung. Daten: Weltbank (2015b).

Wichtig ist, dass jederzeit volle Transparenz und Einsicht über die Kosten vorliegt, damit sich die Zinssätze nachvollziehen lassen und Korruption vermieden werden kann.

Letztlich ist aber die Tatsache, dass es fast allen Kreditnehmern gelingt, den Kredit wie auch die Zinsen fristgerecht zu amortisieren und zurückzuzahlen, Beweis dafür, dass das Modell in der Praxis erfolgreich ist.

Was war die Ursache der Mikrofinanzkrise in Indien und was führte zu Selbstmorden und Überschuldung?

Es ist unklar, inwiefern Mikrokredite die Ursache für einzelne Selbstmorde in Andhra Pradesh im Jahr 2010 gewesen sein sollen (siehe Kap. 11.2). Tatsache ist, dass das Land von einer anhaltenden Dürre heimgesucht wurde und Menschen, die im Agrarbereich tätig waren, verzweifelten. Kredite wurden zum Teil unvollständig oder gar nicht zurückgezahlt, da die Ernten verdorrten und die Kreditnehmer bereits wussten, dass die MFI ihre Geschäftstätigkeit aufgrund der schwachen politischen und rechtlichen Grundlagen einstellen mussten. Demnach hätten sie in Zukunft sowieso keine Kredite mehr erhalten.

82 Prozent der Haushalte in Andhra Pradesh hatten sich zu dieser Zeit aber auch Kredite bei informellen Kreditgebern besorgt, die nicht nur Darlehen zu erhöhten Zinsen vergaben, sondern auch Volumen billigten, welche die Zahlungskraft der Kreditnehmer überstieg. Dies zeigt die Risiken und die Grösse des Markts der informellen Kreditgeber. Lediglich 11 Prozent der Haushalte in Andhra Pradesh verfügten über einen Kredit bei einem MFI, und nur 3 Prozent der Kreditnehmer waren bei mehr als einem MFI verschuldet.[152]

Zur Vermeidung ähnlicher Situationen bieten MFI heute auch Versicherungen gegen Wetterrisiken an. Mit den Kreditbüros (siehe Kap. 5.5) wurde ein Informationssystem entwickelt, das Kreditinformationen für MFI und Endkunden zugänglich macht und somit der Überschuldung vorbeugt.[153]

Heute kann festgestellt werden, dass die fehlende Regulierung der informellen Kreditgeber in Andhra Pradesh wesentlich zur Destabilisierung der gesamten Mikrofinanzindustrie im Jahr 2010 beigetragen hat. Frustrierend mutet die Tatsache an, dass dadurch nicht nur die Kreditnehmer der informellen Kreditgeber zu leiden hatten, sondern auch Millionen von Menschen, denen in der Folge Kredite verwehrt blieben.

Ist Social Performance überhaupt messbar?

Social Performance misst, inwiefern MFI ihre soziale Aufgabe umsetzen und sicherstellen, dass sich auch die Geschäftsführung und die Mitarbeiter für die soziale Mission einsetzen. Dabei wird untersucht, ob das MFI die Produkte und Dienstleistungen auf seine Kunden anpasst, verantwortungsvoll mit

Kunden und Mitarbeitern umgeht, und ob es ein Gleichgewicht zwischen Profitabilität und Social Performance schafft.

Die Social Performance Task Force hat z. B. globale Standards zur Messung der Social Performance definiert (siehe Kap. 8.2). Der SPI4[154] ist ein Instrument, mit dem Social Performance anhand eines Punktesystems gemessen wird. Der Indikator basiert auf den globalen Standards und der Smart Campaign, einer Initiative zum Kundenschutz.

Neben Ratingagenturen, die das MFI als Institution bewerten (Microfinanza Rating), gibt es auch Ratingagenturen, die sich auf die Social Performance fokussieren (M-CRIL, Microfinanza Rating, MicroRate, Planet Rating). Ihr Ziel ist, Social-Performance-Ergebnisse zu veröffentlichen und einen einheitlichen Bewertungsprozess für alle MFI zu schaffen.

Insgesamt ist Social Performance – einfach ausgedrückt, wie gut die MFI ihre sozialen Aufgaben wahrnehmen – sehr gut messbar, und es stehen verschiedene Instrumente zur Verfügung.

Eine ergänzende Fragestellung ist, wie sich die Ergebnisse und Auswirkungen der sozialen Anstrengungen der MFI messen lassen. Die zuvor diskutierten Instrumente wie PPI[155] und PAT[156] sind diesbezüglich einfache, aber zuverlässige Instrumente. In der Wissenschaft werden auch sophistizierte Methoden wie randomisierte kontrollierte Studien angewendet, die für die Praxis jedoch wenig tauglich sind.[157]

Auf der Makroebene ist der Beweis erbracht, dass die Armut weltweit deutlich abgenommen hat. Nicht nur, aber auch dank der Mikrofinanz (siehe Abbildung 79).

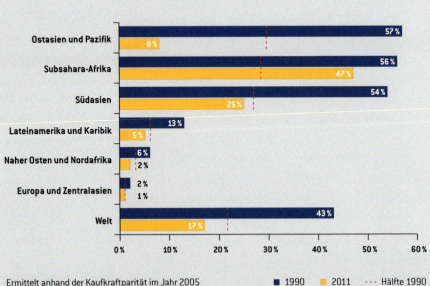

ABBILDUNG 79 **Armutsniveaus im Vergleich**

Ermittelt anhand der Kaufkraftparität im Jahr 2005 ■ 1990 ■ 2011 --- Hälfte 1990

Das Armutsniveau hat sich im Zeitraum von 1990 bis 2011 in allen Regionen ausser Subsahara-Afrika mehr als halbiert.
Quelle: Eigene Darstellung. Daten: Weltbank (2015c), Datenbasis 2011.

Die Erfolgsgeschichten der Mikrounternehmer sind der eindrücklichste Beweis für die Wirksamkeit der Mikrofinanz. Dies gilt z. B. auch für die Kolumbianerin Judith Martinez. Dank einem Mikrokredit konnte sie vor neun Jahren ihren eigenen Blumenladen aufbauen. Mit dem Erlös hat sie ihr Geschäft immer weiter ausgebaut, um der steigenden Nachfrage nach Blumensträussen und auch Topfblumen nachzukommen. Heute kann sie es sich leisten, ihr Haus zu renovieren und ihre Familie finanziell zu unterstützen, um allen einen höheren Lebensstandard zu ermöglichen. Ihre Kreditlimite war schon nach dem zweiten Kredit fünfmal höher als beim ersten.

BOX 9 **Verkauf von Blumen – Bogotá, Kolumbien**

Das Leben von Judith Martinez dreht sich hauptsächlich um Blumen, sie sind ihre grosse Leidenschaft. Seit neun Jahren betreibt sie einen Blumenstand in der Galeria Alameda, den sie dank eines Kredits der WWB Colombia finanzieren konnte. Begeistert vom Effekt der Mikrofinanz nahm sie einen weiteren Kredit auf, um zum einen ihr Geschäft auszubauen und zum anderen ihr Haus zu renovieren. Darüber hinaus verwendet Frau Martinez ihr zusätzliches Einkommen, um ihre Verwandtschaft und insbesondere ihre Eltern finanziell zu unterstützen.

Quelle: BlueOrchard.

Fördert Mikrofinanz die Korruption?
Viele MFI unterstehen Regierungssystemen mit einem schwach ausgeprägten Rechtssystem, alltäglichen politischen Konflikten und Korruption. Die Korruption tritt häufig in Form von Bestechung, Betrug und Erpressung auf.

Um es vorwegzunehmen: Man wird nie abschliessend behaupten können, dass es bei MFI, die in aller Regel sehr personalintensiv sind, keine Korruption gibt. Aber es können alle Optionen ausgeschöpft werden, um die Korruption so tief wie möglich zu halten. Am effektivsten erfolgt dies über ein ausgesprochen hohes Mass an Transparenz der Geld- und Zinsflüsse aller involvierten Parteien. Neben der Transparenz spielt die Kontrolle eine grosse Bedeutung. Mittels konventioneller und unkonventioneller Kontrollmechanismen können systematische Korruption oder betrügerische Machenschaften identifiziert und bekämpft werden. Treten betrügerische Machenschaften mit krimineller Energie auf, sind der Kontrolle jedoch Grenzen gesetzt, ähnlich den Vorkommnissen in etablierten Finanzinstituten der westlichen Welt. Indessen spielt die Selbstkontrolle in der Mikrofinanz eine weitaus bedeutendere Rolle als bei westlichen Instituten. Auf Moral und Ehre wird sehr viel Wert gelegt, auch auf die Tatsache, dass Menschenleben auf dem Spiel stehen, meist von Landsleuten, Nachbarn, Freunden und der Familie. Die Kreditsachbearbeiter werden ausserdem gut bezahlt, was ihre Korruptionsanfälligkeit minimiert.

ABBILDUNG 80 **Beispiele von Korruption in der Mikrofinanz**

Fiktive Kredite gewähren oder fiktiven Kreditnehmern Kredite gewähren
Familie, Freunden oder engen Geschäftspartnern Kredite gewähren
Schmiergelder von Kunden erhalten
Finanzdaten manipulieren, falsche Angaben machen, Angaben falsch darstellen
Geld stehlen
Mikrokredite beschaffen, um illegale Aktivitäten zu finanzieren
Gewinne von Unternehmen, die von MFI finanziell unterstützt werden benutzen, um illegale Aktivitäten zu finanzieren

Von Korruption in der Mikrofinanz können MFI direkt betroffen sein, indem sie fiktive Kredite vergeben, oder indirekt, indem sie z. B. Gelder aus Scheingeschäften annehmen.
Quelle: Eigene Darstellung in Anlehnung an ResponsAbility (2010).

Von Korruption in der Mikrofinanz können MFI einerseits direkt betroffen sein, indem sie fiktive Kredite vergeben, oder indirekt, indem sie z. B. Gelder aus Scheingeschäften annehmen (siehe Abbildung 80). Mikrofinanzinstitute könnten Einlagen von Kunden akzeptieren, die in korrupte Geschäfte verwickelt sind.[158] Das dürfte jedoch nicht häufig vorkommen, da MFI die Geschäftsaktivitäten ihrer Kunden laufend überprüfen und ihre Kunden sehr gut kennen. Zudem werden solche Scheingeschäfte eher über grössere Finanzinstitute abgewickelt, da eine Einlage oder die Überweisung von hohen Beträgen bei MFI Aufmerksamkeit erregen. Zudem bieten die unternehmerischen Tätigkeiten armer Haushalte finanziell meist keinen grossen Spielraum für Korruption.

Führt Mikrofinanz überhaupt zu KMU-Wachstum?
Die Vergabe von Kleinstkrediten führt dazu, dass überwiegend kleine Aktivitäten unterstützt werden. Die Aussage, Mikrofinanz fördere die Entwicklung von KMU nicht, ist falsch.

Vielmehr wird durch die Unterstützung von Kleinstaktivitäten das finanzielle und wirtschaftliche Denken von Beginn an gefördert, und es wird eine funktionierende wirtschaftliche Aktivität aufgebaut. Werden die Mikrounternehmer erfolgreich, kann sich daraus ein KMU entwickeln, das lokal und national zunehmend an Bedeutung gewinnt. In der Tat werden etablierte KMU bei Banken wahrscheinlich besser bedient als bei MFI, da sie Sicherheiten und ein erfolgreiches Geschäftsmodell präsentieren und einen längerfristigen Kredit mit flexibleren Rückzahlungszeitpunkten aufnehmen können. Ein gesundes Geschäftswachstum ist nicht nur wichtig für die Mikrounternehmer, sondern vor allem auch für die nationale wirtschaftliche Entwicklung.

Lässt Mikrofinanz Kinderarbeit zu?
Der Erfolg kleiner Unternehmen ist abhängig von den angebotenen Produkten und dem Fleiss und der Zielstrebigkeit ihrer Gründer. Deshalb werden sie meist von der ganzen Familie unterstützt. In der Regel helfen auch die Kinder im elterlichen Betrieb mit. In diesem Zusammenhang ist es indessen falsch, von Kinderarbeit zu sprechen. Kinderarbeit ist laut Duden von Kindern verrichtete Arbeit zu Erwerbszwecken.[159] Helfen Kinder im elterlichen Betrieb aus, dient dies nicht primär dem Erwerb finanzieller Mittel, sondern dem Fortbestand des Unternehmens. Das zusätzliche Einkommen fliesst nicht selten in die Bildung der Kinder. Da Frauen zudem oft zum Wohl der Familie Einkommen generieren (siehe Kap. 6.3), widerspricht dies der Annahme, dass das Unternehmen im Vordergrund steht. Vielmehr dienen die Tätigkeiten dazu, den Lebensstandard aller Beteiligten zu erhöhen.

Kommt es zu einem Mission Drift?
Von Mission Drift wird gesprochen, wenn MFI ihre soziale Mission nicht mehr erfüllen, einkommensschwachen Haushalten den Zugang zu Kapital zu ermöglichen. Dies kommt z. B. vor, wenn sich ein MFI auf wohlhabende Kunden fokussiert und somit von seiner ursprünglichen Zielgruppe abweicht. Oft können

MFI mit wohlhabenderen Kunden ein besseres Geschäft machen, da sie aufgrund vorhandener Sicherheiten höhere Kredite vergeben können. Dadurch senken sie ihre Risiken und Kosten, weil die Betriebskosten meist unabhängig von der Höhe des Kredits sind (siehe Kap. 7.1).

Fälschlicherweise wird oft davon ausgegangen, dass höhere durchschnittliche Kredite automatisch einen Mission Drift bedeuten.[160] Dies muss jedoch nicht der Fall sein. Höhere Durchschnittskredite können durchaus auch positive Aspekte haben. Zum einen kann es sein, dass anfängliche Kleinstkreditnehmer ihre Geschäftstätigkeiten zügig ausgebaut haben und ihre Kreditlimiten im Laufe der Jahre steigen. In diesen Fällen macht es keinen Sinn, wenn ein MFI eine funktionierende Geschäftsbeziehung beendet. Zum anderen können auch makroökonomische Einflüsse den durchschnittlichen Betrag der Kredite erhöhen. Geht es einem Land wirtschaftlich besser – unter anderem auch wegen der Mikrofinanz –, werden die Kredite automatisch höher.

Ob ein Mission Drift tatsächlich existiert, ist umstritten. Allenfalls besteht eine potenzielle Gefahr davor, die jedoch mit der Messung der Social Performance angegangen wird.

Ist eine Diversifikation mit Fund of Funds sinnvoll?

Obwohl Fondsverwalter die MFI unabhängig und mit unterschiedlichen Instrumenten beurteilen, kann nicht vermieden werden, dass in identische MFI investiert wird. Dies hängt damit zusammen, dass einerseits das Universum der MFI in den verschiedenen Regionen beschränkt ist und andererseits die MFI nach ihrer finanziellen und sozialen Leistung selektiert werden. Eine ausreichende Diversifikation kann demnach bereits mit einem einzelnen Fondsverwalter erzielt werden, unter der Voraussetzung einer hohen Anzahl von Investitionen und der Vermeidung von Klumpen- und Länderrisiken. Anders und individuell ist die Frage bei thematischer oder sektorspezifischer Diversifikation zu beantworten.

9.2 Zwischenfazit

Die grössten Staaten der Welt, unzählige Staatsfonds sowie private Initiativen und Partnerschaften engagieren sich immer mehr in Entwicklungsinstitutionen. Das schlägt sich in den sehr hohen Wachstumsraten des Impact Investing nieder.[161]

Alle Akteure, die an der Wertschöpfungskette des Impact Investing beteiligt sind, sollten sich den Kritikpunkten stellen und gemeinsame Lösungen finden, die Prozesse effizienter und effektiver zu gestalten. Der Mikrounternehmer sollte dabei immer im Mittelpunkt aller Überlegungen stehen. In der Vergangenheit konnte die Überschuldung verringert werden, indem Kreditbüros gegründet wurden, die persönliche und kreditspezifische Informationen über die Endkunden sammeln und den Markt transparenter machen. Demnach können nicht nur MFI Daten über ihre Kunden einsehen, sondern auch die Kreditnehmer selbst können ihr Kreditverhalten über die Jahre beobachten.

Impact Investing ist ein relativ junger Finanzsektor, Abläufe und Prozesse werden kontinuierlich verbessert. Die Digitalisierung und der Einsatz neuer Technologien sind dabei entscheidende Faktoren.

BOX 10 **Musikinstrumente – Ulan-Bator, Mongolei**

Tumenulzi Zaya ist 28 Jahre alt, verheiratet und Vater von zwei kleinen Kindern. Er begann 2007 mit der Herstellung des Morinkhor, eines mongolischen Volksinstruments, und eröffnete 2011 ein eigenes Atelier. Die Instrumente sind so beliebt, dass die bekanntesten mongolischen Künstler darauf spielen. Mit dem ersten Kredit der XacBank kaufte Herr Zaya im Jahr 2015 Materialien. Inzwischen hat er seinen vierten Kredit aufgenommen. Durch die Kredite konnte er besseres Werkzeug und einen Computer kaufen, um seine Produktivität zu steigern. Er kann dadurch 50 Instrumente pro Monat herstellen.

Quelle: BlueOrchard.

10 Investieren in Mikrofinanz

Mikrofinanz hat sich zu einer etablierten Anlageklasse entwickelt. Vor allem private institutionelle Investoren haben in den letzten Jahren viel zu einem beeindruckenden Wachstum beigetragen.

Der Anlageprozess ist ein wichtiger Bestandteil für die Qualität eines Mikrofinanzportfolios. Ein professioneller Mikrofinanzmanager kombiniert einen Top-down- mit einem Bottom-up-Ansatz. Besonders wichtig für die sorgfältige Auswahl der Anlagen ist die genaue Analyse der Mikrofinanzinstitute vor Ort.

Investitionen in Mikrofinanz weisen ein attraktives Rendite-Risiko-Verhältnis auf. Dies gilt sowohl bei isolierter Betrachtung als auch im Portfoliokontext. Investitionen in Mikrofinanz diversifizieren durch ihre hervorragenden Eigenschaften das Gesamtportfolio.

10.1 Marktentwicklung
10.2 Mikrofinanz-Anlagefonds
10.3 Investitionsprozess
10.4 Kreditverträge und Preispolitik
10.5 Mikrofinanz im Gesamtportfolio
10.6 Motivation für Investitionen in Mikrofinanz
10.7 Zwischenfazit

> *«Während der Mangel an Finanzdienstleistungen ein Zeichen der Armut ist, ist uns heute auch bewusst, dass diese unberührten Möglichkeiten neue Märkte schaffen. Menschen, die am Rande der Gesellschaft leben, können in diese Märkte eintreten, und sie erhalten Instrumente, mit denen sie sich selbst helfen können.»*[162]
>
> **Kofi Annan**

10.1 Marktentwicklung

Ursprünglich investierten vor allem Entwicklungsinstitutionen wie die Weltbank oder die Kreditanstalt für Wiederaufbau (KfW) in Mikrofinanz, um ihre Mittel finanziell nachhaltig für die Armutsbekämpfung und finanzielle Eingliederung einzusetzen. Inzwischen hat sich die Anlageklasse auch bei institutionellen Investoren und Privatanlegern etabliert. Heute investieren Pensionskassen, Stiftungen, Fund of Funds oder Versicherungen viele Milliarden Dollar in Mikrofinanz. Typischerweise werden dabei die Gelder der Investoren über Fonds in Mikrofinanz angelegt, um eine professionelle und effiziente Verwaltung zu gewährleisten. Das in solchen Mikrofinanzfonds gebündelte Vermögen hat sich in den letzten zehn Jahren verzehnfacht und betrug per Ende 2014 rund 11,5 Milliarden Dollar (siehe Abbildung 81).

Obwohl Mikrofinanzanlagen im Vergleich zu den internationalen Anleihen- und Aktienmärkten ein sehr kleines Volumen aufweisen, ist die Anlageklasse mittlerweile den Kinderschuhen entwachsen. Dass der Anteil institutioneller Investoren, die einen sehr anspruchsvollen Selektionsprozess hinsichtlich ihrer Anlagen vorweisen, über die vergangenen Jahre massiv zugenommen hat, ist auf die starke Professionalisierung des Mikrofinanzsektors zurückzuführen. Mikrofinanz gilt heute nicht mehr als exotische Nischenanlage, sondern als fester Bestandteil der Vermögensallokation. Private Investoren haben inzwischen Entwicklungsinstitutionen als wichtigste Geldgeber für Mikrofinanzfonds abgelöst (siehe Abbildung 82).

ABBILDUNG 81 **Vermögen in Mikrofinanzfonds (in Mrd. USD)**

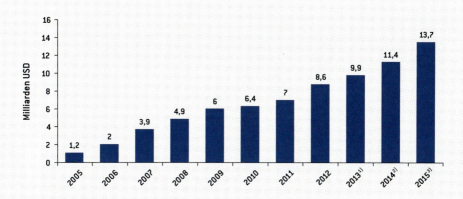

1) Symbiotics (2014)
2) in Anlehnung an ResponsAbility (2013) und RI Transparency Reports (www.unpri.org)
3) in Anlehnung an ResponsAbility (2014)

Die von Mikrofinanzfonds verwalteten Vermögen haben sich von 1,2 Mrd. Dollar im Jahr 2005 auf mehr als 11 Mrd. Dollar im Jahr 2014 fast verzehnfacht.
Quelle: Eigene Darstellung. Daten: Microrate (2013b).

ABBILDUNG 82 **Mikrofinanzinvestoren**

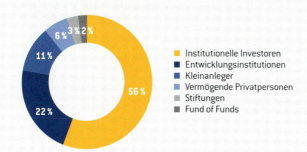

Institutionelle Investoren stellen mit einem Anteil von 56 % die Mehrheit der Investoren, gefolgt von Entwicklungsinstitutionen und Kleinanlegern. Vermögende Privatpersonen, Stiftungen und Fund of Funds machen zusammen weitere 11 % aus.
Quelle: Eigene Darstellung. Daten: Microrate (2013b).

10.2 Mikrofinanz-Anlagefonds

Es ist grundsätzlich vorstellbar, direkt in Mikrofinanzinstitute zu investieren. Entwicklungsinstitutionen und sehr grosse Pensionskassen tun dies teilweise auch. In den meisten Fällen ist diese Variante jedoch aufgrund unzureichender Erfahrung und hoher Kosten nicht zu empfehlen. Deshalb kommen Anlagefonds zum Einsatz, die professionell verwaltet werden und einen effizienten Zugang zu Mikrofinanzanlagen ermöglichen.

Festverzinsliche Anlagen und Aktienengagements
Ähnlich wie bei herkömmlichen Anlagefonds besteht bei Mikrofinanzinvestitionen die Möglichkeit, sowohl in festverzinsliche Anlagen als auch in Aktien zu investieren. Es gibt deshalb Fonds, die nur in festverzinsliche Papiere investieren oder nur in Aktienkapital. Andere Fonds bevorzugen ein gemischtes Portfolio. Festverzinslich bedeutet hier, dass ausschliesslich in Kredite an MFI investiert wird. Auf der anderen Seite stellen Fonds mit einem Aktienengagement den MFI Eigenkapital zur Verfügung. Der globale Markt für festverzinsliche Anlagen ist mit etwa 80 Prozent des Gesamtvolumens deutlich grösser als der Aktienmarkt, der einen Anteil von rund 20 Prozent hat.[163]

Thematische Fonds
Mikrofinanz-Anlagefonds können einen thematischen Schwerpunkt aufweisen. Das bedeutet, dass sich ein Fonds mehrheitlich für die Förderung und Entwicklung eines bestimmten Themas einsetzt, wie z. B. Landwirtschaft, Gesundheit, Ausbildung oder Energie. Thematische Fonds vergeben Kredite oder Eigenkapital an MFI, die ausschliesslich in den entsprechenden Bereichen bzw. deren Finanzierung tätig sind. Möglich ist auch die Mittelvergabe an MFI, die sich verpflichten, die erhaltenen Gelder für diese definierten Zwecke einzusetzen, auch wenn sie mit den übrigen Mitteln anderweitige Kleinstkredite vergeben.

ABBILDUNG 83 **Charakteristiken von Fonds**

Anlageform	Offene Fonds (leichte Handelbarkeit)	Geschlossene Fonds (eingeschränkte Handelbarkeit)
Eigenkapital	n/a	Erwartete Rendite (netto): 15 – 20 % p. a.
		Risiko: hoch
		TER[1]: 2 – 4 %
Gemischt	Erwartete Rendite (netto): 4 – 6 % p. a.	Erwartete Rendite (netto): 5 – 7 % p. a.
	Risiko: mittel	Risiko: mittel
	TER: 2 – 3,5 %	TER: 2 – 3,5 %
Fremdkapital	Erwartete Rendite (netto): 3 – 5 % p. a.	Erwartete Rendite (netto): 4 – 6 % p. a.
	Risiko: gering (0 – 1 %)	Risiko: gering
	TER: 2 – 2,5 %	TER: 1,8 – 2,5 %

[1] Total Expense Ratio (Gesamtkostensatz)

Die Charakteristiken von Fonds zeigen, dass bei Investitionen in Eigenkapital von MFI die erwartete Rendite, jedoch auch das Risiko, am höchsten ist. Fremdkapitalfonds zeigen eine etwas tiefere Rendite bei geringem Risiko und einem tieferen Gesamtkostensatz (TER).
Quelle: BlueOrchard Research.

Öffentlich-private Partnerschaften und Risikoteilung

Ein besonders interessantes Merkmal einiger Mikrofinanzfonds ist die Risikoteilung zwischen öffentlichen und privaten Investoren. Zahlreiche Mikrofinanzfonds werden als öffentlich-private Partnerschaften aufgesetzt, öffentliche und private Investoren investieren in denselben Fonds. Dabei bieten die öffentlichen Investoren häufig eine Garantie in Form einer horizontalen oder vertikalen Risikoteilung. Bei einer horizontalen Risikoteilung übernimmt die öffentliche Institution jeweils einen bestimmten Prozentbetrag allfälliger Verluste. Tritt z. B. ein Verlust von 5 Prozent ein und besteht eine horizontale Risikoteilung von 50 Prozent, würde die öffentliche Institution die Hälfte des Verlusts tragen und die privaten Investoren die andere Hälfte. Bei vertikaler Risikoteilung übernehmen die öffentlichen Investoren dagegen den ganzen Verlust bis zu einer bestimmten Grenze. Man spricht in diesem Zusammenhang auch von First-Loss-Tranchen. Besteht z. B. eine vertikale Risikoteilung bis zu 20 Prozent, übernimmt die öffentliche Institution Verluste in der Höhe von bis 20 Prozent des Kapitals. Erst danach würde ein Verlust auch die privaten Investoren treffen.

Offene und geschlossene Fonds

Da Mikrofinanzanlagen, also Investitionen in MFI, mehrheitlich in privaten Märkten mit eingeschränkter Handelbarkeit getätigt werden, bieten geschlossene Fonds (closed-end) gegenüber offenen Strukturen (open-end) einige Vorteile.[164] Aufgrund der festen Laufzeit kann ein höherer Investitionsgrad erzielt werden. Ebenso ist es bei geschlossenen Produkten eher möglich, längerfristige Kredite zu vergeben. Die Verwaltung dieser Anteile ist zudem effizienter: Es muss kein Handel sichergestellt werden, und die Berechnung des Inventarwerts muss weniger häufig vorgenommen und veröffentlicht werden. Wegen des limitierten Investorenkreises ist die Umsetzung regulatorischer Vorgaben in der Regel einfacher als bei offenen Fonds, und die jährliche Kontrolle durch die Wirtschaftsprüfer ist weniger aufwendig. Dies führt zu insgesamt tieferen Kosten und einer höheren Nettorendite für geschlossene Fonds.

Kosten

Die Verwaltungskosten für Mikrofinanzfonds sind üblicherweise etwas höher als für traditionelle Anlagefonds und bewegen sich zwischen 2 und 4 Prozent pro Jahr (Gesamtkostensatz, TER). Der Grund liegt in der arbeitsintensiven Analyse der MFI. Professionelle Verwalter von Mikrofinanzfonds sind mit eigenem Personal in den Anlageregionen vertreten und evaluieren die MFI vor Ort. Dazu zählen mehrtägige Due-Diligence-Besuche bei den MFI. Es werden Interviews mit dem Verwaltungsrat, dem Management, den Mitarbeitenden und den Kunden durchgeführt und die Kreditdossiers geprüft.[165]

Auf was achten bei Mikrofinanzfonds?
Wie bei jeder Geldanlage muss eine Investition in Mikrofinanzfonds sorgfältig geprüft werden. Nebst den herkömmlichen Punkten sollten bei Mikrofinanzfonds jedoch noch einige zusätzliche Charakteristiken berücksichtigt werden.

Unabhängig davon, ob ein Mikrokreditfonds den MFI Eigenkapital oder Fremdkapital zur Verfügung stellt, spielen sich die Investitionen überwiegend in privaten Märkten und ohne Handel an einer Börse ab. Investitionen müssen deshalb lokal identifiziert, geprüft, verhandelt und strukturiert werden. Auch sind die entscheidungsrelevanten Informationen häufig nur vor Ort verfügbar und können lokale Eigenheiten mit sich bringen. Ein wichtiges Kriterium für die Auswahl eines Managers ist, ob und in welchen Regionen er mit eigenem Personal vor Ort vertreten ist und wie gut er die lokalen und regionalen Gegebenheiten wie das wirtschaftliche und rechtliche Umfeld kennt. Wichtig sind auch lokale Sprachkenntnisse, um Interviews mit den Endkunden durchzuführen und Verträge beurteilen und verhandeln zu können. Im Rahmen des Anlageprozesses empfiehlt es sich auch zu prüfen, ob sich der Fondsmanager auf eigenes Research beruft oder dieses von Drittanbietern einkauft.

Wie erwähnt, ist das Verhältnis von Krediten zu Eigenkapital rund 80 zu 20, also 4 zu 1. Abgesehen von reinen Private Equity Funds steht daher in den meisten Fällen die Krediterfahrung im Vordergrund. Anleger sollten den Fondsmanager in diesem Bereich besonders genau prüfen. Anhaltspunkte für die Qualität des Kreditprozesses sind unter anderem die spezifische Erfahrung des Investitionsteams sowie die Ausfallrate des Kreditportfolios. Es sollte aber auch darauf geachtet werden, dass der Fondsmanager Erfahrung in der Handhabung problematischer Kredite hat. Bei Private Equity Funds oder gemischten Fonds ist zudem die Bewertungsmethodik und -politik für die Eigenkapitalanlagen zu prüfen. Gemischte Fonds bergen zudem das Risiko von Interessenkonflikten, da teilweise dieselben MFI sowohl mit Fremdkapital als auch mit Eigenkapital finanziert werden.

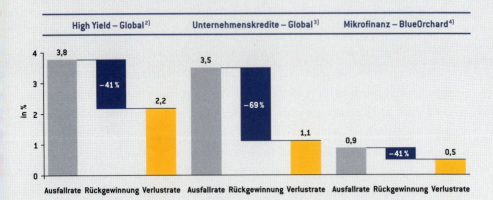

ABBILDUNG 84 Ausfall- und Verlustrate[1]

[1] **Ausfall** jährlicher technischer Zahlungsausfall
[2] **Zeitraum** 25 Jahre
[3] **Zeitraum** 17 Jahre
[4] **Zeitraum** 16 Jahre – dreijährige Laufzeit

Die Verlustrate der Anlageklasse High Yield Global (hochverzinsliche Anleihen) ist mit 2,2 % am höchsten, gefolgt von globalen Unternehmenskrediten mit einer Verlustrate von 1,1 %. In der Mikrofinanz beträgt die Verlustrate nur 0,5 %.
Quelle: Eigene Darstellung. Daten: J.P. Morgan (2015); BlueOrchard.

Bekanntlich investieren Mikrofinanzfonds typischerweise in Entwicklungsländern, die in der Regel politisch und wirtschaftlich weniger stabil sind als Industrieländer. Deshalb sollte ein Mikrofinanzmanager die Fähigkeit besitzen, die Zinsrisiken lokaler Währungsräume und Wechselkursschwankungen abzusichern. Da weiter auch Länderrisiken wie politische Krisen oder Naturkatastrophen zu den dominanten Herausforderungen der Mikrofinanzanlagen zählen, ist auf Fondsstufe die Diversifikation über verschiedene Länder und Regionen ebenfalls ein wichtiges Beurteilungskriterium. Die vergebenen Kredite oder die Eigenkapitalbeteiligungen werden üblicherweise nicht an einer Börse gehandelt, deshalb kommt auch dem Liquiditätsmanagement eine grosse Bedeutung zu. Hilfreich ist, wenn der Fonds auf eine Kreditlinie zurückgreifen kann, um allfällige Finanzierungen zu überbrücken. Eine Kreditlinie erlaubt ein flexibles Agieren auf der Anlageseite und kann genutzt werden, um die Zeichnung und Rückgabe von Fondsanteilen vorübergehend zu finanzieren.

10.3 Investitionsprozess

Mikrofinanzfonds investieren also in MFI, deren Analyse- und Selektionsprozess enorm aufwendig ist. Auf Portfolioebene stellen sich die Fragen der geografischen Diversifikation, der entsprechenden Bandbreiten und Höchstgrenzen, oder wie das Risiko-Rendite-Profil ausgestaltet sein soll. Dieses Profil wird meist in einem Top-down-Prozess eruiert und entscheidet über die Allokation der Mittel (Asset Allocation). Die Analyse und Selektion der MFI folgt hingegen einem Bottom-up-Prozess. Ein professioneller Fondsmanager verbindet beide Prozesse mit einem strikten Risikomanagement.

ABBILDUNG 85 **Investitionsprozess in Mikrofinanz**

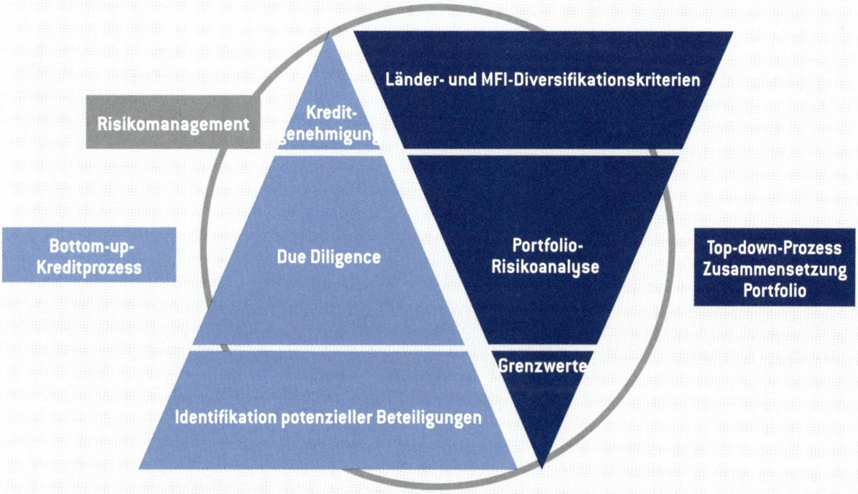

Der Investitionsprozess setzt sich aus Bottom-up- und Top-down-Komponenten zusammen. Beim Bottom-up-Ansatz werden die MFI analysiert und evaluiert, der Top-down-Ansatz führt zur Portfoliozusammensetzung und bestimmt die Diversifikation.
Quelle: BlueOrchard.

Die Professionalität der modernen Mikrofinanz zeigt sich also auch im Investitionsprozess. Dieser entspricht heute den Best Practices, wie sie in anderen Anlageklassen wie Aktien, Obligationen oder Private Equity ebenfalls angewendet werden.

Strategische und taktische Asset-Allokation

Einfach ausgedrückt ist das Ergebnis des Top-down-Prozesses eine Struktur, welche die Eckpfeiler der Anlagestrategie definiert. Das Ziel ist eine optimale Diversifikation über Länder, Regionen und einzelne Anlagen. Die Festlegung dieser Struktur ist jedoch keinesfalls trivial, da verschiedene Dimensionen berücksichtigt und aufeinander abgestimmt werden müssen. Wichtige Fragen in diesem Prozess sind z. B.:

- In welche Länder und Regionen soll investiert werden?
- Wie viel Geld soll pro Land und Region (maximal) investiert werden?
- Welches Gesamtrisiko soll eingegangen werden?
- In welche MFI-Segmente (Tier 1, 2, 3) soll investiert werden?
- Wie viele MFI sollen ins Portfolio aufgenommen werden?
- Wie viel soll (maximal) pro MFI investiert werden?

Um diese Fragen beantworten zu können, bedarf es einer breiten und tiefen Erfahrung der globalen (Mikro-)Finanzmärkte. Der Fondsmanager muss die Risiken der einzelnen Länder und Regionen kennen und diese optimal gewichten. Ebenfalls muss er zuverlässig einschätzen können, welche MFI-Segmente pro Land und Region attraktiv und für internationale Geldgeber investierbar sind.

Auf Basis der Länderanalysen werden schliesslich die Zielanteile definiert, welche die strategische Allokation der Anlagen beschreiben. Da die strategische Allokation langfristig ausgelegt und relativ starr ist, werden in der Regel taktische Bandbreiten festgelegt, die es dem Fondsverwalter erlauben, bis zu einem gewissen Grad flexibel auf Chancen und Gefahren zu reagieren. Dies kann hilfreich sein, wenn sich die politischen Rahmenbedingungen in einem Land vorübergehend verändern und dessen Gewichtung taktisch reduziert werden soll. Es kann aber auch sein, dass ein Land kurzfristig besonders interessante Anlagemöglichkeiten bietet, was nach einer temporär höheren Gewichtung ruft.

ABBILDUNG 86 **Allokation der Anlagen**

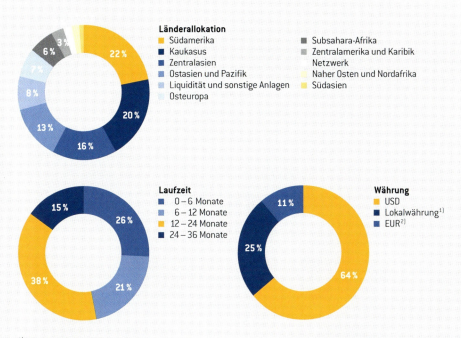

[1] Gegen USD abgesichert

Die Allokation der Anlagen kann aufgeteilt werden in Länder (oben), Laufzeiten (unten links) und Währungen (unten rechts). Der von BlueOrchard verwaltete Fonds in der Abbildung ist hauptsächlich in MFI in Südamerika, dem Kaukasus und in Zentralasien investiert. Die Laufzeiten der Darlehen an MFI betragen häufig 12 bis 24 Monate, und die Kredite werden meist in Dollar vergeben.
Quelle: Eigene Darstellung. Daten: BlueOrchard.

Analyse und Selektion von MFI

Weltweit gibt es rund 4000 Mikrofinanzinstitute. Ein einzelner Mikrofinanzfonds investiert je nach Grösse und geografischer Ausrichtung in etwa 50 bis 200 Institute aus diesem Universum. Neben den zentralen Risiko-Rendite-Überlegungen beeinflussen auch weitere Faktoren den Selektionsprozess:[166]

Die «richtigen» MFI auszuwählen, ist eine der Hauptaufgaben eines Mikrofinanzfondsmanagers. Von zentraler Bedeutung für die Portfolioqualität ist daher der Prozess zur Analyse und Selektion der MFI, der vereinfacht in sieben Schritten dargestellt werden kann (siehe Abbildung 87).

ABBILDUNG 87 Prozess zur Analyse und Selektion von MFI

1. Festlegung von Zulassungskriterien
2. Screening und Bewilligung für Due Diligence
3. Durchführung der Due Diligence
4. Zuweisung eines Ratings
5. Anlagebeurteilung durch Investmentkomitee
6. Auszahlung und Ausführung der Absicherung
7. Überwachung

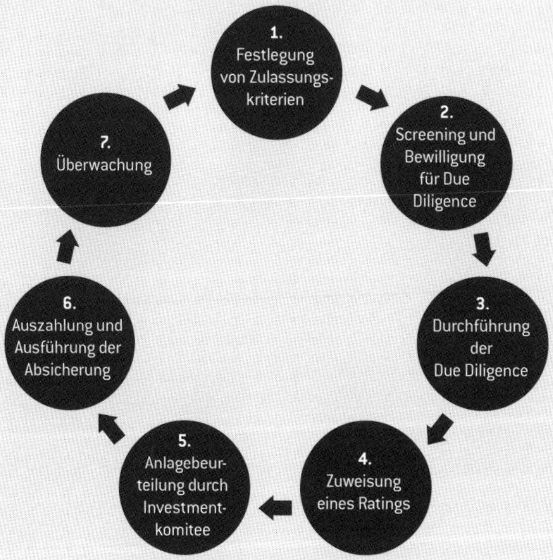

Bis eine Anlage in ein MFI getätigt wird, durchlaufen die potenziellen Investments einen rigorosen Selektionsprozess.
Quelle: Eigene Darstellung.

1. Festlegung von Zulassungskriterien

Neben den in der strategischen Anlageallokation definierten Eckwerten können weitere – quantitative und qualitative – grundsätzliche Zulassungskriterien für Investitionen erforderlich oder je nach Mandat auch gewünscht sein. Diese zusätzlichen Bedingungen schränken das investierbare Universum weiter ein.

2. Screening und Bewilligung für Due Diligence vor Ort
Nachdem die Zulassungskriterien festgelegt wurden, erfolgt das Screening. Das bedeutet, dass MFI identifiziert werden, welche die gewünschten Bedingungen zu erfüllen scheinen. Bei der Identifikation helfen spezialisierte Datenbanken und bestehende Netzwerke.

Für die identifizierten MFI muss auch definiert werden, wie viel (Fremd-) Kapital das einzelne Institut grundsätzlich aufnehmen kann oder soll.

Für eine Investitionsentscheidung reichen die bis zu diesem Punkt aufbereiteten Informationen nicht aus, ein erster Bericht über grundsätzlich interessante MFI kann aber erstellt werden. Verantwortlich für diesen Bericht ist typischerweise ein Investmentspezialist. Aufgrund möglicher Interessenkonflikte hat dieser jedoch keine Entscheidungskompetenz. Zur Fortführung des Verfahrens ist deshalb ein Anlageausschuss erforderlich, der den Prozess entweder stoppt, mehr Informationen einfordert oder dem Investmentspezialisten die Erlaubnis erteilt, weiterzufahren.

Verfolgt der Fondsmanager eine Absicherungsstrategie bezüglich Währungs- und/oder Zinsrisiken, bietet es sich zudem an, frühzeitig die Konditionen für die Absicherung zu prüfen. Der Ansatz ist auch hier von Manager zu Manager unterschiedlich. Manche sichern sämtliche Transaktionen gegen Zins- und Währungsrisiken ab, andere nur einen Teil, und einige Investmentmanager gehen bewusst hohe Währungs- und Zinsrisiken ein, in der Hoffnung auf entsprechende Zusatzgewinne neben den Zinszahlungen.

3. Durchführung der Due Diligence
Gibt das Anlagekomitee grünes Licht, wird eine vertiefte Analyse vor Ort durchgeführt, um das MFI und die wesentlichen Risiken besser einschätzen zu können. Bereits vorgängig wird der Investmentspezialist jedoch eine Reihe von Informationen beim MFI einfordern und sich entsprechend vorbereiten.

Nach den Vorbereitungsarbeiten reist der Investmentspezialist in das Land, in dem das zu besuchende MFI ansässig ist. Bevor das MFI besucht wird, wird er sich ein genaues Bild über die Rahmenbedingungen vor Ort machen.

Anschliessend findet die Due Diligence des MFI statt, die in der Regel einige Tage dauert. Die vor Ort gesammelten Informationen werden schliesslich in einem detaillierten Bericht verarbeitet. Dieser Report wird dem Investmentkomitee zur Prüfung weitergeleitet.

4. Zuweisung eines Ratings

Durch die Due Diligence hat sich der Fondsmanager ein gutes Bild über die Qualität eines MFI machen können. Zur besseren Einschätzung der Qualität des MFI kann ihm ein Rating zugewiesen werden, das sämtliche relevanten Informationen in verdichteter Form bündelt. Qualität wird dabei als Ausfallwahrscheinlichkeit definiert, das heisst, das Rating soll angeben, wie hoch die Wahrscheinlichkeit ist, dass ein MFI in finanzielle Schwierigkeiten gerät.

Grössere MFI haben zum Teil bereits Ratings von bekannten Ratingagenturen wie Fitch, Standard & Poor's oder Moody's, mit denen der Fondsmanager seine Einschätzung vergleichen kann. Die meisten MFI können jedoch keine Ratings bekannter Agenturen vorweisen, weshalb die Bewertung des Fondsmanagers auch für das MFI selbst eine wichtige Information sein kann.

Die Methodik zur Festlegung eines Ratings unterscheidet sich von Fondsmanager zu Fondsmanager, wobei die Berechnung der Ratings aufgrund ihrer Komplexität in der Regel aber nur von hoch erfahrenen Anbietern durchgeführt wird. Der Prozess zur Ausstellung eines Ratings geht idealerweise über mehrere Stufen, um Interessenkonflikte zu vermeiden. So sollte der Investmentspezialist zwar einen Vorschlag für das Rating machen können, aber nicht endgültig darüber entscheiden. Häufig wird das Rating deshalb in einem Gremium bestätigt, wobei sich dieses Komitee aus Investmentspezialisten, Portfoliomanagern und Risikomanagern zusammensetzt.

5. Anlagebeurteilung durch internes und allenfalls externes Investmentkomitee

Aufgrund möglicher Interessenkonflikte entscheiden die Investmentspezialisten nicht alleine darüber, ob eine Anlage in ein MFI getätigt wird oder nicht. Sie übermitteln ihren Vorschlag zusammen mit dem Rating dem Investmentkomitee zur Prüfung.

Investmentkomitees können auf mehreren Stufen der Fondshierarchie angesiedelt sein, weshalb ein Anlagevorschlag teilweise von mehr als einem

Komitee bewilligt werden muss. Relativ häufig sind Kombinationen interner Investmentkomitees auf Stufe des Fondsmanagers sowie externer Komitees auf Stufe des Fonds, der eine eigene Rechtspersönlichkeit hat. Das externe Investmentkomitee ist dabei dem internen übergeordnet.

6. Auszahlung und Ausführung der Absicherung
Auf den Entscheid des Investmentkomitees folgt eine Reihe operativer Schritte, um die Transaktion durchzuführen. Zuerst wird der Kreditvertrag mit dem MFI abgeschlossen, von beiden Parteien rechtsgültig unterzeichnet und zur sicheren Verwahrung dem Custodian – meist einer Bank – zugestellt.[167] Nach Abschluss des Kreditvertrags kommen die Parteien den ihnen daraus entstandenen Verpflichtungen nach. Für den Fonds bedeutet dies in erster Linie, den Kreditbetrag an das MFI zu überweisen.

Ebenfalls müssen nun – sofern vorgesehen – die Absicherungsgeschäfte ausgeführt werden. Dies hat zusätzliche Aufgaben für den Fondsmanager zur Folge. Er muss geeignete Absicherungsinstrumente und Partner evaluieren und auswählen sowie Verträge strukturieren, die den Charakteristiken des Kredits entsprechen.

7. Überwachung
Während ihrer Laufzeit wird die Investition kontinuierlich überwacht, sowohl virtuell als auch vor Ort. Damit der Fondsmanager die Anlagen aus der Ferne überwachen kann, verpflichtet sich das MFI im Rahmen des Kreditvertrags, dem Manager bestimmte Informationen in einer vorgegebenen Frequenz zu liefern. Besondere Ereignisse sind sofort mitzuteilen.

Idealerweise werden diese Berichte von den Investmentspezialisten und den Risikomanagern ausgewertet. Neben der generellen Einschätzung der Situation des berichtenden MFI wird vor allem geprüft, ob Verletzungen von Bedingungen aus dem Kreditvertrag vorliegen. Zeigen sich negative Entwicklungen oder gar Vertragsverletzungen, übernimmt das Risikomanagement den Fall und erarbeitet einen Aktionsplan.

10.4 Kreditverträge und Preispolitik

Das Ergebnis des Anlageprozesses ist ein Vertrag zwischen dem Fonds und dem MFI oder – bei Aktienanlagen – dem Fonds und den Aktionären des MFI, die Anteile an den Fonds verkaufen. Es gilt, einen bilateralen Vertrag auszuhandeln, der beiden Seiten Genüge leistet. Dies steht im Gegensatz zu börsennotierten Anlagen, die keine Vertragsverhandlungen erfordern, da nur standardisierte Verträge erworben werden können.

ABBILDUNG 88 **Verhandlungsspielraum bei Kreditverträgen**

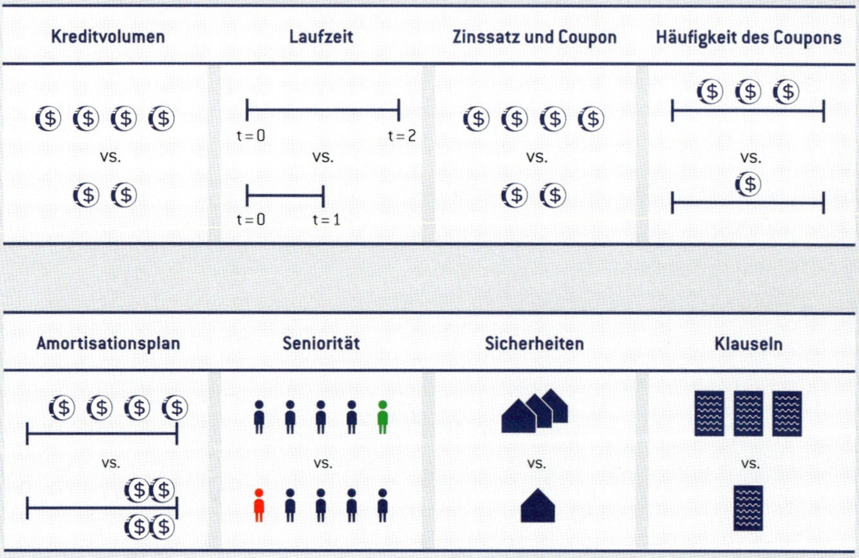

Die Verhandlung bei Kreditverträgen berücksichtigt alle acht in der Abbildung gezeigten Spielräume: Kreditvolumen, Laufzeit, Zinssatz und Coupon, Häufigkeit des Coupons, Amortisationsplan, Seniorität, Sicherheiten und Klauseln.
Quelle: Eigene Darstellung.

Kreditverträge enthalten eine Reihe von Parametern, die zwischen dem Fondsmanager und dem MFI vereinbart werden (siehe Abbildung 88). Da sind zunächst einmal der Kreditbetrag sowie die Laufzeit des Kredits. Dann natürlich der Zinssatz, und in welcher Frequenz der Zins bezahlt werden muss. Weiter können Amortisationen vorgesehen sein, die über die Laufzeit des Kredits zu tätigen sind. Der Kredit wird bereits während der Laufzeit teilweise zurückgezahlt. Dies mindert das Kreditrisiko für den Fonds. Zudem wird festgehalten, welche Seniorität der Kredit hat. Das ist bei allfälligen Zahlungsschwierigkeiten des MFI relevant, da Kredite mit hoher Seniorität prioritär bedient werden. Im Kreditvertrag wird auch festgehalten, mit welchen Sicherheiten das Darlehen unterlegt ist. Dies können z. B. Gebäude oder Inventarwerte sein. Schliesslich werden im Vertrag eine Reihe von Nebenklauseln vereinbart, an die sich das MFI halten muss.

ABBILDUNG 89 **Positive und negative Kreditklauseln**

Aufgrund der Rechte und Verpflichtungen, die mit Aktien und Schuldbesitz zusammenhängen, haben Aktionäre ein primäres Interesse, das Aufwärtspotenzial zu maximieren, während Schuldbesitzer ein grosses Interesse haben, stabile Zahlungsströme zu generieren und die Ausfallwahrscheinlichkeit zu verringern. Schuldbesitzer versuchen, diesen Interessenkonflikt mit bestimmten Kreditklauseln zu mildern. Diese Verträge beinhalten bedingte Rechte für den Kreditgeber.

Positive Klauseln	Negative Klauseln
Verpflichtung des Kreditnehmers, bestimmten Handlungen zu folgen (z. B. monatliche Finanzberichterstattung für den Kreditgeber)	**Beschränkungen** des Kreditnehmers für bestimmte Aktivitäten (z. B. Auszahlung von Dividenden, M & A, Engagement in neuen, risikoreichen Projekten, Erhöhung der Schulden usw.)

In einen Kreditvertrag können positive und negative Klauseln eingebaut werden, um Interessenkonflikten zwischen Aktionären und Gläubigern entgegenzuwirken.
Quelle: Eigene Darstellung.

Kreditklauseln sind von zentraler Bedeutung, um inhärente Interessenkonflikte zwischen den Eigentümern eines MFI (den Aktionären, die durch das Management vertreten werden) und den Fremdkapitalgebern auszuräumen oder zumindest hinreichend zu kontrollieren. Die Interessenkonflikte zwischen Aktionären und Fremdkapitalgebern ergeben sich primär aus unterschiedlichen Erfolgsaussichten. Die Aktionäre können schlimmstenfalls einen Verlust von 100 Prozent erleiden, aber ihre Gewinnchancen sind potenziell unbegrenzt. Fremdkapitalgeber hingegen können zwar im schlechtesten Fall ebenfalls einen Totalverlust erleiden, aber über die Zinszahlungen hinaus haben sie kein weiteres Gewinnpotenzial. Die Aktionäre haben daher einen starken Anreiz, ihre Chancen auf Reichtum unter Eingehung entsprechender Risiken zu maximieren. Die Fremdkapitalgeber hingegen präferieren stabile Zahlungsströme, Prognostizierbarkeit und materielle Sicherheit.

Vereinfacht ausgedrückt gibt es zwei Arten von Klauseln, die von den Fremdkapitalgebern eingesetzt werden: positive Klauseln, die vor allem Berichtspflichten abdecken, und negative Klauseln, die das MFI anhalten, gewisse Handlungen zu unterlassen.

Typischerweise bezieht sich diese Art von Klauseln auf die Investitionspolitik, die Ausschüttungspolitik oder die Finanzierungspolitik. So können Klauseln z. B. Investitionen einschränken, Dividendenzahlungen verbieten oder die Aufnahme von weiterem Fremdkapital untersagen.

Die oben erwähnten Parameter haben einen direkten Einfluss auf die finanziellen Konditionen. Die Preisermittlung eines Kredits hängt vor allem davon ab, wie sicher die Rückzahlung des Kredits ist. Je sicherer diese ist, desto günstigere Konditionen können dem MFI angeboten werden.

Klauseln wirken sich dabei tendenziell günstig auf die Ausfallwahrscheinlichkeit aus, indem sie helfen, die Zahlungsströme zu stabilisieren. Kürzere Laufzeiten gehen ebenfalls mit einer tieferen Ausfallwahrscheinlichkeit einher, da die Unsicherheit mit längerer Laufzeit zunimmt. Sicherheiten, Amortisation und eine hohe Seniorität wirken sich dagegen nicht auf die Ausfallwahrscheinlichkeit aus, reduzieren aber den allfälligen Verlustbetrag. Für den Fondsmanager gilt es daher, zusammen mit dem MFI, die optimale Ausgestaltung des Kreditvertrags zu finden, damit sich die Parteien einig werden.

BOX 11 **Süssigkeitenstand – Santiago de Cali, Kolumbien**

Manjar Blanco ist eine Milchspezialität aus Cali. Seit drei Jahren produziert Rubiela Sanchez zusammen mit ihrem Mann diese Delikatesse. Zu Beginn stellten sie sie mit einfachsten Materialien und teils von Hand her, heute können sie dank der Aufnahme eines Kredits bei der WWB Colombia moderne Maschinen verwenden, die sowohl die Produktivität als auch den Absatz und den Gewinn steigern. Sie verkaufen die Spezialitäten an verschiedenen Standorten in der Stadt, unter anderem am Busbahnhof, wo ihre Produkte als beliebtes Geschenk gelten.

Quelle: BlueOrchard.

10.5 Mikrofinanz im Gesamtportfolio

Bevor der Anlageprozess in Angriff genommen wird, die besten Fondsmanager und Fonds evaluiert werden und das Mikrofinanzportfolio zusammengestellt wird, stellt sich meist die Frage nach dem Stellenwert von Mikrofinanzanlagen im Gesamtportfoliokontext. Investitionen in Mikrofinanz weisen, wie erwähnt, ein attraktives Rendite-Risiko-Verhältnis auf. Dies gilt sowohl bei isolierter Betrachtung als auch im Portfoliokontext. Investitionen in Mikrofinanz sind sinnvoll, da sie das Gesamtportfolio diversifizieren.

Mikrofinanz korreliert wenig bzw. negativ mit konventionellen Anlageklassen wie Anleihen, Aktien oder Hedge Funds. Dies führt dazu, dass ein Portfolio mit Mikrofinanzanlagen eine höhere Rendite erzielen kann als ein Portfolio, das nur in konventionelle Anlageklassen investiert ist – bei gleich hohen eingegangenen Risiken.

Der Ökonom und Nobelpreisträger Harry M. Markowitz hat mit seiner Portfoliotheorie bewiesen, dass durch eine geeignete Diversifikation des Portfolios das Risiko minimiert werden kann. So ist das Risiko eines Portfolios mit mehreren verschiedenen Vermögenswerten deutlich geringer als das Risiko eines Portfolios, das nur aus wenigen Vermögenswerten besteht (siehe Abbildung 90). Die Diversifikation verringert bzw. eliminiert das unsystematische Risiko, sodass das Gesamtportfolio nur noch das Marktrisiko, das heisst das systematische, nicht diversifizierbare Risiko beinhaltet. Der Diversifikationseffekt beruht auf der Korrelation (statistische Abhängigkeit) der verschiedenen Anlagen im Portfolio. Während positive Korrelationen eine parallele Renditebewegung der beiden Vermögenswerte zeigen, führt eine negative Korrelation grundsätzlich zu gegensätzlichen Bewegungen – also zu Diversifikation.

ABBILDUNG 90 Diversifikation

Es gibt unsystematische, diversifizierbare Risiken und systematische, nicht diversifizierbare Risiken (Marktrisiko). Das unsystematische Risiko kann durch eine höhere Anzahl verschiedener Vermögensanlagen verringert werden, während das Marktrisiko von der Diversifikation nicht beeinflusst wird.
Quelle: Eigene Darstellung.

Efficient Frontier

Abbildung 91 zeigt Portfolios, die zwar ein identisches Risiko besitzen, aber unterschiedliche Renditen generieren. Somit sind nur die Portfolios effizient, die sich auf der blauen Linie (Efficient Frontier) befinden. Sie erwirtschaften bei gleichem Risiko (Volatilität) eine höhere Rendite als die Portfolios auf der gestrichelten Linie. Der gelbe Punkt ist das Minimum-Varianz-Portfolio, das Portfolio, mit dem eine bestimmte Rendite mit dem geringsten Risiko erwirtschaftet wird.

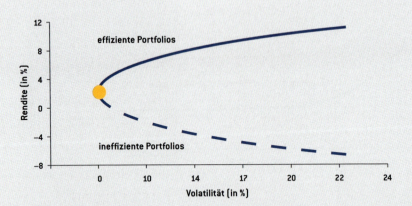

ABBILDUNG 91 Efficient Frontier

Die Efficient Frontier nach der modernen Portfoliotheorie von Markowitz (1952) ermittelt optimale Portfolios. Ineffiziente Portfolios (blau gestrichelt) werden von den effizienten (blau durchgezogen) dominiert, da diese bei gleicher Volatilität (Risiko) eine höhere Rendite erwirtschaften. Der gelbe Punkt ist das Minimum-Varianz-Portfolio, d. h. das Portfolio, mit dem eine bestimmte Rendite mit dem geringsten Risiko erwirtschaftet wird.
Quelle: Eigene Darstellung. Daten: Markowitz (1952).

Natürlich ändern sich auch die Korrelationen, wenn sich die Werte der verschiedenen Vermögensanlagen ändern. Investoren machen daher ausgehend von diesen Veränderungen Umschichtungen im Portfolio. Die Korrelationen zwischen den Vermögensklassen ändern sich jedoch selten so stark, als dass das grosse Auswirkungen auf den Effekt der Risikominimierung hätte.

Fallbeispiel: Mikrofinanz im Portfoliokontext (nach Markowitz)

Anhand eines theoretischen Fallbeispiels wird der Mehrwert von Mikrofinanz im Gesamtportfolio untersucht. Dabei werden sechs Anlageklassen berücksichtigt, die ein Portfolio bilden:

- Mikrofinanz
- Geldmarkt
- Staatsanleihen
- Aktien
- Schwellenlandaktien (Aktien – EM)
- Alternative Anlagen (Hedge Funds)

ABBILDUNG 92 **Kennzahlen der Anlageklassen**[1]

	MF	Geldmarkt	Staatsanleihen	Aktien	Aktien – EM	Hedge Funds
Rendite	3,8 %	2,2 %	4,2 %	6,0 %	10,9 %	1,2 %
Volatilität	0,6 %	0,6 %	6,7 %	15,6 %	23,3 %	5,8 %
Sharpe Ratio[2]	2,6	– 0,2	0,3	0,2	0,4	– 0,2

[1] 1.1.2004 – 30.9.2014, basierend auf monatlichen Renditen in Dollar
[2] Risikofreier Zinssatz: zehnjährige US-Staatsanleihe: 2,3 %

Die Abbildung zeigt die Kennzahlen der Anlageklassen des Beispielportfolios.
Es werden die sechs Anlageklassen Mikrofinanz, Geldmarkt, Staatsanleihen, Aktien, Schwellenlandaktien und Hedge Funds berücksichtigt.
Quelle: Eigene Darstellung. Daten: SMX, Bloomberg.

Abbildung 92 fasst die Kennzahlen der jeweiligen Anlageklassen resp. ihrer Indizes zusammen. Über den gewählten Zeitraum von zehn Jahren zeigen Schwellenlandaktien (MSCI – EM) die höchste Rendite mit knapp 11 Prozent pro Jahr, gefolgt von Aktien der Industrieländer (MSCI World) mit 6 Prozent. Staatsanleihen (Morningstar Government Bond Index) rentierten 4,2 Prozent pro Jahr, Mikrofinanzanlagen (SMX – MIV Debt) 3,8 Prozent, Geldmarktanlagen (Sechsmonats-Dollarlibor) 2 Prozent und Hedge Funds (Global Hedge Fund Index) 1,2 Prozent. Während vor allem die Aktienindizes den Turbulenzen der globalen Finanzkrise unterlagen, entwickelten sich die Mikrofinanz und der Geldmarkt vergleichsweise positiv und konstant über den gesamten Zeitraum.

Setzt man die erzielten Renditen jedoch ins Verhältnis zum eingegangenen Risiko (Sharpe Ratio), werden Mikrofinanzanlagen sehr attraktiv. Die relativ bescheidene Rendite von 3,8 Prozent p. a. liefert unter Berücksichtigung der Volatilität eine Sharpe Ratio – also eine risikoadjustierte Rendite – von 2,6, den höchsten Wert aller Anlageklassen im Portfolio.

Dass Mikrofinanzanlagen mit anderen Vermögenswerten wenig korreliert sind, zeigt Abbildung 93. Der Wert der Korrelation, der sogenannte Korrelationskoeffizient, kann zwischen minus 1 und plus 1 liegen. Eine Korrelation von plus 1 bedeutet, dass die beiden Anlageklassen eine sehr enge positive Beziehung haben. Eine Korrelation nahe bei minus 1 deutet auf eine enge negative Beziehung. Ein Korrelationswert um null bedeutet, dass keine Abhängigkeit auszumachen ist.

ABBILDUNG 93 **Korrelationen**[1]

	MF	Geldmarkt	Staatsanleihen	Aktien	Aktien – EM	Hedge Funds
MF	1	0,58	0,10	–0,09	–0,04	–0,15
Geldmarkt		1	0,16	–0,10	0,02	–0,05
Staatsanleihen			1	0,29	0,32	0,11
Aktien				1	0,88	0,79
Aktien – EM					1	0,80
Hedge Funds						1

[1] 1.1.2004 – 30.9.2014, basierend auf monatlichen Renditen in Dollar

Die Tabelle zeigt die Korrelationen der ausgewählten Anlageklassen. Mikrofinanz korreliert nur wenig bzw. negativ mit den anderen Anlageklassen des Beispielportfolios.
Quelle: Eigene Darstellung. Daten: SMX, Bloomberg.

Kann bei gegebener Volatilität die Rendite des Portfolios nicht erhöht oder bei gegebener Rendite das Risiko nicht gesenkt werden, handelt es sich um ein effizientes Portfolio. Abbildung 94 zeigt, dass Mikrofinanz die Effizienz eines Portfolios erhöht. Das heisst, mit Mikrofinanz im Portfolio kann bei gleichem Risiko eine höhere Rendite erzielt werden als mit einem Portfolio, das nur aus konventionellen Anlageklassen besteht.

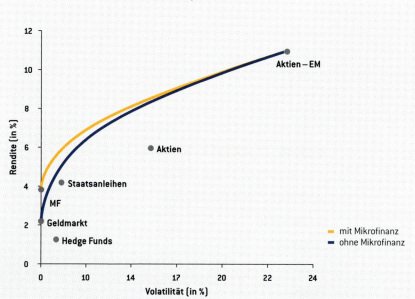

ABBILDUNG 94   **Mikrofinanz im Gesamtportfolio**

Die Efficient Frontier ist deutlich höher mit Mikrofinanz als ohne. Das heisst, dass mit einem Mikrofinanzanteil im Portfolio eine höhere Rendite bei gleichem Risiko erzielt werden kann.
Quelle: Eigene Darstellung. Daten: SMX, Bloomberg.

10.6 Motivation für Investitionen in Mikrofinanz

Was motiviert öffentliche und private Investoren, Investitionen in Mikrofinanz zu tätigen? Die Studie von BlueOrchard und der Universität Zürich «Swiss Institutional Investors Survey 2014» untersuchte auf der Basis einer Umfrage bei institutionellen Investoren diesen Aspekt genauer. Die Ergebnisse in Abbildung 95 zeigen, dass viele institutionelle Investoren aufgrund unternehmenspolitischer Vorgaben im Bereich SRI (Socially Responsible Investment) in Mikrofinanz investieren. Des Weiteren sind die finanzielle Performance und die Diversifikation ausschlaggebend, gefolgt von der sozialen Rendite.

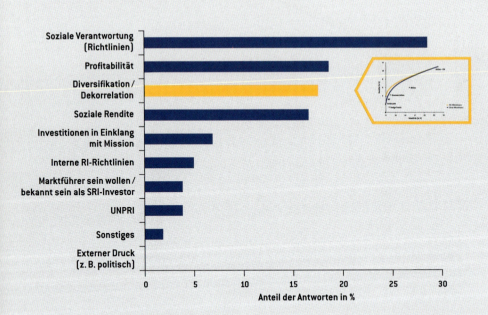

ABBILDUNG 95 Motivation für Investitionen in Mikrofinanz

Richtlinien zur sozialen Verantwortung von Institutionen, gefolgt von der Profitabilität und Diversifikation des Portfolios sind die Hauptmotive für Investitionen in Mikrofinanz. Im Portfoliokontext wird vor allem auf die Profitabilität und Diversifikation der sozial verantwortlichen Investitionen geachtet.
Quelle: BlueOrchard und Universität Zürich (2014).

Die von institutionellen Investoren genannten wichtigsten Kriterien für den Investitionsentscheid sind Risiko und Rendite (siehe Abbildung 96). Das erläuterte Beispielportfolio zeigt, dass Mikrofinanz im Vergleich zu konventionellen Anlageklassen das attraktivere Rendite-Risiko-Verhältnis aufweist. Durch die Diversifikation mit Mikrofinanz werden effizientere Portfolios generiert.

ABBILDUNG 96 Kriterien für Investitionsentscheidungen

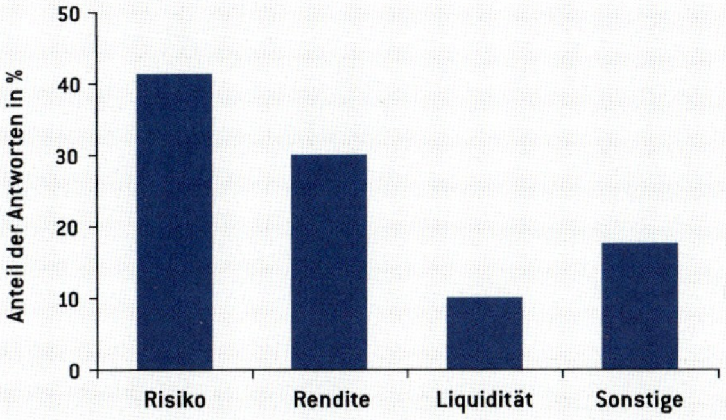

Risiko, Rendite und Liquidität sind die drei wichtigsten Kriterien für Investitionsentscheidungen bei institutionellen Anlegern.
Quelle: Eigene Darstellung. Daten: BlueOrchard und Universität Zürich (2014).

10.7 Zwischenfazit

Mikrofinanz hat sich zu einer etablierten Anlageklasse entwickelt. Insbesondere institutionelle Investoren wie Pensionskassen, Versicherungen oder Fund of Funds haben in den letzten Jahren zu einem ansehnlichen Wachstum der Anlagekategorie beigetragen. Geschätzt werden vor allem die stabile Rendite sowie die hervorragenden Diversifikationseigenschaften. Die Mittel werden dabei vor allem über Anlagefonds investiert, um eine professionelle und effiziente Verwaltung zu gewährleisten. Für Investoren bietet sich dabei zusätzlich die Möglichkeit, zusammen mit Entwicklungsbanken zu investieren und von deren Erfahrungen und teilweise auch den Risikoteilungsmechanismen zu profitieren.

Der Anlageprozess ist für die Qualität eines Mikrofinanzportfolios entscheidend. Bei einem professionellen Mikrofinanzmanager setzt sich dieser in der Regel aus einer Top-down- und einer Bottom-up-Perspektive zusammen. Der Top-down-Prozess bestimmt dabei grundlegende Parameter des Portfolios wie die geografische Aufteilung oder das Risiko-Rendite-Profil. Der Bottom-up-Prozess deckt die Identifikation, Analyse und schliesslich die Auswahl der einzelnen Investitionen ab. Wichtig für die sorgfältige Auswahl ist vor allem die Analyse der MFI vor Ort.

Am Ende des Anlageprozesses stehen die konkreten Kreditvertragsverhandlungen zwischen dem Fondsmanager und dem MFI. Es gilt, Kreditbetrag, Laufzeit, Zinssatz, Sicherheiten und insbesondere die Klauseln so auszugestalten, dass der Vertrag für beide Seiten akzeptabel ist. Den Klauseln kommt im Kreditvertrag eine wichtige Bedeutung zu, da sie die Interessenkonflikte zwischen den Aktionären und den Fremdkapitalgebern mildern.

Die Portfoliotheorie klärt die Frage der optimalen Portfolios, die bei gegebenem Risiko die Rendite maximieren. Die negative Korrelation von Mikrofinanz zu konjunkturabhängigen Anlageklassen wie Aktien und Hedge Funds über die letzten zehn Jahre zeigt, dass mit Mikrofinanz höhere Renditen bei gleichen Risikofaktoren (Volatilität und Konjunkturzyklus) erzielt werden können.

Institutionelle Investoren entscheiden sich für Mikrofinanz aufgrund einer internen Strategie, die sozial verträgliche Investitionen unterstützt, und wegen der guten finanziellen Rendite sowie der Diversifikationseigenschaften von Mikrofinanzanlagen.

Zusammenfassend lässt sich sagen, dass Mikrofinanz nicht nur als eigenständiges Investment attraktiv ist, sondern auch im Portfoliokontext durch eine exzellente Diversifikation glänzt.

BOX 12 **Fischerei – Iloilo, Philippinen**

Christina und Wilmer Barba leben in einem kleinen Fischerdorf bei Iloilo auf einer der westlichen Inseln der Philippinen. Sie haben vier Kinder zwischen zwei und 22 Jahren. Jeden Morgen fahren Herr Barba und seine ältesten Söhne aufs Meer, um Fische zu fangen, die Frau Barba dann auf dem regionalen Markt verkauft. 2002 nahm die Familie den ersten Kredit bei der LiveBank-Stiftung auf, um Fischernetze zu kaufen und ihr Geschäft zu starten. Gegenwärtig zahlen die Barbas ihren 13. Kredit zurück, besitzen zwei Boote und beschäftigen mehrere Personen aus der Region.

Quelle: BlueOrchard.

11 Real- und Finanzwirtschaft

Die Realwirtschaft, in der die Kreditnehmer tätig sind, wird kaum von der globalen Konjunktur beeinflusst. Die Kreditnehmer der Mikrofinanzinstitute erzeugen ihr Einkommen auf regionalen Märkten, und die lokale Realwirtschaft verfügt über mangelnde bis gar keine Infrastruktur, die diese Märkte mit dem Rest der Welt verbindet.

Die Finanzwirtschaft hingegen kann grosse Mikrofinanzinstitute beeinflussen, da diese auch von internationalen Kapitalmärkten finanziert werden. Die finanziellen Mittel der Mikrofinanz haben sich trotz der globalen Finanzkrise nicht verknappt.

11.1 Mikrofinanz ist krisenresistent
11.2 Realwirtschaft und lokale Einflussfaktoren
11.3 Finanzwirtschaft
11.4 Stabilitätsmechanismen
11.5 Zwischenfazit

> *«Während der Herr (Realwirtschaft) gleichmässigen Schrittes seinen Weg geht und sich von nichts ablenken lässt, was es beim Spaziergang rechts und links zu sehen gibt, reagiert der Hund (Finanzwirtschaft) sensibel auf Einflüsse der Umwelt und springt seinem Herrn mal voran, mal bleibt er hinter ihm zurück.»*[168]
>
> **Joseph Schumpeter**

11.1 Mikrofinanz ist krisenresistent

Mikrofinanz wies auch während der internationalen Finanzkrise zweistellige Zuwachsraten auf. Dies zeigt, dass sie resistent gegen globale Konjunkturveränderungen ist, da Kreditnehmer in der Mikrofinanz ihr Einkommen in einer weitgehend unabhängigen, geschlossenen Volkswirtschaft erzeugen. Sie sind meist auf sehr lokalen Märkten tätig, die mehr von der regionalen Politik, Wirtschaft und von lokalen Naturkatastrophen abhängen als von Zyklen anderer, weltwirtschaftlich dominanter Länder.

Mikrofinanz ist vor allem von realwirtschaftlichen Aspekten geprägt. Mit der Integration ins Finanzsystem wäre es grundsätzlich möglich, dass globale makroökonomische Einflüsse die lokalen Märkte tangieren. Investoren könnten ihre Gelder aus dem Kapitalmarkt abziehen, sodass den MFI weniger finanzielle Mittel für die Kreditvergabe zur Verfügung stünden. Bisher konnten MFI jedoch auch in Krisenphasen Mittel an den internationalen Kapitalmärkten einsammeln. Sie waren von einem Rückzug der Investoren nicht betroffen.

Abbildung 98 zeigt die Bilanz eines MFI. Die Aktiva sind abhängig von der Realwirtschaft und somit von der Kreditvergabe an die Mikrounternehmer. Die Passiva stellen die Finanzierungsseite dar. Um Risiken seitens der Realwirtschaft vorzubeugen, wurden über die Jahre Stabilitätsmechanismen eingeführt wie z. B. Kreditbüros, Mikroversicherungen und die Möglichkeit für MFI, Spareinlagen aufzunehmen.

ABBILDUNG 97 SMX

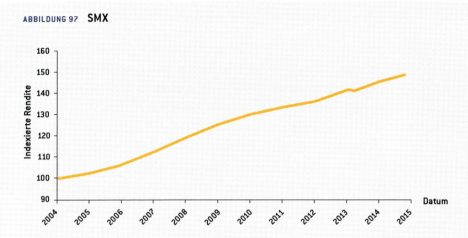

Die Abbildung illustriert die Entwicklung des Microfinance Debt Index (SMX) seit dem Jahr 2004. Es wird gezeigt, dass Mikrofinanz auch während Krisen positive Renditen aufweist. Die höchsten Wachstumsraten der Mikrofinanz wurden bis zum Jahr 2009 erzielt, liegen jedoch auch danach im zweistelligen Bereich.
Quelle: Eigene Darstellung. Daten: SMX.

ABBILDUNG 98 Bilanz eines MFI

Aktiva	Bilanz	Passiva
Realwirtschaft		Finanzwirtschaft
Kreditnehmer		Finanzierung

Die Abbildung zeigt die Bilanz eines MFI. Die Aktiva setzen sich aus Kreditnehmern zusammen, die weitgehend von der Realwirtschaft ihrer Region beeinflusst werden. Die Passiva beinhalten die Finanzierung, die von der globalen Finanzwirtschaft beeinflusst wird, sofern es sich um Mittel von internationalen Kapitalmärkten handelt.
Quelle: Eigene Darstellung.

11.2 Realwirtschaft und lokale Einflussfaktoren

Die Handelsbilanzen ausgewählter Länder, die im Mikrofinanzsektor aktiv sind, werden in Abbildung 99 mit den Handelsbilanzen Deutschlands und der Schweiz verglichen. Neben Deutschland und der Schweiz weisen nur Aserbaidschan, Vietnam und die Mongolei einen positiven Handelsüberschuss aus. Alle anderen Länder importieren mehr, als sie exportieren.[169] Gemessen am Volumen ist auch erkennbar, dass die Einfuhren und Ausfuhren in diesen Ländern erheblich kleiner sind als in Industrieländern. Deutschlands Exportvolumen ist fast fünfmal so hoch wie das von Indien, obwohl die Bevölkerung in Indien 15-mal grösser ist. Ein grosses Aussenhandelsvolumen bedeutet, dass Länder voneinander abhängig sind. Lässt die Nachfrage in Deutschlands wichtigsten Exportregionen nach, nimmt der deutsche Handelsüberschuss ab – und somit auch das Bruttoinlandsprodukt. Folglich ist die Industrienation Deutschland abhängig von globalen Konjunkturzyklen.

Die Rückzahlungsrate der Mikrokreditnehmer ist aber weitgehend unabhängig von globalem Aufschwung oder Rezession, da ihr Geschäftsmodell auf der lokalen Wirtschaft aufbaut. In Kapitel 4 wurde gezeigt, dass etwa ein Drittel des Volumens der Darlehen an Kreditnehmer im lokalen Handel ausgegeben wird, gefolgt von der Landwirtschaft mit 28 Prozent sowie Dienstleistungen mit 21 Prozent. Die lokale Kaufkraft reagiert zwar auf regionale Rahmenbedingungen, bleibt von Zinssenkungen und Wirtschaftskrisen in anderen Ländern und Kontinenten jedoch unberührt. Zudem mangelt es in den Mikrofinanzregionen an Infrastruktur, damit sie integrierter Teil der globalen Vernetzung werden könnten. Die Rückzahlungsrate der Mikrounternehmer hängt also unter anderem von realwirtschaftlichen und insbesondere lokalen Aspekten ab. Die lokale Begrenzung der Aktivitäten der Mikrounternehmer bietet einen wichtigen Vorteil: Diversifikation ist besonders wirkungsvoll. Ereignisse wie z. B. in Andhra Pradesh bleiben geografisch isoliert. Bereits einige Kilometer weiter nimmt die Wirtschaft ihren gewohnten Gang. Ein breit abgestütztes Portfolio bietet deshalb einen hervorragenden Schutz gegen Verluste.

ABBILDUNG 99 Handelsbilanzen ausgewählter Länder

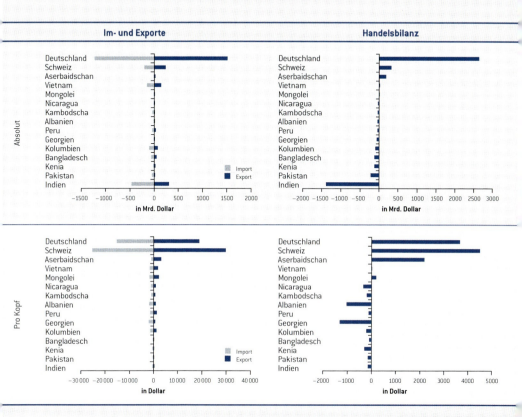

Die Grafik links oben zeigt die Importe und die Exporte aus dem Jahr 2014, während die Grafik rechts oben die entsprechende Handelsbilanz zeigt. Unten sind die jeweiligen Pro-Kopf-Grössen zu sehen. Ausser Aserbaidschan, Vietnam und der Mongolei weisen alle ausgewählten Entwicklungsländer eine negative Handelsbilanz aus, d.h. sie importieren mehr, als sie exportieren.

Quelle: Eigene Darstellung. Daten: Welthandelsorganisation (2015).

11.3 Finanzwirtschaft

Mikrounternehmer und indirekt auch die MFI sind somit kaum von der weltweiten realwirtschaftlichen Entwicklung abhängig. Die globale finanzwirtschaftliche Integration hat sich über die letzten Jahrzehnte jedoch verstärkt, und die Schwellenländer sind mittlerweile aktive Teilnehmer am globalen Kapitalmarkt. Wie sieht die Situation der MFI daher aus finanzwirtschaftlicher Perspektive aus?

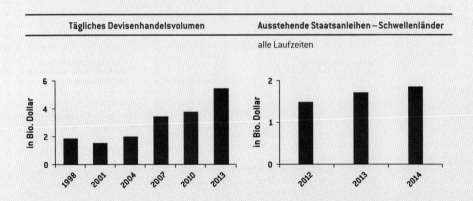

ABBILDUNG 100 **Devisenhandelsvolumen und ausstehende Staatsanleihen**

Die Integration der internationalen Finanzmärkte wird anhand der steigenden täglichen Devisenhandelsvolumen und der ausstehenden Staatsanleihen der Schwellenländer für alle Laufzeiten veranschaulicht.
Quelle: Eigene Darstellung. Daten: BIS Triennial Central Bank Survey (2013) und BIS Quarterly Review, March 2015.

Einflussfaktoren

Die wesentlichen finanzwirtschaftlichen Einflussfaktoren sind die Liquiditätsfalle, Inflation sowie Währungsabwertung.

Die mangelnde Verfügbarkeit von Refinanzierungsmitteln für ein MFI kann zu Liquiditätsproblemen führen. Beobachtet wird dies in einem Rückgang von internationalen Investitionsströmen oder lokaler Finanzierung. Je nach Art der Finanzierung könnten einige MFI bei internationalen Spannungen stärker von Kapitalrückgängen betroffen sein als andere. Die meisten indischen MFI finanzieren sich z. B. lokal, das heisst über nationale Banken, während MFI in Nicaragua vorwiegend Geld aus internationalen Märkten beziehen.

Inflation kann indirekt ebenfalls die Liquiditätssituation eines MFI beeinflussen. Steigende Preise führen zu steigenden Löhnen, da sich der Arbeitsmarkt der Inflation anpasst. Daher muss der Mikrounternehmer neben den steigenden Kosten für Materialien auch höhere Personal- und Verwaltungskosten zahlen. Die Inflation erhöht jedoch auch seinen Umsatz, da er seine Produkte nun zu einem höheren Preis verkaufen kann. Die zeitliche Verzögerung von Preisanpassungen zwischen Einkauf und Vertrieb von Produkten und Leistungen kann sich auf die Liquidität der Mikrounternehmer auswirken, was zu einem Zahlungsverzug bei der Kreditbedienung führen könnte.

Ursachen einer Abwertung der lokalen Währung können ein schwaches Wirtschaftswachstum oder steigende Inflation sein. Die Abwertung verändert den Wechselkurs und kann somit Konsequenzen für die Profitabilität und die Bewirtschaftung der Aktiven und Passiven der MFI haben, wenn sich diese in Fremdwährung finanzieren.

Vorbeugung und Absicherung gegen Risiken aus der Finanzwirtschaft
Risiken aus der Finanzwirtschaft sind vor allem für das Liquiditätsmanagement und das Asset Liability Management eines Mikrofinanzinstituts bedeutsam. Zur Vorbeugung und Absicherung finanzwirtschaftlicher Risiken werden daher von den Regulatoren und Investoren verschiedene Massnahmen ergriffen.

In den meisten Ländern bestehen z. B. straffe aufsichtsrechtliche Mindestliquiditätsvorschriften. Die Analyse der Liquiditätssituation eines MFI ist zudem ein wichtiger Bestandteil von Rating- und Anlageprozessen, weshalb MFI ein besonderes Augenmerk auf eine genügende Liquiditätsreserve legen. Weiter stehen heute auch für exotische Währungen zahlreiche Instrumente zur Verfügung, die es einem Fondsmanager erlauben, Kredite in Lokalwährung zu vergeben und die Währungsrisiken abzusichern. Weder das MFI noch der Investor sind dadurch Währungsrisiken ausgesetzt.

Die erfolgreiche Entwicklung vieler aufstrebender Volkswirtschaften und die dadurch immer stärkere lokale Finanzierung der MFI reduzieren das Risiko einer Liquiditäts- oder Kreditklemme zusätzlich. Selbst während der globalen Finanzkrise von 2008 verbuchte Mikrofinanz Mittelzuflüsse und war eine der wenigen Anlagen, die zu dieser schwierigen Zeit eine positive Rendite abwarf.

11.4 Stabilitätsmechanismen

Um die steigenden Renditen und die Stabilität der Mikrofinanz weiter zu stärken, wurden vor allem seit 2009 vermehrt Kreditbüros errichtet und die regulatorischen Rahmenbedingungen weiterentwickelt.

Kreditbüros registrieren die Mikrounternehmer und ihre Kreditkonditionen bei den jeweiligen MFI, um die Mehrfachkreditvergabe zu überprüfen. Institutionen wie die Zentralbank regulieren die Geschäftstätigkeiten und Strukturen der MFI. Die Weltbank hat zudem ihr Engagement vor Ort gestärkt, um sowohl kurzfristig als auch langfristig mehr Einfluss auf die lokalen Mikrofinanzmärkte zu nehmen.

Eine weitere Finanzdienstleistung, die zu mehr Stabilität im System führt, ist die Mikroversicherung. Hierbei handelt es sich um eine Dienstleistung, die einer Lebensversicherung entspricht, die neben dem Kreditnehmer auch das MFI gegen Kreditausfall absichert. Oft ist die Prämie dieser Zwangsversicherung Bestandteil der Kreditkonditionen.

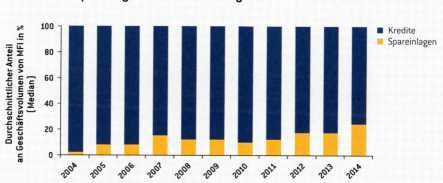

ABBILDUNG 101 **Spareinlagen und Kredite im Vergleich**

Der durchschnittliche Anteil der Spareinlagen am Geschäftsvolumen von MFI stieg von 2000 bis 2014 kontinuierlich an.
Quelle: Eigene Darstellung. Daten: MIX (2015).

Neue Regulierungen haben es zudem ermöglicht, dass MFI auch Spareinlagen annehmen dürfen, von denen die Industrie als Ganzes profitiert. Abbildung 101 illustriert, dass der Anteil der Spareinlagen im Vergleich zu den ausgegebenen Krediten seit dem Jahr 2004 tendenziell zunimmt. Dadurch stehen den MFI mehr finanzielle Mittel für die Kreditvergabe zur Verfügung und Währungsrisiken werden vermieden. Die meisten Mikrounternehmer sparen zusätzlich, um in schwereren Zeiten auf das Ersparte zurückzugreifen und das aufgebaute Geschäft zu stützen. Sparen und die Aufnahme eines Kredits schliessen sich nicht gegenseitig aus.

11.5 Zwischenfazit

Mikrofinanz ist eine Erfolgsgeschichte, die auch während globalen Wirtschafts- und Finanzkrisen und Turbulenzen an den aufstrebenden Märkten zweistellige Wachstumsraten verbuchen konnte.

Aus realwirtschaftlicher Sicht profitiert Mikrofinanz vor allem durch die lokal begrenzten wirtschaftlichen Aktivitäten der Mikrokreditnehmer, wodurch Diversifikation eine besonders günstige Wirkung entfaltet. Aus finanzwirtschaftlicher Perspektive bieten ein starker Fokus der MFI auf ihre Liquiditätssituation und gute Absicherungsinstrumente Schutz gegen Verluste.

Um Krisen vorzubeugen, wurden Stabilitätsmechanismen wie Kreditbüros eingeführt und die Regulierung wurde verstärkt. Daneben bieten heute spezifisch geschaffene Versicherungspolicen Absicherungen sowohl für Kreditnehmer und -geber.

BOX 13 **Imkerei – Visoko, Bosnien-Herzegowina**

Ahmo Culov, 72, kümmert sich zusammen mit seiner Frau um die eigenen Bienenstöcke. Die Imkerei, der schon sein Vater nachging, ist eine Tradition in dieser Region. Herr Culov nahm 2006 einen Kredit von rund 3000 Dollar auf, um seinen Bestand an Bienenstöcken und Bienenkolonien auszubauen. Er besitzt mittlerweile mehr als 80 Bienenvölker, mit denen er mehr als 2 Tonnen Honig pro Jahr herstellt. Den grössten Teil der Produktion verkauft Herr Culov auf lokalen Märkten und an Laufkundschaft. Durch die Einnahmen kann er sein Geschäft laufend ausbauen.

Quelle: BlueOrchard.

12 Fazit und Ausblick

Die Interessen des Kreditnehmers, des Investors und der Gesellschaft sind gleichgeschaltet. In der Welt der Vermögensverwaltung ist dies einzigartig.

Neue Technologien wie Bezahlsysteme über das Mobiltelefon oder der Einsatz von Satellitendaten werden das operative Geschäft noch effizienter machen.

In Zukunft werden immer mehr Menschen von einem noch effizienteren Mikrofinanzsektor profitieren. Gleichzeitig wird Mikrofinanz dank attraktiver Risiko-Rendite-Eigenschaften ein wichtiger Bestandteil in professionellen Anlageportfolios sein.

12.1 Win-win-win
12.2 Auf zu neuen Horizonten

> *«Mikrofinanz ist keine Wohltätigkeit.*
> *Sie ist ein Geschäft:*
> *ein Geschäft mit dem sozialen Ziel,*
> *den Ärmsten aus ihrer Armut zu helfen.»* [170]
>
> Muhammad Yunus

12.1 Win-win-win

Die globale Armut hat sich seit der Verabschiedung der Millenniums-Entwicklungsziele im Jahr 2000 stark zurückgebildet – nicht nur, aber auch dank Mikrofinanz. Mikrofinanz ist ein bedeutendes und effektives Instrument zur finanziellen Eingliederung einkommensschwacher Bevölkerungsgruppen und Haushalte. Gleichzeitig profitieren die Gesellschaft und die Investoren von der Mikrofinanz, denn soziale und finanzielle Renditen schliessen sich nicht gegenseitig aus, sondern können beide simultan erreicht werden.

Auf der individuellen Ebene überzeugt Mikrofinanz vor allem durch Respekt und Vertrauen gegenüber den Mikrounternehmerinnen und -unternehmern. Sie werden als gleichwertige Partner wahrgenommen und haben die Möglichkeit, ihren eigenen Weg aus der Armut zu gehen und ihre wirtschaftliche Situation zu verbessern. Sie können das Beste aus ihren Talenten und ihrem Potenzial machen. Gleichzeitig setzen sie alles daran, das in sie gesetzte Vertrauen nicht zu enttäuschen. Die Ausfallrate von Mikrokrediten ist verschwindend klein.

Die Gesellschaft profitiert von den Mikrounternehmern in vielfältiger Weise. Einerseits schaffen sie Arbeitsplätze, die den wirtschaftlichen Effekt der Mikrofinanz multiplizieren. Andererseits verwenden insbesondere Frauen das durch Mikrokredite erzeugte Einkommen sehr umsichtig. Sie geben es für die Ausbildung der Kinder oder für eine bessere Gesundheitsversorgung ihrer Familie aus. Dies stärkt die gesellschaftliche Entwicklung nachhaltig.

Die Investoren gewinnen zusätzlich zu der Befriedigung, einen sozialen Beitrag zu leisten, auch in finanzieller Hinsicht. Die attraktive Rendite aus der Mikrofinanz wird begleitet von hervorragenden Diversifikationseigenschaften. Mikrofinanzanlagen sind deshalb im Portfoliokontext besonders wertvoll. Durch die stabile finanzielle Rendite hat sich Mikrofinanz als Anlageklasse etabliert und wird heute nicht nur von institutionellen, sondern zunehmend auch von privaten Anlegern eingesetzt.

Die Interessen des Kreditnehmers, des Investors und der Gesellschaft sind somit gleichgeschaltet. In der Welt der Vermögensverwaltung ist das ein einzigartiger Zustand.

12.2 Auf zu neuen Horizonten

Neue Technologien wie Bezahlsysteme über das Mobiltelefon oder der Einsatz von Satellitendaten werden auch die Welt der Mikrofinanz stark verändern und die Effizienz steigern. Informationen und Dienstleistungen werden elektronisch, unentgeltlich, würdevoll und jederzeit zur Verfügung stehen. Die Wertschöpfungskette wird weiter optimiert, Kosten werden gesenkt, und der Wettbewerb nimmt zu. Es würde nicht überraschen, wenn viele dieser künftigen Entwicklungen von MFI und kleineren Banken ausgehen. Neue Technologien, schneller Fortschritt und Innovationen werden von denjenigen Unternehmen stammen, die frei von Altlasten sind. Von dieser Entwicklung profitieren nicht zuletzt auch die Mikrounternehmer, die schneller und günstiger Kredite erhalten werden.

Aufgrund des attraktiven Verhältnisses von Risiko und Ertrag werden immer mehr private und institutionelle Anleger Kapital zur Verfügung stellen. Die Nachfrage wird markant zunehmen und somit auch die Bedeutung von Mikrofinanz als Anlageklasse.

Entsprechend wird sich auch das Angebot an Mikrofinanzdienstleistungen deutlich vergrössern und der Nachfrage anpassen. Eine stärkere Diversifikation und Spezialisierung der Investitionsmöglichkeiten wird die Folge dieser Entwicklung sein. Neben eigentlichen Kreditfazilitäten werden vermehrt auch Sparprodukte, Versicherungsleistungen, Ausbildung und medizinische Versorgung – aber auch Fragen zu erneuerbaren Energien – in den Vordergrund rücken.

BOX 14 **Kaschmirweberei – Ulan-Bator, Mongolei**

Tsetsgee Batush ist die Gründerin und Besitzerin von Edelweiss Cashmere. Sie lebt in Ulan-Bator, ist 46 Jahre alt und hat zwei im Ausland studierende Kinder. Frau Batush begann ihr Geschäft im Jahr 2004 mit zwei Mitarbeiterinnen und dem Ziel, Pullover und andere Kleider nach Russland zu exportieren. Ihre Kollektion wurde schnell zu einem Erfolg. Sie entschied sich, einen Kredit aufzunehmen, um die steigende Nachfrage in Russland zu decken. Mit dem Kredit von 9000 Euro kaufte sie Maschinen und stellte mehr Leute ein. Heute verkauft sie jährlich mehr als 1200 Kaschmirpullover in der Mongolei und in Russland.

Quelle: BlueOrchard.

Globale Konzerne aus den Branchen Gesundheitswesen, Versicherungen, Lebensmittel, Agrikultur, Technologie und Telekommunikation werden erkennen, dass Mikrounternehmer die Kunden der Zukunft sind und sie entsprechend pflegen.

Die Zahl der vom Finanzsystem ausgeschlossenen Menschen wird deutlich sinken. Bereits 2020 wird die Welt diesbezüglich anders aussehen und die Millenniumsziele werden in die Nähe der Realität rücken. Die Zahl der in Armut lebenden Menschen wird weiter abnehmen. Die Armut wird aber nicht einfach ausgelöscht werden können. Sie wird sich in wachstumsarme Länder und Regionen verschieben, die von technischen Entwicklungen wenig profitieren. Mikrofinanz wird künftig zwei Aufgaben wahrnehmen: Einerseits wird sie die «Alleingelassenen» unterstützen, andererseits wird sie Wegweiser für Innovationen sein – in einer neuen Weltordnung, in der Finanzinstitute eine zunehmend wichtige Rolle spielen und klassische Banken an Bedeutung verlieren.

Zusammengefasst sind folgende Entwicklungen zu erwarten:
- Die absolute Armut wird deutlich sinken.
- Der Zugang zu Finanzdienstleistungen wird für grosse Teile der Bevölkerung möglich.
- Die geopolitische Bedeutung von Impact Investing nimmt weiter zu – als Mittel zur Stabilisierung von Regionen und Ländern.
- Das Bildungsniveau und die medizinische Versorgung in Entwicklungsländern werden besser.
- Mittels innovativer Finanzprodukte können die negativen Auswirkungen der Klimaveränderung gemildert werden.
- MFI entwickeln sich zu effizienten und effektiven Finanzdienstleistern, die lokale Banken aus dem Markt drängen. Die Angebotspalette wird breiter und umfassender.
- Banken und Konzerne werden durch Übernahmen und Joint Ventures versuchen, den Zugang «zur letzten Meile» zu sichern.
- Finanzdienstleister in Entwicklungsländern agieren als Innovationsmotor für technologische Entwicklungen.
- Mikrofinanz und Impact Investing werden eine bedeutende Rolle in der Anlagewelt einnehmen.

Schliesslich ist aber nicht zu vergessen, dass Mikrofinanz auf Vertrauen aufgebaut ist. Vertrauen schafft Leistung – nicht umgekehrt. Dieses Vertrauen muss Mitmenschen in Not geschenkt werden, um ihnen ein wirtschaftliches Fortkommen und ein Leben in Würde zu ermöglichen. Deshalb ist es unumgänglich, weiterhin Aufklärungsarbeit zu Mikrofinanz zu leisten.

Small Money – Big Impact!

Anmerkungen

1. Weltbank (2015b), Datenbasis 2011.
2. Weltbank (2015b), Datenbasis 2011.
3. Ravallion, Chen und Sangraula (2008), S. 12–15, 23–24.
4. Development Assistance Committee.
5. Vereinte Nationen (2001).
6. Schumpeter (1926), S. 494–495 und Gurley und Shaw (1955), S. 515.
7. Hofmann (2015).
8. UNCTAD (2014).
9. UN News Centre (2015).
10. Reed, Marsden, Ortega, Rivera und Rogers (2015), S. 8.
11. Rania al-Abdullah, Königin von Jordanien seit 1999, Verwaltungsratsmitglied FINCA International seit 2003.
12. Menning (1992), S. 661.
13. Hollis und Sweetman (2004), S. 4.
14. Seibel (2003), S. 10–11.
15. Sparkassen, Raiffeisen Gruppe und Volksbanken.
16. Stand: September 2014.
17. Becker (2010), S. 46.
18. Reed, Marsden, Ortega, Rivera und Rogers (2015), S. 8.
19. Weltbank (2014b).
20. Ausbildungsdienstleistungen umfassen u. a. Alphabetisierungsprogramme; im Rahmen von Gesundheitsdienstleistungen werden hygienische Grundkenntnisse vermittelt und wird über spezifische Themen wie z. B. die Schwangerschaftsaufklärung informiert.
21. Ledgerwood (2000), S. 1.
22. Littlefield, Morduch und Hashemi (2003), S. 2.
23. MkNelly und Dunford (1998), S. 2; MkNelly und Dunford (1999), S. 27 und Panjaitan-Drioadisuryo und Cloud (1999), S. 769.
24. Simanowitz und Waters (2002), S. 20, 23.
25. Khandker (1998), S. 148.
26. Desai, Johnson und Tarozzi (2015), S. 77–78; Holvoet (2004), S. 30; Khandker (1998), S. 104; Littlefield, Morduch und Hashemi (2003), S. 4–5.
27. Littlefield, Morduch und Hashemi (2003), S. 7.
28. Ebenda.
29. Die Social Performance Task Force (SPTF) entstand aus einer Initiative der Argidius-Stiftung, der Ford-Stiftungen und der CGAP (Consultative Group to Assist the Poor), einem Zusammenschluss von 34 führenden Organisationen, die sich für finanzielle

Eingliederung einsetzen. Die SPTF verfolgt das Ziel, das Fachwissen verschiedener sozialer Bewegungen zu bündeln. Heute gehören mehr als 150 Mikrofinanznetzwerke, Ratingagenturen, Finanzdienstleister, Spender und soziale Investoren zu den Mitgliedern.

30 Demirguc-Kunt, Klapper, Singer und van Oudheusden (2015), S. 14.
31 Ebenda, S. 83–84.
32 The Economist Intelligence Unit (2014), S. 20.
33 Weltbank (2014).
34 Impactspace (2014).
35 Kleine und mittlere Unternehmen.
36 Impactspace (2014).
37 Bono, Sänger und Philanthrop.
38 Basel Committee on Banking Supervision (2015).
39 In der Schweiz ist die Finanzmarktaufsicht FINMA die zuständige Behörde.
40 Christen, Lauer, Lyman und Rosenberg (2012), S. 8–9; Basel Committee on Banking Supervision (2010).
41 Development Finance Institutions.
42 Financierings-Maatschappij voor Ontwikkelingslanden.
43 Swiss Investment Fund for Emerging Markets.
44 Dickinson (2012).
45 Massa und te Velde (2011), S. 1–4.
46 Griffith und Evans (2012), S. 1.
47 Vgl. Kap. 10 «Investieren in Mikrofinanz».
48 Vgl. Kap. 8.5 «Technische Assistenz».
49 Symbiotics (2014).
50 Sustainable Finance Geneva (2014).
51 Hauptsitz der Vereinten Nationen ist New York City.
52 Stand: Januar 2015.
53 ESG = Environmental, Social and Governance.
54 Natalie Portman, Schauspielerin.
55 CGAP (2014).
56 Rosenberg (2010), S. 1–5.
57 Sen (1999), S. 87.
58 Weltbank (2015b), Datenbasis 2011.
59 Ravallion, Chen und Sangraula (2008), S. 12–15, 23–24.
60 Robinson (2001), S. 20.
61 Fairbourne, Gibson und Dyer (2007), S. 22; Sachs (2006), S. 20.
62 Robinson (2001), S. 19.
63 Annan (2005), Secretary-General tells Geneva Symposium.
64 Maslow (1943), S. 375.

65 Berg und Emran (2011).
66 Littlefield, Morduch und Hashemi (2003), S. 4–5.
67 Leatherman, Geissler, Gray und Gash (2012), S. 10; Leive und Xu (2008), S. 849.
68 Xu, Evans, Kawabata, Zeramdini, Klavus und Murray (2003), S. 116; Xu, Evans, Carrin, Aquilar-Rivera, Musgrove und Evans (2007), S. 977–982.
69 Weltbank (2015b), Datenbasis 2011.
70 MIX (2015).
71 Jeffrey Sachs, Ökonom und Direktor des Earth Institute der Columbia University in New York.
72 Vereinte Nationen (2006), S. 5.
73 Ledgerwood (2000), S. 45.
74 Vereinte Nationen (2006), S. 10–13.
75 Reed, Marsden, Ortega, Rivera und Rogers (2015), S. 8.
76 Dieckmann (2007), S. 6.
77 Becker (2010), S. 54.
78 Dieckmann (2007), S. 5–6.
79 In den meisten Fällen sind in Bezug auf angebotene Dienstleistungen lediglich Spareinlagen als Verbindlichkeiten in der Bilanz aufgeführt. MFI bieten zwar häufig ein breites Spektrum an finanziellen Dienstleistungen an, die über die traditionelle Vergabe von Krediten (und die zunehmende Aufnahme von Spareinlagen) hinausgehen, jedoch werden diese normalerweise in Zusammenarbeit mit spezialisierten Finanzdienstleistern bereitgestellt und sind daher nicht in der Bilanz des jeweiligen MFI erfasst.
80 MIX (2015).
81 Becker (2010), S. 55.
82 Conning (1999), S. 71, 74.
83 Braverman und Guasch (1986), S. 1256.
84 MIX (2011, 2015).
85 Cull, Asli und Morduch (2009), S. 174.
86 MIX (2011).
87 Rutherford (2001), S. 6–7.
88 Ledgerwood (2000), S. 84.
89 MicroPensionLab (2014).
90 Vereinte Nationen (2006), S. 114.
91 Ledgerwood (2000), S. 21.
92 Rock, Otero und Rosenberg (1996), S. 1.
93 Basel Committee on Banking Supervision (2006).
94 Christen, Lauer, Lyman und Rosenberg (2012), S. 17.
95 Standard & Poor's (2007).
96 Luoto, McIntosh und Wydick (2007), S. 318; Jappelli und Pagano (2000), S. 10.

97 McIntosh und Wydick (2005), S. 275.
98 Muhammad Yunus, Begründer der modernen Mikrofinanz und Friedensnobelpreisträger.
99 Stiglitz und Weiss (1981), S. 393–410.
100 Kropp, Turvey, Just, Kong und Guo (2009), S. 69–71, 83–84; Hartarska und Holtmann (2006), S. 150–152; Meyer und Nagarajan (2006), S. 168.
101 Barboza und Trejos (2009), S. 284; Zeller (2006), S. 197.
102 De Soto (2001), S. 6.
103 Armendáriz de Aghion (1999), S. 80–81; Armendáriz de Aghion und Morduch (2005), S. 119–122; Barboza und Barreto (2006), S. 316–330; Barboza und Trejos (2009), S. 284; Besley und Coate (1995), S. 2–3; Ghatak und Guinnane (1999), S. 196–198; Kropp, Turvey, Just, Kong und Guo (2009), S. 70; Morduch (1999), S. 1570, 1582–1583; Stiglitz (1990), S. 351–353; Van Tassel (1999), S. 3–25; Varian (1990), S. 153–154.
104 Barboza und Trejos (2009), S. 287; Kropp, Turvey, Just, Kong und Guo (2009), S. 69–70; Van Tassel (1999), S. 3–25.
105 Nash (1951), S. 286–295.
106 Armedáriz de Aghion (1999), S. 80–81; Barboza und Trejos (2009), S. 284; Ghatak und Guinnane (1999), S. 196–197, 225; Kropp, Turvey, Just, Kong und Guo (2009), S. 70; Stiglitz (1990), S. 351–353; Varian (1990), S. 153–154.
107 Barboza und Trejos (2009), S. 294–295.
108 Barboza und Trejos (2009), S. 289–297.
109 Tameer Bank (2015).
110 Armendáriz de Aghion und Morduch (2005), S. 183.
111 Hartmann-Wendels, Mählmann und Versen (2009) S. 353, 358; Todd (1996), S. 182; Armendáriz de Aghion und Morduch (2005), S. 183–184.
112 Remenyi (2000), S. 52.
113 D'Espallier, Guerin und Mersland (2013), S. 590.
114 Liv (2013), S. 16.
115 Ebenda, S. 48–49.
116 Superintendencia de Bancos y Seguros.
117 Instituto Nacional de Defensa de la Competencia y de la Protección de la Propiedad Intelectual.
118 Solli, Galindo, Rizzi, Rhyne und van de Walle (2015), S. 12–13.
119 Solli, Galindo, Rizzi, Rhyne und van de Walle (2015), S. 15.
120 The Collaboratory (2015).
121 Königin Máxima der Niederlande.
122 Nagarsekar (2012), S. 9–14.
123 Rosenberg, Gaul, Ford und Tomilova (2013), S. 13–14.
124 Chen und Faz (2015), S. 2.
125 Bezerra, Bock, Candelon, Chai, Choi, Corwin, DiGrande, Gulshan, Michael und Varas (2015).

126 Basel Committee on Banking Supervision (2015).
127 Ledgerwood (2000), S. 149; Rosenberg, Gaul, Ford und Tomilova (2013), S. 2.
128 Rich Stearns, Präsident des christlich-humanitären Hilfswerks World Vision US.
129 Microfinance Centre (2007).
130 Hashemi (2007), S. 4.
131 Grameen Foundation (2015).
132 Smart Campaign (2015).
133 Ebenda.
134 MFTransparency (2015).
135 MFTransparency (2015).
136 Hashemi (2007), S. 5.
137 Social Performance Impact Reporting and Intelligence Tool.
138 Schreiner (2010), S. 118–137.
139 Hashemi (2007), S. 7.
140 http://www.progressoutofpoverty.org/country/philippines, (Zugriff 6.5.2015).
141 http://www.sptf.info/sp-tools/rating-tools, (Zugriff 6.5.2015).
142 http://www.m-cril.com/SocialRating.aspx, (Zugriff 6.5.2015).
143 http://www.microfinanzarating.com/index.php?option=com_content&view=article&id=144&Itemid=175&lang=en, (Zugriff 6.5.2015).
144 http://www.planetrating.com/EN/social-performance-rating-methodology.html, (Zugriff 6.5.2015).
145 Instrument der strategischen Planung.
146 Basierend auf 933 Krediten zwischen 2001 und 2014, die von BlueOrchard Finance S.A. an verschiedene MFI vergeben wurden; analysiert von Dr. Ruben Mangold, Research Fellow an der Harvard University 2014/15.
147 Rupert Scofield, Präsident und Geschäftsführer von FINCA International.
148 Scofield (2015).
149 MIX (2015).
150 Scofield (2015).
151 Direktbanken sind Banken, die Finanzdienstleistungen erbringen, ohne über ein eigenes Filialnetz zu verfügen.
152 The Economist (2010b).
153 The Economist (2010a).
154 CERISE Social Performance Indicators (SPI).
155 Progress out of Poverty Index (PPI).
156 USAID Poverty Assessment Tools (PAT).
157 Rosenberg (2010), S. 1.
158 ResponsAbility (2010), S. 1.
159 Duden (2015).
160 Mersland und Strom (2010), S. 28; Abrar und Javaid (2014), S. 122; Bethany (2013), S. 98.

161 Forum Nachhaltige Geldanlagen (2015).
162 Kofi Annan, ehemaliger Generalsekretär der Vereinten Nationen.
163 Microrate (2013b).
164 Geschlossene Fonds haben eine begrenzte Anzahl Investoren, die während einer initialen Periode Fondsanteile erwerben. Die Rückzahlung der Investition findet erst zu einem im Voraus bestimmten, späteren Zeitpunkt statt. In der Zwischenzeit können die Anteile nicht zurückgegeben werden. Bei offenen Fonds ist der Investorenkreis demgegenüber offen und der Handel mit den Anteilen ist periodisch möglich. Offene Fonds haben deshalb üblicherweise auch kein im Voraus fixiertes Rückzahlungsdatum.
165 Details zum Investitionsprozess siehe Kap. 10.3.
166 Grundlage ist der Prozess der BlueOrchard Finance SA.
167 Der Prozess für Eigenkapitalanlagen ist ähnlich, aber die andere Vertragsartei für den Fonds muss nicht zwingend das MFI, sondern kann auch eine Drittpartei sein, von der die Aktien erworben werden. Der zugrunde liegende Vertrag ist demzufolge ein Aktienerwerbsvertrag und kein Kreditvertrag. Zudem können weitere Verträge wie z. B. ein Aktionärsbindungsvertrag zur Anwendung kommen.
168 Joseph Schumpeter, Ökonom und Politiker: Gleichnis vom Herrn und dem Hund.
169 Welthandelsorganisation (2015).
170 Muhammad Yunus, Begründer der modernen Mikrofinanz und Friedensnobelpreisträger.

Anhang

Anhang 1
Beispiel eines Kreditantrags

LOAN APPLICATION						**MFI 'XYZ'**	
LOAN REQUEST							
Loan officer name: *Augusto Villena Riccardi*			Date of application:		dd *13*	mm *02*	yyyy *2015*
Branch: *Cumbayá*							
			☒ BORROWER		☐ CO-BORROWER		
Requested Amount							
Amount	Term	What is your monthly payment capacity?	Type of loan:		☒ Microcredit ☐ Education ☐ Health		
USD 5,500	*24 months*	*USD 300*					
Borrower's personal information							
Last name (father): *Zambrano*			How are you known in the neighborhood?				
Last name (mother): *Sanchez*			*Rafael*				
First name: *Rafael*			☒ ID		Passport N° *1702345670*		
Middle name: *Jose*			Gender	☒ Male	☐ Female		
Birth place (country, city): *Ecuador, Quito*			Profession: *Manufacturing*				
Age: *24 years-old*	Birth Date:	dd mm yyyy *23 07 1990*	Economic activity: *Manufacturing and sale of shoes and other leather products.*				
Nationality: *Ecuadorean*							
Marital status		Premarital agreement on division of property?	**Occupation**		**Education**		
☐ Single ☐ Widow		☐ Yes ☒ No	☐ Employee ☒ Micro-entrepreneur		☐ Elementary		
☒ Married ☐ Divorced			☐ Student ☐ Independent professional		☐ College		
☐ Cohabitant			☐ Housewife ☐ Retired		☐ High School		
			☐ Other		☒ Technical		
			Specify Other				
Borrower's spouse personal information							
Last name (father): *Torres*			☒ ID		Passport N° *1719876543*		
Last name (mother): *Correa*			Gender:	☒ Male	☐ Female		
First name: *Maria*			Age: *25*	Date of Birth	dd mm yyyy		
Middle name: *----*			Nationality: *Ecuadorean*		*08 09 1989*		
Place of birth (country, city): *Ecuador, Quito*			**Education**				
Profession: *Administrator*			☐ Elementary		☐ High School		
Economic activity: *Employee in local company*			☒ College		☐ Technical		
Phone		Operator	**Occupation**				
Tel. 1: *990 099 887*		*Telcel :*	☒ Employee ☐ Micro-entrepreneur				
Tel. 2: *----*		*----*	☐ Student ☐ Independent professional				
			☐ Housewife ☐ Retired				
			☐ Other				
			Specify other				

SMALL MONEY – BIG IMPACT | Anhang

Domicile information

Province: Pichincha	Canton: Quito		Phone number 1: 289 4567
Neighborhood: Quito			Phone number 2: ----
Address: Cuero y Caicedo, cruce con Mariana de Jesús			Cellphone number: 991 987 654
Address (reference): ----			Email: rafaza@gmail.com
Current address since / month 02 / year 2010	**Type of residence**		Name of the house owner/landlord: Manuel Costa
	☐ Own house ✕ Rented ☐ Family house	Is the house mortgaged? ☐ Yes ☐ No	Phone number of the house owner/landlord: 976 098 543

Business Information

Name of the business: Zapatería El Rafa	Position: Owner		Phone number 1: 289 0987
Province: Pichincha	Canton: Quito		Phone number 2: ----
Neighborhood: Cumbayá	Point of sale: ☐ Commercial premises ✕ Street ☐ Vendor		Cellphone number: 991 987 654
Address of the business: Francisco de Orellana, cruce con Acacias			Type of location: ✕ Urban ☐ Rural
Current business since:	/month 06	/year 2010	Name of landlord: Jose Mujica
Commercial premises:	☐ Own ✕ Rented ☐ Other		Phone numer of landlord: 909 888 765

Job information (only if applicant is an employee)

Occupation / Position in business:	Monthly net salary:	Currently working since	dd	mm	yyyy
Name of workplace:	Phone 1:				
Main economic activity:	Phone 2:	Type of location: ✕ Urban ☐ Rural			
Address of workplace:					

References from individuals not living in your same home address

First name: Carlos	Phone number: 289 9094
Last name: Perez	Workplace address: Corea, cruce con Amazonas
Home address: Corca, cruce con 8 de Diciembre	Workplace phone number: 289 3456
	Relationship with applicant: Supplier
First name: Patricia	Phone number: 289 5432
Last name: Correa	Workplace address: ----
Home address: Isla Pinzon y Floreana	Workplace phone number: ----
	Relationship with applicant: Sister-in-law

Sketch house map

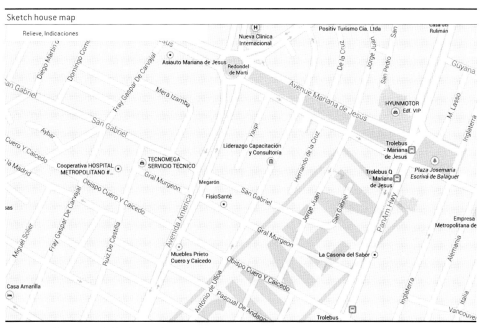

Representations and authorization

I declare under oath that the origin of the funds given to the MFI XYZ are lawful, and I declare under oath that the funds that I receive from the MFI XYZ will not be used to developing or financing of any illegal activity, therefore I release the MFI XYZ of all responsibility, including liability towards third parties if this statement is false or incorrect. I am aware of the provisions of the «Law on Prevention, Detection and Eradication of the Crime of Money Laundering and Financing of Crime» and expressly authorize the MFI XYZ to perform analyzes and verifications it deems necessary, as well as other competent authorities in case the existence of transactions and / or unusual and unwarranted transactions is determined.

In virtue of the above-stated, I renounce to hold any civil or legal action against MFI XYZ I authorize expressly and irrevocably to MFI XYZ to get, whenever it deems necessary, and from any source available including credit bureau reports, information related to my credit history, savings or checking accounts, credit cards, etc. Likewise, I expressly authorize MFI XYZ to provide information on the performance of my duties, whether direct or indirect, whenever it deems necessary to the Credit Bureaus legally authorized to operate in Ecuador in accordance with Ecuadorean Law.

I certify that the information provided is correct and authorize the verification of personal data provided for the purposes of making a pre-evaluation of the credit application and I agree to provide further documents as necessary. I agree that the documentation submitted with this application will not be returned.

I acknowledge that MFI XYZ may approve, deny or suspend the credit application depending on compliance with some policies of the Bank.

To my best knowledge, as of this date I do not keep any connection with the Bank, either by property or by administration or management; however, I agree to immediately inform the Bank in case that this situation changes.

Signature ....

Name ....

ID ....

Place and date ....

Anhang 2
Überprüfung sozioökonomischer Faktoren mithilfe des Kreditantrags

SOCIO-ECONOMIC INFORMATION		MFI 'XYZ'
MICRO-ENTREPRENEUR		
☒ BORROWER ▨ CO-BORROWER		
Socio-economic information		
Name of loan officer: *Augusto Villena Riccardi*	Date of on-site visit	dd *15* mm *02* yyyy *2015*
Name of borrower: *Rafael Zambrano Sanchez*	On-site visit duration (in minutes)	
Branch: *Cumbayá*	Visit started at: *9:30am*	
	Visit ended at: *10:00am*	
	Total time *30 minutes*	
Evaluation of qualitative factors		
Character		
Personal references 1	☒ Positive ▨ Negative	
Personal references 2	☒ Positive ▨ Negative	
Business management capacity		
Start of business	☒ >= 3 months ▨ =< 3 months	
Knowledge of the business activity	The applicant has 'good' knowledge of the business and he is fairly aware of the related costs of the business and the need of the clientele it serves. Otherwise, rate this section 'bad'. ☒ Good ▨ Bad	
Collateral		
Collateral required based on requested amount:	☒ Unsecured ▨ Chattel ▨ Real Estate	
Do the borrower and co-borrower have the same domicile?	☒ No ▨ Yes, but he/she is financially independent ▨ Yes, and he/she is financially dependent	
Fill-in only if the requested amount equals or exceeds USD 5,000		
Character		
References from provider 1	☒ Positive ▨ Negative	
References from provider 2	☒ Positive ▨ Negative	
Business conditions		
Geographic location	Applicable to trade and services only. Assess as 'good location' if business premise is easily accessible and noticeable to clients, and if it is well-known in the neighborhood. Otherwise, assess 'Needs improvement'. ☒ Good location ▨ Needs improvement	
Competitive advantages	Assess as 'good level of competitiveness' if the business has a strong differentiating factor related to the quality of its service/product or of its customer service. Otherwise, assess as 'Needs improvement'. ▨ Good level of competitiveness ☒ Needs improvement	

Ongoing operations seen on-site	Confirm if you observed that actual operations took place during your on-site visit (e.g. people working in factory, goods being delivered, presence of clients and/or providers, etc.) ☐ Yes ☐ No |//

Business management capacity

Layout of the business' premises and products	Layout is orderly organized and adequately implemented. ☒ Yes ☐ No
Record of acquisitions and sales. Check 'yes' if at least 20% of acquisitions or 20% of sales during the most recent month are supported by proper documentation (invoices).	☐ Yes ☒ No

Collateral

Do the borrower and co-borrower have the same domicile?	☐ Yes ☒ No

Evaluation of quantitative factors

Current assets	USD	Fixed assets	USD	Other assets	USD
Cash	500	Land and buildings	----	Specify (other)	
Savings	1,800	Machinery and equipments	8,000		
Accounts receivable	----	Vehicles	----		
Inventory	1,120	Other	----		
Total current assets	3,420	Total fixed assets	8,000	Total other assets	----
Total assets	11,420				

Breakdown of fixed assets

Items	Description	In domicile?	In business?	State of conservation
Furniture and fixtures	2 counters with exhibitor		Yes	Good
	1 desk and 4 chairs		Yes	Good
Machinery and equipment	2 sewing machines for leather		Yes	Regular (4 years old)
	2 cutter machines		Yes	Good
	1 skiving machine		Yes	Regular (4 years old)
	2 leather polishing machines		Yes	Good
Vehicles	----			
Lands	----			
Buildings	----			

Breakdown of liabilities

Items	Description	USD	Total # of installments	Amount of installments	# of pending installments
Providers	Purchase of raw materials	800	1	800	1
	Purchase of other accessories	300	1	300	1
Banks	Loan with Bank ABC	1,914	18	319	6
Retail	Purchase of TV	159	6	53	3
Total liabilities		3,173			
Equity		8,247			
Total liabilities and equity		11,420			

Inventory of goods (for trade-related businesses)

List of best-selling products	Price USD	Cost of sales	Current inventory	Share in total sales (%)

Inventory of goods (for industry-related business)

List of main raw materials	# of units of raw material needed to make one item of finished good	Current inventory	Cost per unit
1. Leather sheets	2 meters (dress shoes)	50 meters	USD 19 / meter
2. Rubber soles	2 units	50 units	USD 3 / pair
3. Colors and dyes	½ bottle	10 bottles	USD 2 / bottle
4.			
5.			
6.			
7.			
8.			
9.			
10.			

List of best-selling finished foods	Current inventory	Price (USD)	Cost per unit (USD)	Share in total sales (%)
1. Men dress shoes (black) – model 1	10 pairs	75	30	20
2. Men dress shoes (brown) – model 2	8 pairs	75	30	15
3. Men sandals – model 1	8 pairs	45	18	15
4. Children dress shoes (black) – model 1	10 pairs	45	18	15
5.				
6.				
7.				
8.				
9.				
10.				

Analysis of sales

Seasonality of sales. Daily sales.

Daily sales	Cash	Credit	Month	Cash	Credit
Monday			January	2,600	
Tuesday			February	2,600	
Wednesday			March	2,600	
Thursday			April	2,600	
Friday			May	2,000	
Saturday			June	2,000	
Sunday			July	3,200	
Weekly sales	**Cash (USD)**	**Credit**	August	3,200	
First week	600		September	2,600	
Second week	600		Oktober	2,600	
Third week	700		November	2,600	
Fourth week	700		December	3,000	
Bi-weekly sales	**Cash (USD)**	**Credit**	Average	2,633	
1st half	1,200		If total annual sales equal or exceed USD 100,000 or total costs and expenses equal or exceed USD 80,000 the borrower must have a valid tax ID number.		
2nd half	1,400				
Monthly sales	**Cash (USD)**	**Credit**			
Monthly sales	2,600				

Comments (mention credit history and overall assessment of the business):

The client is a current client of MFI XYZ and this would be his second loan. He has made all its payment punctually under the current loan.

The credit bureau report shows that the client has debts with only one additional lender besides MFI XYZ and has no payment default in those other debts. The months of July and August are of high demand due to the beginning of the scholar season. Sales also increase in December due to festivities of year-end.

Breakdown of income / expenses (monthly)			
Business income	USD	**Other sources of income**	USD
Sales	2,600	Other businesses	–
COGS	650	Spouse's salary	700
Gross margin	1,950	Rental	–
Operating expenses	USD	Retirement payout	–
Salaries	400	Remittances	–
Rental	400	Other (specify)	–
Water supply	25	Total family income	700
Electricity supply	100	**Family expenses**	USD
Phone service	50	House rental	200
Maintenance and repairs	30	Food	180
Transportation	20	Education	25
Financial expenses	415	Water supply	30
Taxes	20	Electricity supply	30
Other	52	Phone service	40
Total business expense	1,512	Health care	20
Business net income	438	Transportation	50
Disposable income	USD	Apparel	20
Business net income	438	Leisure and entertainment	20
Family net income	22	Insurances	10
Total disposable income	460	Other debts	53
Monthly payment capacity (60%)	276	Total family expenses	678
Monthly payment capacity requested (65%)	300	Family net income	22
Number of dependents	2	Number of students (school or college)	2

Name of dependents: spouse and children (up to 18 years old)				
Last name (father)	Last name (mother)	Given names	Date of birth (dd/mm/yyyy)	Relationship
Zambrano	Torres	Agustín	21/04/2008	Son
Zambrano	Torres	Natasha	15/03/2010	Daughter

1.	Client application		2.	Loan officer recommendation	
	Requested loan amount	USD 5,500		Recommended loan amount	USD 5,500
	Requested loan term	24 months		Recommended loan term	24 months
	Requested monthly payment	USD 300		Recommended monthly payment	USD 300
	Date (dd/mm/yyyy)	13/02/2015		Date (dd/mm/yyyy)	15/02/2015
Notes:			**Notes:** Recommend to approve an exception to the monthly payment equal to 65% of net disposable income, instead of 60%.		
3.	Credit committee approval		**Notes:** The loan amount was reduced to comply with the 60% limit over the net disposable income. Requested exception was not approved.		
	Approved loan amount	USD 5,100			
	Approved loan term	24 months			
	Approved monthly payment	USD 275			
	Date (dd/mm/yyyy)	17/02/2015			

Signed by Loan Officer ....

Signed by Credit Committee ....

Abbildungsverzeichnis

ABBILDUNG 1	Gesellschaftspyramide	14
ABBILDUNG 2	Armut nach Ländern	15
ABBILDUNG 3	Millenniums-Entwicklungsziele	16
ABBILDUNG 4	Jährlicher Investitionsbedarf	18
ABBILDUNG 5	Nachhaltige Entwicklungsziele	19
ABBILDUNG 6	Die Geschichte der Mikrofinanz	28
ABBILDUNG 7	Wachstum Kunden und Institutionen	30
ABBILDUNG 8	Double Bottom Line	35
ABBILDUNG 9	Auswirkungen einer Investition von 1 Mio. Dollar	36
ABBILDUNG 10	Finanzielle Eingliederung nach Ländern	38
ABBILDUNG 11	Zugang zu einem Bankkonto in Abhängigkeit der Einkommensklasse	40
ABBILDUNG 12	Abgrenzung des Impact Investing	43
ABBILDUNG 13	Filter für konventionelle, nachhaltige Anlageentscheide	45
ABBILDUNG 14	Themen Impact Investing	46
ABBILDUNG 15	Wachstum nachhaltiger Anlagestrategien	47
ABBILDUNG 16	Wertschöpfungskette	53
ABBILDUNG 17	Ausgewählte Entwicklungsinstitutionen	58
ABBILDUNG 18	Ausgewählte Verwalter von Mikrofinanzfonds	59
ABBILDUNG 19	Konzentration der MIV-Verwalter	60
ABBILDUNG 20	Verwaltete AuM in Mikrofinanz nach Standort der MIV-Verwalter	61
ABBILDUNG 21	Finanzplatz Genf	62
ABBILDUNG 22	Internationalität von Genf	62
ABBILDUNG 23	Nachhaltigkeitsinitiativen im Finanzsektor	65
ABBILDUNG 24	Beispiel Kreditnehmerin: Noemi Marizano, Philippinen	71
ABBILDUNG 25	Stufen der Armut	74
ABBILDUNG 26	Maslowsche Bedürfnispyramide	76
ABBILDUNG 27	Beispiel Kreditnehmerin: Maria Gutierrez, Peru	79
ABBILDUNG 28	Beispiel Kreditnehmer: Dogsom Tseden, Mongolei	81
ABBILDUNG 29	Länder mit dem weltweit höchsten Anteil an ärmsten Personen	82
ABBILDUNG 30	Mikrounternehmer in Prozent nach Regionen	83
ABBILDUNG 31	Durchschnittliches Kreditvolumen nach Regionen	84
ABBILDUNG 32	Anteil der Frauen bei den Kreditnehmern nach Regionen	85
ABBILDUNG 33	Darlehensvolumen nach Sektoren	86
ABBILDUNG 34	Beispiel Kreditnehmerin: Saroam Toum, Kambodscha	87
ABBILDUNG 35	Bilanz eines Mikrounternehmers	88
ABBILDUNG 36	Verschiedene MFI-Organisationsformen	98

ABBILDUNG 37	Typen von MFI	101
ABBILDUNG 38	Finanzierungsformen von MFI	102
ABBILDUNG 39	Finanzierungsstruktur von MFI	104
ABBILDUNG 40	Gewinnorientierte und gemeinnützige MFI	107
ABBILDUNG 41	Profitabilität von gewinnorientierten und gemeinnützigen MFI	108
ABBILDUNG 42	Beispiele für Kredite eines MFI in Pakistan	111
ABBILDUNG 43	Nichtfinanzielle Dienstleistungen von MFI	114
ABBILDUNG 44	Regulierung und Aufsichtsbestimmungen	117
ABBILDUNG 45	Kreditbüro	120
ABBILDUNG 46	Agency-Problematik	128
ABBILDUNG 47	Gruppenkredite und Spieltheorie	129
ABBILDUNG 48	Beispiel Mikrokredit – Tameer Karobar Loan	132
ABBILDUNG 49	Beispiel Landwirtschaftskredit – Agri Group Loan	133
ABBILDUNG 50	Portfolio at Risk der Mikrofinanzinstitute	135
ABBILDUNG 51	Überschuldungsindex und Überschuldungsfaktor	136
ABBILDUNG 52	Massnahmen nach Zahlungsversäumnissen	140
ABBILDUNG 53	Prozess zur Überprüfung potenzieller MFI-Kunden	142
ABBILDUNG 54	Kostenparameter von Zinsen	149
ABBILDUNG 55	Kreditvolumen im Verhältnis zu Personalausgaben	151
ABBILDUNG 56	Betriebskosten	153
ABBILDUNG 57	M-PESA	154
ABBILDUNG 58	Betriebskosten nach Regionen	156
ABBILDUNG 59	Verkauf von Ananas in Kolumbien	157
ABBILDUNG 60	Social Performance und Social Impact	164
ABBILDUNG 61	Messverfahren der Social Performance	165
ABBILDUNG 62	USSPM im Überblick	166
ABBILDUNG 63	Smart Campaign	167
ABBILDUNG 64	Messung der Social Performance entlang der USSPM	170
ABBILDUNG 65	Messung der Social Performance bei Imon International	172
ABBILDUNG 66	Engagement Social Performance bei Banco Fie	173
ABBILDUNG 67	Produkte und Dienstleistungen von MFI	174
ABBILDUNG 68	Produktangebot von Crezcamos	175
ABBILDUNG 69	Attraktiver Arbeitgeber: Kenya Women Microfinance Bank	176
ABBILDUNG 70	Alter Modus: Social Performance und Profitabilität im Gleichgewicht	177
ABBILDUNG 71	Förderung umweltfreundlicher Produkte	178
ABBILDUNG 72	Auszug Poverty Scorecard Philippinen	180
ABBILDUNG 73	Agenturen für Social Performance Ratings	182
ABBILDUNG 74	Auswirkungen der Mikrofinanzierung	186
ABBILDUNG 75	Social Performance und Profitabilität	187
ABBILDUNG 76	Beispielhaftes Budget einer Mikrounternehmerin	193

ABBILDUNG 77	Kreditvolumen pro Mitarbeiter	194
ABBILDUNG 78	Inflation in Ghana	195
ABBILDUNG 79	Armutsniveaus im Vergleich	198
ABBILDUNG 80	Beispiele von Korruption in der Mikrofinanz	201
ABBILDUNG 81	Vermögen in Mikrofinanzfonds	209
ABBILDUNG 82	Mikrofinanzinvestoren	209
ABBILDUNG 83	Charakteristiken von Fonds	211
ABBILDUNG 84	Ausfall- und Verlustrate	214
ABBILDUNG 85	Investitionsprozess in Mikrofinanz	215
ABBILDUNG 86	Allokation der Anlagen	217
ABBILDUNG 87	Prozess zur Analyse und Selektion von MFI	218
ABBILDUNG 88	Verhandlungsspielraum bei Kreditverträgen	222
ABBILDUNG 89	Positive und negative Kreditklauseln	223
ABBILDUNG 90	Diversifikation	227
ABBILDUNG 91	Efficient Frontier	228
ABBILDUNG 92	Kennzahlen der Anlageklassen	229
ABBILDUNG 93	Korrelationen	230
ABBILDUNG 94	Mikrofinanz im Gesamtportfolio	231
ABBILDUNG 95	Motivation für Investitionen in Mikrofinanz	232
ABBILDUNG 96	Kriterien für Investitionsentscheidungen	233
ABBILDUNG 97	SMX	239
ABBILDUNG 98	Bilanz eines MFI	239
ABBILDUNG 99	Handelsbilanzen ausgewählter Länder	241
ABBILDUNG 100	Devisenhandelsvolumen und ausstehende Staatsanleihen	242
ABBILDUNG 101	Spareinlagen und Kredite im Vergleich	245

Boxenverzeichnis

BOX 1	Schuhfabrik – Provinz Bulacan, Philippinen	23
BOX 2	Bäckerei – Rudaki, Tadschikistan	48
BOX 3	Betrieb eines Kiosks – Malolos, Philippinen	67
BOX 4	Gemüseanbau – Phnom Penh, Kambodscha	90
BOX 5	Taxiunternehmen – Iloilo, Philippinen	123
BOX 6	Musikinstrumente – Santiago de Cali, Kolumbien	144
BOX 7	Gemüsemarktstand – Bogotá, Kolumbien	159
BOX 8	Holzfabrik – Sofia, Bulgarien	188
BOX 9	Verkauf von Blumen – Bogotá, Kolumbien	199
BOX 10	Musikinstrumente – Ulan-Bator, Mongolei	205
BOX 11	Süssigkeitenstand – Santiago de Cali, Kolumbien	225
BOX 12	Fischerei – Iloilo, Philippinen	235
BOX 13	Imkerei – Visoko, Bosnien-Herzegowina	247
BOX 14	Kaschmirweberei – Ulan-Bator, Mongolei	252

Abkürzungsverzeichnis

ADB	Asian Development Bank (Asiatische Entwicklungsbank)
AMLA	Anti-Money Laundering Act (Geldwäschereigesetz)
APT	Arbitrage Pricing Theory
AuM	Assets under Management (verwaltete Vermögen)
BaFin	Bundesanstalt für Finanzdienstleistungsaufsicht
BIP	Bruttoinlandsprodukt
CAPM	Capital Asset Pricing Model
CAR	Capital Adequacy Ratio (Kapitaladäquanzquote)
CGAP	Consultative Group to Assist the Poor (Beratende Gruppe zur Hilfe für die Armen)
CPP	Client Protection Principles (Prinzipien des Kundenschutzes)
DFI	Development Finance Institutions (Entwicklungsinstitutionen)
EBRD	European Bank for Reconstruction and Development (Europäische Bank für Wiederaufbau und Entwicklung)
EZB	Europäische Zentralbank
FINMA	Eidgenössische Finanzmarktaufsicht
FIU	Financial Intelligence Unit (Zentrale Meldestelle für Geldwäscherei)
FMO	Entrepreneurial Development Bank (Entwicklungsfinanzierer der Niederlande)
GPFI	Global Partnership for Financial Inclusion (Globale Partnerschaft für finanzielle Eingliederung)
IDB	Inter-American Development Bank (Interamerikanische Entwicklungsbank)
IFC	International Finance Corporation (Teil der Weltbankgruppe)
ILO	International Labour Organization (Internationale Arbeitsorganisation)
IMF	International Monetary Fund (Internationaler Währungsfonds)
INDECOPI	Instituto Nacional de Defensa de la Competencia y de la Protección de la Propiedad Intelectual (Nationales Institut für Wahrung des Wettbewerbs und Schutz des geistigen Eigentums in Peru)
KAGB	Kapitalanlagegesetzbuch
KfW	Kreditanstalt für Wiederaufbau
KMU	Kleine und mittlere Unternehmen
MFI	Mikrofinanzinstitut
MIV	Microfinance Investment Vehicle (Investitionsvehikel in Mikrofinanz)
NABARD	National Bank of Agriculture and Rural Development (Entwicklungsbank in Indien)
NBFI	Non-bank Financial Institution (Nichtbanken-Finanzinstitut)
NE	Nash Equilibrium (Nash-Gleichgewicht, Begriff der Spieltheorie)
NGO	Non-governmental Organization (Nichtregierungsorganisation)
OECD	Organization for Economic Co-operation and Development (Organisation für wirtschaftliche Zusammenarbeit und Entwicklung)
OeEB	Oesterreichische Entwicklungsbank

OFID	The OPEC Fund for International Development (Entwicklungshilfefonds der OPEC)
OPEC	Organization of the Petroleum Exporting Countries (Organisation erdölexportierender Länder)
OPIC	Overseas Private Investment Corporation (Entwicklungsfinanzinstitut der USA)
PPI	Progress out of Poverty Index (Armutsindex)
PRI	Principles for Responsible Investment (Prinzipien für verantwortungsvolles Investieren)
RoA	Return on Asset (Kapitalrendite)
RoE	Return on Equity (Eigenkapitalrentabilität)
SBS	Superintendencia de Bancos y Seguros (Aufsichtsbehörde für Banken und Versicherungen)
SDG	Sustainable Development Goals (nachhaltige Entwicklungsziele)
SFG	Sustainable Finance Geneva (Organisation zur Förderung nachhaltigen Investierens)
SIDA	Swedish International Development Cooperation (Schwedische Agentur für Entwicklungszusammenarbeit)
SMX	Symbiotics Microfinance Index (Mikrofinanzindex, umfasst kotierte globale Anleihenfonds, die hauptsächlich in Mikrofinanz investieren)
SNI	Socially Neutral Investing (sozial neutrales Investieren)
SPIRIT	Social Performance Impact Reporting and Intelligence Tool (Messinstrument für soziale Performance)
SPTF	Social Performance Task Force (Arbeitsgruppe für soziale Performance)
SRI	Socially Responsible Investment (sozial verantwortungsvolles Investieren)
SSF	Swiss Sustainable Finance (Plattform zur Förderung der Nachhaltigkeit des Schweizer Finanzplatzes)
TA	Technische Assistenz (Beratungsdienstleistung)
TER	Total Expense Ratio (Gesamtkostensatz)
UN	United Nations (Vereinte Nationen, UNO)
UNCED	United Nations Conference on Environment and Development (Konferenz für Umwelt und Entwicklung)
UNCTAD	United Nations Conference on Trade and Development (Welthandels- und Entwicklungskonferenz)
UNDP	United Nations Development Programme (Entwicklungsprogramm der Vereinten Nationen)
UNEP	United Nations Environment Programme (Umweltprogramm der Vereinten Nationen)
USD	Dollar
USSPM	Universal Standards of Social Performance Management (Standards für sozial verantwortungsvolles Performance Management)
WEF	World Economic Forum (Weltwirtschaftsforum)
WTO	World Trade Organization (Welthandelsorganisation)

Begriffsverzeichnis

Armut Von Armut wird gesprochen, wenn eine Person mit weniger als 2 Dollar pro Tag auskommen muss. Gemäss Schätzungen leben rund 2 Milliarden Menschen in Armut.

Assets under Management (AuM) Die AuM ist eine finanzielle Kennziffer, die angibt, wie viele Gelder von einer Finanzinstitution (Banken, Vermögensverwalter, Fondsmanager usw.) verwaltet werden.

Double Bottom Line (DBL) Die Double Bottom Line ist eine neue Art der Renditemessung, die nicht nur die finanzielle, sondern auch die soziale Rendite berücksichtigt. Immer mehr Unternehmen wählen eine Renditemessung, in der auch die sozialen Aspekte miteinbezogen werden.

Entwicklungsinstitution (DFI) Eine DFI ist eine Finanzinstitution, die einen Platz zwischen öffentlicher Entwicklungshilfe und privaten Investitionen einnimmt. Eine DFI stellt häufig Finanzierungen für Investitionen in Entwicklungsländern zur Verfügung, für die noch nicht genügend private Investoren vorhanden sind. Beispiele von Entwicklungsinstitutionen sind die Kreditanstalt für Wiederaufbau (KfW), die niederländische FMO oder die Asiatische Entwicklungsbank (ADB).

Extreme Armut Von extremer Armut wird gesprochen, wenn eine Person mit weniger als 1,25 Dollar pro Tag auskommen muss. Gemäss Schätzungen sind mindestens 1 Milliarde Menschen von extremer Armut betroffen.

Grameen Bank Die Grameen Bank ist das weltweit erste Mikrofinanzinstitut; es wurde 1983 von Muhammad Yunus in Bangladesch gegründet. Auch heute noch agiert die Grameen Bank erfolgreich in der Mikrofinanzindustrie. Speziell ist, dass sich die Bank zu 90 Prozent im Besitz von Kreditnehmern befindet, während die restlichen 10 Prozent der Regierung von Bangladesch gehören. Im Jahr 2006 erhielt das Unternehmen zusammen mit Yunus den Friedensnobelpreis.

Gruppenkredit Von Gruppenkrediten spricht man, wenn sich eine Anzahl Leute, die einen Kredit beantragen, in einer Gruppe zusammenschliessen. Innerhalb dieser Gruppe bürgen die Personen füreinander und unterstützen sich bei der rechtzeitigen Rückzahlung des Kredits. Bei dieser Art der Kreditvergabe spielt das Vertrauen der Kreditnehmer untereinander eine Schlüsselrolle.

Impact Investing Impact Investing ist eine Investitionsform, bei der sowohl finanzielle wie auch soziale Renditen erwirtschaftet werden.

Konventionelle Investition Konventionelle Investitionen zielen ausschliesslich auf die Erzeugung finanzieller Renditen ab.

Kreditbüro Ein Kreditbüro sammelt die Informationen über ausstehende und frühere Kredite von Kreditnehmern und macht diese Mikrofinanzinstitutionen und anderen im Kreditbereich tätigen Instituten zugänglich. Mithilfe der Kreditbüros wird einerseits die Effizienz der Kreditvergabe gesteigert, andererseits wird eine Überschuldung vermieden.

Microfinance Investment Vehicle (MIV) Anlagevehikel in Mikrofinanz stellen die Verbindung zwischen Investoren und den Mikrofinanzinstituten dar. MIV sind Investitionsvehikel wie z. B. Fonds, die privaten und öffentlichen Investoren eine effiziente Anlage mit guter Diversifikation in Mikrofinanz ermöglichen.

Mikrofinanz Das Konzept der Mikrofinanz zur Bekämpfung von Armut in Indien und Bangladesch wurde von Muhammad Yunus und der Grameen Bank initiiert. Mikrofinanz bedeutet, dass in Armut lebenden Personen kommerzielle Finanzdienstleistungen zur Verfügung gestellt werden.

Mikrofinanzinstitute (MFI) Die Mikrofinanzinstitute sind die direkten Ansprechpartner der Mikrounternehmer. Sie sind verantwortlich für die Beurteilung der Kreditwürdigkeit der Endkunden, die Kreditvergabe, die Überwachung der Kredite sowie die Festigung von Kundenbeziehungen.

Mikrokredit Ein Mikrokredit bezeichnet einen Kredit, der in der Regel zwischen 100 und wenigen 1000 Dollar beträgt. Mikrokredite werden an in Armut lebende Personen vergeben, die keinen Zugang zum Finanzsystem haben. Die Kreditvergabe von Mikrokrediten erfolgt meist pfandlos.

Mikrounternehmer Eine Person, die ein Mikrounternehmen betreibt. Im Allgemeinen sind dies Personen, die einzeln oder zusammen mit ihrer Familie ein Kleinstunternehmen zur Bestreitung ihres Lebensunterhaltes führen. In manchen Fällen werden wenige Angestellte beschäftigt. Im Kontext der Mikrofinanz ermöglicht ein Mikrokredit dem Mikrounternehmer den Auf- oder Ausbau seines Geschäfts.

Moderate Armut Moderate Armut bezieht sich auf Bevölkerungsgruppen, die über Einkünfte verfügen, die knapp zur Deckung existenzieller Bedürfnisse ausreichen. Der Grundbedarf an Nahrungsmitteln, Wasser, Kleidung, Unterkunft und Gesundheitsversorgung ist gedeckt.

Nichtregierungsorganisation (NGO) Eine NGO ist eine private, unabhängige und nicht gewinnorientierte Organisation, die einen sozialen oder gesellschaftspolitischen Zweck verfolgt. NGO sind in unterschiedlichsten Gebieten tätig: Umweltschutz, Menschenrechte, Entwicklungszusammenarbeit, Antidiskriminierung, Migration und Asyl, Obdachlosenhilfe, Drogenberatung usw.

OECD Die Organisation für wirtschaftliche Zusammenarbeit und Entwicklung ist eine Institution, die 34 Mitgliedstaaten umfasst. Das Hauptziel der OECD ist, Massnahmen zu fördern, die das wirtschaftliche und soziale Wohlergehen auf der ganzen Welt verbessern.

Philanthropie Unter Philanthropie wird das Spenden von finanziellen Mitteln verstanden – mit dem Ziel einer positiven sozialen und ökologischen Wirkung auf gesellschaftlicher Ebene. Die finanzielle Rendite spielt keine Rolle.

Social Performance Anhand der Social Performance (soziale Leistung) wird dargestellt, wie ein finanzielles Engagement auch eine langfristige Wirkung im sozialen Umfeld (z. B. in Bezug auf Ernährung, medizinische Versorgung, Ausbildung usw.) eines Kreditnehmers erzielt. Neben der finanziellen Performance ist sie das wichtigste Standbein der Mikrofinanz. Während die Profitabilität einfach zu beobachten ist, kommen für das Messen der Social Performance ausgeklügelte Instrumente zur Anwendung. Diese erlauben es, die Einflüsse auf sozialer Ebene zu messen.

Technische Assistenz (TA) Unter TA wird eine Beratungsdienstleistung für MFI und Kreditnehmer verstanden. Zweck der Beratung ist, das erfolgreiche wirtschaftliche und soziale Weiterkommen zu unterstützen. TA kann z. B. in der Verbesserung von internen Prozessen oder in der Stärkung von IT-Systemen und Risikomanagement erfolgen.

Triple Bottom Line (TBL) Die Triple Bottom Line berücksichtigt bei der Renditemessung die Ebenen Wirtschaft, Ökologie und Gesellschaft. Organisationen, die das Konzept der Triple Bottom Line verfolgen, versuchen mithilfe ihres Geschäfts zu einer nachhaltigen Entwicklung beizutragen.

Wirtschaftlich aktive Armut Wirtschaftlich aktive Armut bezieht sich auf Personen, die über eine Beschäftigung und genügend Grundnahrungsmittel verfügen. Die Differenzierung zwischen extremer, moderater und wirtschaftlich aktiver Armut basiert auf der Erzielung eines stabilen und sicheren Einkommens, das eine existenzbedrohende Verschuldung verhindert, eine Gesundheitsversorgung sicherstellt und den Aufbau von Vermögenswerten erlaubt.

Literaturverzeichnis

Abrar, A. und A. Y. Javaid (2014): «Commercialization and Mission Drift – A Cross Country Evidence on Transformation of Microfinance Industry», *International Journal of Trade, Economics and Finance*, 5(1), S. 122–125.

Annan, K. (2003): International Year of Microcredit 2005, Website http://www.yearofmicrocredit.org/pages/multilingual/french.asp, (Zugriff 4.5.2015).

Annan, K. (2005): Microfinance, now important factor in poverty eradication, should be expanded, Secretary-General tells Geneva Symposium, Website http://www.un.org/press/en/2005/sgsm10151.doc.htm (Zugriff 27.7.2015).

Armendáriz de Aghion, B. (1999): «On the Design of a Credit Agreement with Peer Monitoring», *Journal of Development Economics*, 60(1), S. 79–104.

Armendáriz de Aghion, B. und J. Morduch (2005): *The Economics of Microfinance*, MIT Press, Cambridge.

Barboza, G. und H. Barreto (2006): «Learning by Association, Micro Credit in Chiapas, Mexico», *Contemporary Economic Policy*, 24(2), S. 316–331.

Barboza, G. und S. Trejos (2009): «Micro Credit in Chiapas, Mexico: Poverty Reduction Through Group Lending», *Journal of Business Ethics*, 88(2), S. 283–299.

Basel Committee on Banking Supervision (2006): Core Principles Methodology, Basel, Oktober.

Basel Committee on Banking Supervision (2010): Microfinance activities and the Core Principle for Effective Banking Supervision, Basel, August.

Basel Committee on Banking Supervision (2015): Range of practice in the regulation and supervision of institutions relevant to financial inclusion, Basel, Januar.

Becker, P. M. (2010): *Investing in Microfinance. Integrating New Asset Classes into an Asset Allocation Framework Applying Scenario Methodology*, Gabler Research, Wiesbaden.

Berg, C. und M. Shahe Emran (2011): Does Microfinance Help the Ultrapoor Cope with Seasonal Shocks? Evidence from Seasonal Famine (Monga) in Bangladesh, Website http://papers.ssrn.com/sol3/papers.cfm?abstract_id=1802073 (Zugriff 10.1.2015).

Besley, T. und S. Coate (1995): «Group Lending, Repayment Incentives and Social Collateral», *Journal of Development Economics*, 46(1), S. 1–18.

Bethany, L. P. (2013): «Institutional Lending Models, Mission Drift, and Microfinance Institutions», University of Kentucky: Doktorarbeit.

Bezerra, J., W. Bock, F. Candelon, S. Chai, E. Choi, J. Corwin, S. DiGrande, R. Gulshan, D. C. Michael und A. Varas (2015): The Mobile Revolution: How Mobile Technologies Drive a Trillion-Dollar Impact, Website https://www.bcgperspectives.com (Zugriff 5.2.2015).

BIS (2013): Triennial Central Bank Survey, Website http://www.bis.org/publ/rpfx13.htm (Zugriff 2.12.2014).

BIS (2015): Quarterly Review debt securities statistics, Website http://www.bis.org/statistics/secstats.htm (Zugriff 12.5.2015).

BlueOrchard (2014): Raising our SPIRIT: Social Performance Report 2014, Genf, Dezember.

BlueOrchard und Universität Zürich (2014): Swiss Institutional Investors Survey 2014, Zürich, Juni.

Braverman, A. und J. L. Guasch (1986): «Rural credit markets and institutions in developing countries: Lessons for policy analysis from practice and modern theory», *World Development*, 14(1), S. 1253–1267.

Central Intelligence Agency (2008): World Factbook, Website https://www.cia.gov/library/publications/the-world-factbook/ (Zugriff 5.1.2015).

CGAP (2014): Microfinance FAQs, Website http://www.microfinancegateway.org/what-is-microfinance (Zugriff 18.11.2014).

Chen, G. und X. Faz (2015): «The Potential of Digital Data: How Far Can It Advance Financial Inclusion?» *CGAP Focus Note*, 100(1), S. 1–12.

Christen, R. P., K. Lauer, T. Lyman und R. Rosenberg (2012): *A Guide to Regulation and Supervision of Microfinance*, CGAP, Washington D.C., Oktober.

Collins, D. J., J. Morduch, S. Rutherford und O. Ruthven (2009): *Portfolios of the poor: How the World's Poor Live in $ 2 a Day*. Princeton University Press, Princeton.

Conning, J. (1999): «Outreach, sustainability and leverage in monitored and peer-monitored lending», *Journal of Development Economics*, 60(1), S. 51–77.

Cull, R., D-K. Asli und J. Morduch (2009): «Microfinance Meets the Market», *Journal of Economic Perspectives*, 23(1), S. 167–192.

De Soto, H. (2001): *The Mystery of Capital: Why Capitalism Triumphs in the West and Fails Everywhere Else*, Black Swan, London.

D'Espallier, B., I. Guerin, und R. Mersland (2013): «Focus on Women in Microfinance Institutions», *The Journal of Development Studies*, 49(5), S. 589–608.

Demirguc-Kunt, A., L. Klapper, D. Singer und P. Van Oudheusden (2015): *The Global Findex Database 2014, Measuring Financial Inclusion around the World*, The World Bank Development Research Group, Working Paper, Washington D. C.

Demombynes, G. und A. Thegeya (2012): *Kenya's Mobile Revolution and the Promise of Mobile Savings*, The World Bank Development Research Group, Working Paper, Washington D.C.

Desai, J., K. Johnson und A. Tarozzi (2015): «The Impacts of Microcredit: Evidence from Ethiopia», *American Economic Journal: Applied Economics*, 7 (1), S. 54–89.

Deutsche Kreditbank (2015): Geschäftsbericht 2014, Deutsche Kreditbank AG, Berlin.

Dickinson, T. (2012): Development Finance Institutions: Profitability Promoting Development, Website http://www.oecd.org/dev/41302068.pdf (Zugriff 14.12.2014).

Dieckmann, R. (2007): «Microfinance: An emerging investment opportunity – Uniting social investment and financial returns», *Deutsche Bank Research*, S. 1–20.

Duflos, E. und B. Gähwiler (2008): Impact and Implications of the Food Crisis on Microfinance, Website http://www.cgap.org/gm/ document 1.9.7450/Impact_ and_Implications_of_Food_Crisis.pdf (Zugriff 19.9.2014).

Fairbourne, J., S. Gibson und W. Dyer (2007): *MicroFranchising: Creating Wealth at the Bottom of the Pyramid*, Edward Elgar Publishing, Cheltenham.

Forum Nachhaltige Geldanlagen (2015): Marktbericht: Nachhaltige Geldanlagen 2015 Deutschland, Österreich und die Schweiz, Berlin, Mai.

Geczy, C., R. F. Stambaugh und D. Levin (2005): Investing in Socially Responsible Mutual Funds, Website http://papers.ssrn.com/sol3/papers. cfm?abstract_id=416380 (Zugriff 1.5.2015).

Ghatak, M. und T. Guinnane (1999): «The Economics of Lending with Joint Liability: Theory and Practice», *Journal of Development Economics*, 60(1), S. 195–228.

Gonzalez, A. (2011a): An empirical review of the actual impact of financial crisis and recessions on MFIs, and other factors explaining recent microfinance crisis, Website http://www.themix.org/sites/default/files/MBB%20Lessons%20for%20 strengthening %20microfinance%20instutions.pdf (Zugriff 9.1.2015).

Gonzalez, A. (2011b): Microfinance, Financial Crises, and Fluctuations in Food and Fuel Prices, Website http://www.themix.org/publications/microbanking-bulletin/2011/04/ microfinance-financial-crises-and-fluctuations-food-and-f (Zugriff 5.11.2015).

Gonzalez, A. (2011c): Publication Update: Analyzing Microcredit Interest Rates A Review of the Methodology Proposed by Mohamed Yunus, MIX Data Brief No. 4., Website http://www.themix.org/sites/default/files/MBB%20Publication%20Update% 20data %20brief%204.pdf (Zugriff 18.10.2014).

Gonzalez, A. (2012): A look at how the level of formalization, or integration of microfinance loan portfolios with the domestic economy, effects the decline in portfolio quality during economic recessions, MicroBanking Bulletin, 03/12, Website http://www.themix. org/sites/default/files/MBB-Formalization%20Paper.pdf (Zugriff 9.1.2015).

Grameen Foundation (2015): Progress out of Poverty Index (PPI), Website http://www.progressoutofpoverty.org/ (Zugriff 22.5.2015).

Griffith, R. und M. Evans (2012): Development Finance Institutions, Advocates for International Development, London, Juli.

Gurley, J. und E. Shaw (1955): «Financial Aspects of Economic Development», *American Economic Review*, 45(4), S. 515–538.

Hartarska, V. und M. Holtmann (2006): «An overview of recent developments in the microfinance literature», *Agricultural Finance Review*, 66(2), S. 147–165.

Hartmann-Wendels, T., T. Mählmann und T. Versen (2009): «Determinants of banks' risk exposure to new account fraud. Evidence from Germany», *Journal of Banking and Finance*, 33(2), S. 347–357.

Hashemi, S. (2007): «Beyond Good Intentions: Measuring the Social Performance of Microfinance Institutions», *CGAP Focus Note*, 41(1), S. 1–12.

Hofmann, M. (2015): Nachhaltige Entwicklung: Die Welt gibt sich neue Ziele, Website http://www.nzz.ch/schweiz/die-welt-gibt-sich-neue-ziele-1.18466894 (Zugriff 7.5.2015).

Hollis, A. und A. Sweetman (2004): «Microfinance and Famine: The Irish Loan and Funds during the Great Famine», *World Development*, 32(9), S. 1509–1523.

Holvoet, N. (2004): «Impact of Microfinance Programs on Children's Education: Do the Gender of the Borrower and the Delivery Model Matter?», *Journal of Microfinance*, 6(2), S. 27–49.

Impactspace (2014): Social, Environmental and Financial Impact, Website http://impact-space.com/public/ (Zugriff 23.2.2015).

Jappelli, T. und M. Pagano (2000): *Information sharing in Credit Markets: A Survey*, CSEF Working Paper No. 36, University of Salerno.

Khandker, S. (1998): *Fighting Poverty with Microcredit: Experience in Bangladesh*, Oxford University Press Inc., New York.

Kropp, J., C. G. Turvey, D. R. Just, R. Kong, P. Guo (2009): «Are the poor really more trustworthy? A micro-lending experiment», *Agricultural Finance Review*, 69(1), S. 67–87.

Kruijff, D. und S. Hartenstein (2013): Microfinance and the Global Financial Crisis: A Call for Basel, International Finance Corporation Advisory Services, Washington D.C.

Leatherman, S., K. Geissler, B. Gray und M. Gash (2012): «Health Financing: A New Role for Microfinance Institutions?», *Journal of International Development*, 25(7), S. 881–896.

Ledgerwood, J. (2000): *Microfinance Handbook: An Institutional and Financial Perspective*, World Bank Publications, Washington D.C.

Ledgerwood, J. (2013): *The new Microfinance Handbook: A Financial Market System Perspective*, World Bank Publications, Washington D.C.

Leive, A. und K. Xu (2008): «Coping with Out-of-Pocket Health Payments: Empirical Evidence from 15 African Countries», *Bulletin of the World Health Organization*, 86(11), S. 849–856.

Littlefield, E., J. Morduch und S. Hashemi (2003): «Is Microfinance an Effective Strategy to Reach the Millennium Development Goals?», *CGAP FocusNote*, 24(1), S. 1–12.

Liv, D. (2013): Study on the Drivers of Over-Indebtedness of Microfinance Borrowers in Cambodia: An In-depth Investigation of Saturated Areas, Cambodia Institute of Development, Phnom Penh, März.

Luoto, J., C. McIntosh und B. Wydick (2007): «Credit Information Systems in Less-Developed Countries: Recent History and a Test with Microfinance in Guatemala», *Economic Development and Cultural Change*, 55(2), S. 313–334.

Mangold, R. (2015): *Do microfinance investment managers add value, and how?* Working Paper, S. 1–29.

Markowitz, H. (1952): «Portfolio Selection», *Journal of Finance*, 7(1), S. 71–91.

Maslow, A. (1943): «A theory of human motivation», *Psychological Review*, 50(4), S. 370–396.

Massa, I. und D. Willem te Velde (2011): «The role of development finance institutions in tackling global challenges», *Overseas Development Institute Project Briefing*, 65(1), S. 1–4.

Mbiti, I. und D. N. Weil (2011): *Mobile Banking: The Impact of M-Pesa in Kenya, The National Burea of Economic Research*, Working Paper, Cambridge.

McIntosh, C. und B. Wydick (2005): «Competition and Microfinance», *Journal of Development Economics*, 78(2), S. 271–298.

Menning, C. B. (1992): «The Monte's Monte: The Early Supporters of Florence's Monte di Pieta», *The Sixteenth Century Journal*, 23(4), S. 661–667.

Mersland, R. und R. Oystein Strom (2010): «Microfinance Mission Drift?», *World Development*, 38(1), S. 28–36.

Meyer, J. (2013): «Investing in Microfinance: An Analysis of Financial and Social Returns», Universität Zürich: Doktorarbeit.

Meyer, R. und G. Nagarajan (2006): «Microfinance in developing countries: accomplishments, debates and future directions», *Agricultural Finance Review*, 67(1), S. 167–194.

MFTransparency (2015): What We Do, Website http://www.mftransparency.org/ what-we-do/ (Zugriff 26.5.2015).

Microcredit Summit Campaign (2014): The State of the Microcredit Summit Campaign Report, Microcredit Summit Campaign, Washington D.C., Juni.

Microfinance Centre (2007): MFC, From Mission to Action – Management Series for Microfinance Institutions, Website http://www.microfinancegateway.org/sites/ default/files/mfg-en-toolkit-from-mission-to-action-management-series-for-microfinance-institution-strategic-management-toolkit-handbook-2007.pdf (Zugriff 28.11.2014).

MicroPensionLab (2014): What we do, Website http://www.micropensions.com (Zugriff 9.1.2015).

Microrate (2013a): Microfinance Institution Tier Definitions, Website http://www.microrate.com (Zugriff 25.1.2015).

Microrate (2013b): The State of Microfinance Investment 2013: Survey and Analysis of MIVs – 8th Edition, Washington D.C., November.

MIX (2011): Myths and Reality: Cost and Profitability of Microfinance, Website http://www.themix.org/publications/microbanking-bulletin/2011/03/myths-and-reality-cost-and-profitability-microfinance (Zugriff 12.1.2015).

MIX (2015): MIX Database. Cross Market Analysis Tool, Website http://reports.mixmarket.org/crossmarket (Zugriff 21.5.2015).

MkNelly, B. und C. Dunford (1998): Impact of Credit with Education on Mothers and Their Young Chilren's Nutrition: Lower Pra Rural Bank Credit with Education Program in Ghana, Freedom from Hunger, Davis, März.

MkNelly, B. und C. Dunford (1999): Impact of Credit with Education on Mothers and Their Young Children's Nutrition: CRECER Credit with Education Program in Bolivia, Freedom from Hunger, Davis, Dezember.

Morduch, J. (1999): «The Microfinance Promise», *Journal of Economic Literature*, 37(4), S. 1569–1614.

Nagarsekar, G. (2012): A Report on the Interest of Microfinance Institutions, Birla Institute of Technology and Science, Pilani, Dezember.

Nash, J. F. (1951): «Non-Cooperative Games», *Annals of Mathematics*, 54(2), S. 286–295.

Panjaitan-Drioadisuryo, R. D. M. und K. Cloud (1999): «Gender Self-Employment and Microcredit Programs: An Indonesian Case Study», *Quarterly Review of Economics and Finance*, 39(5), S. 769–779.

Parker, J. und D. Pearce (2002): «Microfinance, Grants, and Non-Financial Responses to Poverty Reduction», *CGAP Focus Note*, 20, S. 1–20.

Pickens, M. (2009): Window on the Unbanked: Mobile Money in the Philippines, CGAP Brief, Washington D. C., Dezember.

Prahalad, C. K. und S. L. Hart (2002): The Fortune at the Bottom of the Pyramid, Strategy + Business, first quarter 2002.

Prasac (2015): Annual Report 2014, Prasac, Phnom Penh.

Raiffeisen Gruppe (2015): Geschäftsbericht 2014, Raiffeisen Gruppe, St. Gallen.

Ravallion, M., S. Chen und P. Sangraula (2008): *Dollar a Day Revisited*, The World Bank Development Research Group, Working Paper, Washington D.C.

Reed, L. R., J. Marsden, A. Ortega, C. Rivera und S. Rogers (2015): The State of the Microcredit Summit Campaign Report 2014, Washington D.C., Juni.

Remenyi, J. (2000): *Microfinance and Poverty Alleviation: Case Studies from Asia and the Pacific*, Taylor & Francis Group, New York.

Renneboog, L., T. Jenke und C. Zhang (2008): «Socially responsible investments: Institutional aspects, performance, and investor behavior», *Journal of Banking and Finance*, 32(9), S. 1723–1742.

ResponsAbility (2010): Korruption und Finanzkriminalität – ein Problem in Mikrofinanz?, Zürich.

ResponsAbility (2013): Microfinance Market Outlook 2014 – No «sudden stop»: demand for microfinance soars, Zürich, November.

ResponsAbility (2014): Microfinance Market Outlook 2015 – Growth driven by vast market potential, Zürich, November.

Robinson, M.S. (2001): *The Microfinance Revolution: Sustainable Finance for the Poor*, The World Bank Publications, Washington D.C.

Rock, R., M. Otero und R. Rosenberg (1996): «Regulation and Supervision of Microfinance Institutions: Stabilizing a New Financial Market», *CGAP Focus Note*, 4, S. 1–4.

Rosenberg, R. (2010): «Does Microcredit Really Help Poor People?», *CGAP Focus Note*, 59, S. 1–8.

Rosenberg, R., S. Gaul, W. Ford und O. Tomilova (2013): Microcredit Interest Rates and Their Determinants 2004–2011, CGAP, Washington D.C., Juni.

Rutherford, S. (2001): *The Poor and Their Money*, Oxford University Press, New Delhi.

Sachs, J. (2005): *The End of Poverty: Economic Possibilities for Our Time*, Penguin Group, New York.

Schicks, J. (2011): Over-Indebtedness of Microborrowers in Ghana: An Empirical Study from a Customer Protection Perspective, Center for Financial Inclusion, Brüssel, November.

Schreiner, M. (2010): «Seven extremely simple poverty scorecards», *Enterprise Development and Microfinance*, 21(2), S. 118–137.

Schumpeter, J. (1926): *Theorie der wirtschaftlichen Entwicklung*, 2. Auflage, München, Leipzig.

Scofield, R. (2015): The evolving microfinance revolution has yet to run its full course, Website https://www.devex.com/news/the-evolving-microfinance-revolution-has-yet-to-run-its-full-course-86017 (Zugriff 1.5.2015).

Seibel, H. D. (2003): «History matters in microfinance», *Small Enterprise Development*, 14(2), S. 10–12.

Sen, A. K. (1999): *Development as Freedom*, Knopf, New York.

Simanowitz, A. und A. Waters (2002): «Ensuring Impact: Reaching the Poorest while Building Financially Self-Sufficient Institutions and Showing Improvement in the Lives of the Poorest Women and Their Families», in: S. Daley-Harris (Hrsg.), *Pathways out of Poverty: Innovations in Microfinance for the Poorest Families*, Kumarian Press, Bloomfield.

Sinha, F. (2006): Social Rating and Social Performance Reporting in Microfinance: Towards a Common Framework, Argidius Foundation, Washington D.C., Januar.

Smart Campaign (2015): The Smart Campaign: Certified Organizations, Website http://smartcampaign.org/certification/certified-organizations#viator (Zugriff 26.5.2015).

Social Performance Task Force (2014a): Social Performance Task Force, Website http://sptf.info/sp-task-force (Zugriff 28.10.2014).

Social Performance Task Force (2014b): Social Performance Task Force: Universal Standards for Social Performance Management, Website http://www.sptf.info/images/ us-spm %20englishmanual%202014%201.pdf (Zugriff 18.10.2014).

Solli, J., L. Galindo, A. Rizzi, E. Rhyne und N. van de Walle (2015): What Happens to Microfinance Clients who Default? An Exploratory Study of Microfinance Practices, The Smart Campaign, Washington D. C., Januar.

Standard & Poor's (2007): Microfinance: Taking Root in the Global Capital Markets, New York, Juni.

Staub-Bisang, M. (2011): *Nachhaltige Anlagen für institutionelle Investoren*, Verlag Neue Zürcher Zeitung, Zürich.

Stiglitz, J. (1990): «Peer Monitoring and Credit Markets», *The World Bank Economic Review*, 4(2), S. 351–366.

Stiglitz, J. und A. Weiss (1981): «Credit rationing with imperfect information», *American Economic Review*, 71(3), S. 393–410.

Sustainable Finance Geneva (2014): 10 Finance Innovations: Geneva, the Sustainable Finance Laboratory, Genf, September.

Symbiotics (2014): 2014 Symbiotics MIV Survey, Genf, August.

The Collaboratory (2015): Microfinance Loan Officer: Learners Guide, Website http://www.thecollaboratoryonline.org/w/images/CMF_GSM_UP_Microfinance_Loan_Officer.pdf (Zugriff 26.6.2015).

The Economist (2010a): Microfinance: Leave Well Alone, 20.11.2010.

The Economist (2010b): Microfinance under scrutiny: Overcharging, 20.11.2010.

The Economist (2013): The Economist explains: Why does Kenya lead the world in mobile money?, Website, http://www.economist.com/blogs/economist-explains/2013/05/economist-explains-18 (Zugriff 9.2.2015).

The Economist Intelligence Unit (2014): Global Microscope 2014: The enabling environment for financial inclusion, London, November.

The Micro Finance Institutions (Development and Regulation) Bill (2012): Arrangement of Clauses, Bill No. 62, Website http://www.prsindia.org/uploads/media/Micro%20Finance%20Institutions/Micro%20FiFinan%20Institutions%20%28Development%20and%20Regulation%29%20Bill,%202020.pdf (Zugriff 4.10.2014).

The Rating Initiative (2013): Social Rating Guide, Website http://www.sptf.info /images/ social%20rating%20guide_english_nov%202014.pdf (Zugriff 27.9.2014).

Todd, H. (1996): *Women at the Centre: Grameen Bank Borrowers after One Decade*, Dhaka University Press, Dhaka.

UN News Centre (2015): Climate change and sustainability key to future development agenda, Website http://www.un.org/apps/news/story.asp?NewsID=50165#.VUuEjGeJ iUm (Zugriff 7.5.2015).

UNCTAD (2014): World Investment Report 2014: Investing in the SDGs, Website http://unctad.org/en/PublicationsLibrary/wir2014_en.pdf (Zugriff 21.5.2015).

UNDP (2014): Millennium Development Goals, Website http://www.undp.org/ (Zugriff 12.12.2014).

Van Tassel, E. (1999): «Group Lending Under Asymmetric Information», *Journal of Development Economics*, 60(1), S. 3–25.

Varian, H. (1990): «Monitoring Agents with Other Agents», *Journal of Institutional and Theoretical Economics*, 146(1), S. 153–174.

Vereinte Nationen (2001): Die UN-Millenniums-Entwicklungsziele, Website http://un-kampagne.de/index.php?id=90 (Zugriff 16.10.2015).

Vereinte Nationen (2006): *Blue Book: Building Inclusive Financial Sectors for Development*, The United Nations Department of Public Information, New York.

Vereinte Nationen (2014): The World We Want – A Future For All, Website https://sustainabledevelopment.un.org/sdgsproposal (Zugriff 7.5.2015).

VisionFund (2015): Average Loan Size, Website http://www.visionfund.org/1501/ where/ (Zugriff 28.5.2015).

Waterfield, C. und A. Duval (1996): *CARE Savings and Credit Sourcebook*, Care International, Atlanta.

Weltbank (2001): *World Development Report 2000/2001: Attacking Poverty*, Oxford University Press, New York.

Weltbank (2014): *Global Financial Development Report: Financial Inclusion*, World Bank Publications, Washington D.C.

Weltbank (2015a): Financial Inclusion Data / Global Findex, Website http://datatopics.worldbank.org/financialinclusion (Zugriff 17.6.2015).

Weltbank (2015b): Inflation, GDP deflator (annual %), Website http://data.worldbank.org/indicator/NY.GDP.DEFL.KD.ZG (Zugriff 18.6.2015).

Weltbank (2015c): PovcalNet Database, Website http://iresearch.worldbank.org/PovcalNet/index.html (Zugriff 20.2.2015).

Welthandelsorganisation (2015): Handelsbilanz, Website http://www.wto.org (Zugriff 16.6.2015).

Xu, K., D. B. Evans, G. Carrin, A. M. Aquilar-Rivera, P. Musgrove and T. Evans (2007): «Protecting Households from Catastrophic Health Spending», *Health Affairs*, 26(4), S. 972–983.

Xu, K., D. B. Evans, K. Kawabata, R. Zeramdini, J. Klavus und C. J. Murray (2003): «Household Catastrophic Health Expenditure: A Multicountry Analysis», *The Lancet*, 363, S. 111–117.

Zeller, M. (2006): «A comparative review of major types of rural microfinance institutions in developing countries», *Agricultural Finance Review*, 66(2), S. 195–213.

Bildnachweise

Kapitelbilder

Kapitel 1:	© iStock.com/Bartosz Hadyniak	12/13
Kapitel 2:	© iStock.com/JuergenBosse	24/25
Kapitel 3:	© iStock.com/narvikk	50/51
Kapitel 4:	© iStock.com/Bartosz Hadyniak	68/69
Kapitel 5:	Johann Sauty für BlueOrchard	92/93
Kapitel 6:	Richard Lord für BlueOrchard	124/125
Kapitel 7:	© iStock.com/tbradford	146/147
Kapitel 8:	Mit freundlicher Genehmigung von Banco Fie	160/161
Kapitel 9:	Pictureguy/Shutterstock.com	190/191
Kapitel 10:	Mit freundlicher Genehmigung von LOLC Micro Credit	206/207
Kapitel 11:	2xSamara.com/Shutterstock.com	236/237
Kapitel 12:	© iStock.com/Bartosz Hadyniak	248/249

Abbildungen

Abbildung 3:	Vereinte Nationen	16
Abbildung 8:	© iStock.com/Bartosz Hadyniak	35
Abbildung 24:	Johann Sauty für BlueOrchard	71
Abbildung 25:	Andrea Staudacher für BlueOrchard, Johann Sauty für BlueOrchard, Johann Sauty für BlueOrchard	74
Abbildung 27:	Johann Sauty für BlueOrchard	79
Abbildung 28:	Johann Sauty für BlueOrchard	81
Abbildung 34:	Peter Fanconi für BlueOrchard	87
Abbildung 48:	Mit freundlicher Genehmigung von Alter Modus	132
Abbildung 52:	Johann Sauty für BlueOrchard, Johann Sauty für BlueOrchard, Johann Sauty für BlueOrchard	140
Abbildung 59:	Johann Sauty für BlueOrchard	157
Abbildung 66:	Mit freundlicher Genehmigung von Banco Fie	173
Abbildung 68:	Johann Sauty für BlueOrchard	175
Abbildung 69:	Richard Lord für BlueOrchard	176
Abbildung 70:	Mit freundlicher Genehmigung von Alter Modus	177
Abbildung 71:	Piter HaSon/Shutterstock.com	178
Abbildung 74:	© iStock.com/Audioslave, Johann Sauty für BlueOrchard, mit freundlicher Genehmigung von Vision Banco	186
Abbildung 80:	© iStock.com/CapturedNuance	201
Abbildung 98:	© iStock.com/AfricaImages, Andrea Staudacher für BlueOrchard	239

Bilder Boxen

Box 1:	Johann Sauty für BlueOrchard	23
Box 2:	Johann Sauty für BlueOrchard	48
Box 3:	Johann Sauty für BlueOrchard	67
Box 4:	©iStock.com/chinese_elements	90
Box 5:	Johann Sauty für BlueOrchard	123
Box 6:	Johann Sauty für BlueOrchard	144
Box 7:	Johann Sauty für BlueOrchard	159
Box 8:	Johann Sauty für BlueOrchard	188
Box 9:	Johann Sauty für BlueOrchard	199
Box 10:	Johann Sauty für BlueOrchard	205
Box 11:	Johann Sauty für BlueOrchard	225
Box 12:	Johann Sauty für BlueOrchard	235
Box 13:	Johann Sauty für BlueOrchard	247
Box 14:	Johann Sauty für BlueOrchard	252

Mirjam Staub-Bisang

Nachhaltige Anlagen für institutionelle Investoren
Einführung und Überblick
mit Fachbeiträgen und Praxisbeispielen

296 Seiten, gebunden
ISBN 978-3-03823-710-5

Nachhaltiges Handeln heisst Risiken vermeiden, denn die Kosten für Raubbau, Missachtung von Rechten und schlechte Organisation fallen auf uns zurück. Langsam setzt sich diese Einsicht auch an den Finanzmärkten durch. Für den verantwortungsbewussten Anleger ist das eine Chance: Sein Geld fliesst dorthin, wo es sich wirklich nachhaltig mehren kann.

«Das Werk zeigt sich fast durchgängig leicht verständlich; eine Vielzahl an Grafiken, Tabellen und Charts rundet den positiven Gesamteindruck ab. Damit dürfte sich das Buch zum Standardwerk mausern.»
Stocks, 11. November 2011

«Das Buch trifft den Puls der Zeit und legt praxisnah dar, wie Anlageziel oder Stiftungszweck nachhaltiger erreicht werden können.»
Absolutreport, 04/2012

NZZ Libro – Buchverlag Neue Zürcher Zeitung
www.nzz-libro.ch

Mehdi Mostowfi, Peter Meier

Alternative Investments
Analyse und Due Diligence

312 Seiten, gebunden
ISBN 978-3-03823-854-6

«Eine ebenso breite wie detaillierte Übersicht über die verschiedenen Anlagekategorien und Methoden zum Vergleich und zur Evaluation der einzelnen Instrumente.»
Marie-Astrid Langer, Neue Zürcher Zeitung, 7. April 2014

«Mehdi Mostowfi und Peter Meier geben dem Leser in ihrem Buch Kniffe an die Hand, wie er Alternative-Investment-Strategien und physische Anlagegüter unter die Lupe nehmen und bewerten kann.»
Das Investment, April 2014

NZZ Libro – Buchverlag Neue Zürcher Zeitung
www.nzz-libro.ch